T0278735

VERBORGENES
NEW YORK

T.M. Rives

JONGLEZ VERLAG

Reiseführer

Die Arbeit an dem Reiseführer *Verborgenes New York* hat uns große Freude bereitet. Wir hoffen, dass wir Ihnen damit ungewöhnliche, verborgene oder eher unbekannte Winkel der Stadt näherbringen können. Manche Einträge sind mit historischen Anmerkungen oder Anekdoten versehen, die dabei helfen, die Stadt in ihrer Vielschichtigkeit zu verstehen.

Verborgenes New York lenkt die Aufmerksamkeit der Reisenden auf die vielen kleinen Details, an denen wir Tag für Tag achtlos vorbeigehen. Wir laden Sie ein, sich mit offenen Augen durch die urbane Landschaft zu bewegen und dieser Stadt, wenn Sie hier leben, mit ebensoviel Neugier und Interesse zu begegnen, wie Sie das auf Reisen in fremden Städten tun ...

Über Anmerkungen zu diesem Reiseführer und seinem Inhalt sowie Informationen zu Orten, die darin nicht aufgeführt sind, freuen wir uns sehr. Wir bemühen uns, diese in künftigen Auflagen zu integrieren.

Kontaktieren Sie uns:
E-Mail: info@jonglezverlag.com
Jonglez Verlag
Paul-Lincke-Ufer 39
10999 Berlin

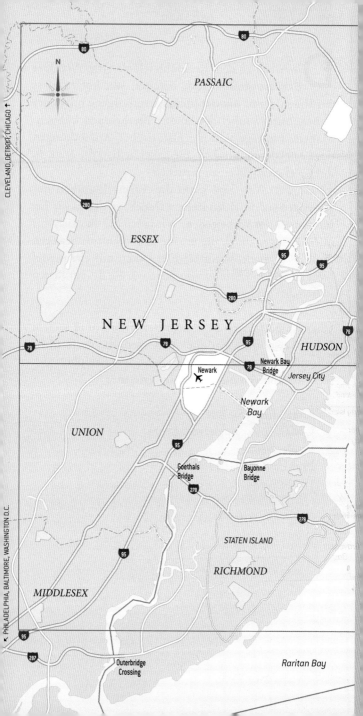

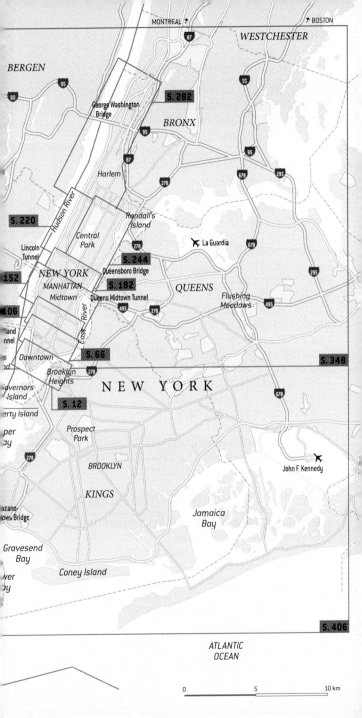

INHALT

Südlich der Chambers Street

Zwischen Chambers und Houston

Zwischen der Houston und 14th

Zwischen der 14th und 42nd Street

INHALT

Zwischen 42nd und 59th Street

Die Upper West Side (59th–110th)

Upper East Side und Central Park

Upper Manhattan

INHALT

Die Bronx und Queens

Staten Island

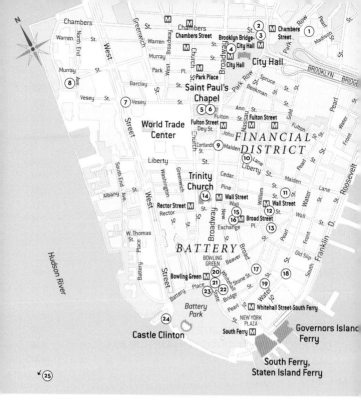

Südlich der Chambers Street

DAS FENSTER AUS DEM ZUCKERHAUSGEFÄNGNIS

Vergessene Patrioten

Police Plaza, hinter dem Municipal Building
Linien J und Z/Chambers St; Linien 4, 5 und 6/Brooklyn Bridge - City Hall

Trotz der Gedenktafel gibt es keinen eindeutigen Beweis dafür, dass das Gebäude, zu dem dieses alte Fenster ursprünglich gehörte, früher ein Gefängnis war.

Es ist ein Wunder, dass es das Fenster noch gibt und unabhängig von seiner Echtheit, erinnert es uns an einen allzu oft vergessenen Aspekt der Revolution.

Andere Zuckerhäuser in Manhattan wurden von den Briten sehr wohl zur Inhaftierung amerikanischer Kriegsgefangener genutzt.

Die ominösen Bauten eigneten sich gut als Gefängnis. Mitte des 18. Jhdt. zur Gewinnung und Lagerung von Zucker erbaut, hatten sie fünf Etagen mit dicken Wänden, niedrigen Decken und kleinen Fenstern.

Für die Gefangenen war es die Hölle. Hungrige amerikanische Soldaten drängten sich dicht an dicht und ansteckende Krankheiten rafften sie so schnell dahin, dass sich die Leichen nur so stapelten.

Für viele marschiert der typische Patriot im Rot Rock mit bandagiertem Kopf und Bajonett zur Melodie des „Yankee-Doodle". Doch hinter Gittern starben dreimal so viele Amerikaner wie auf dem Schlachtfeld.

Schon früh fühlte man sich zu einer Art Denkmal verpflichtet. Ein aktuelles Buch zu dem Thema „Vergessene Patrioten" (Edwin Burrows), erzählt, wie ein schottischer Immigrant zu Beginn des 18. Jhdt. Soldaten vor einem Zuckerhaus sieht, die über die dort erlebten Schrecken sinnieren.

Er konnte beobachten, wie die Stadt sich beeilte, das Vergangene auszuradieren und schrieb, dass es eines Tages „in New York keinen Mann mehr geben wird, der weiß, wo das Gefängnis stand, dessen Geschichte so spürbar mit unserer revolutionären Tradition verbunden ist."

In Manhattan ist uns nur dieses Fenster geblieben. Sowohl an seinem ursprünglichen Ort im Rhinelander´s Sugar House, Ecke Duane und Rose Street, als auch später in der Front des Gebäudes, das es 1892 ersetzte, erzählen New Yorker von wirbelndem Nebel rund um die Fenster und Visionen von hungrigen Geistern, die durch die Gitter starren.

Geschichten gibt es immer, doch kein Relikt rechtfertigt einen langen, schrecklichen Fluch so sehr wie dieses.

In den 1960ern wurde das Fenster in einen kleinen Ziegelbau auf der Police Plaza integriert, wo es noch heute zu sehen ist.

DIE STADTSIEGEL AM SURROGATE'S COURT

Die Geschichte New Yorks in Symbolen

31 Chambers Street
Linien J et Z / Chambers St; linien 4, 5 et 6 / Brooklyn Bridge-City Hall

Das offizielle Siegel der Stadt sieht man überall, doch nur wenige New Yorker könnten es beschreiben. Siegel sind wie Banknoten: reich an Symbolik und so alltäglich, dass nur Wenige auf die Details achten. Sie spiegeln aber auch die Vergangenheit wider.

Am besten lässt sich die Geschichte der Stadt am Surrogate's Court Building rekonstruieren, anhand der chronologisch geordneten Siegel über dem Eingang. Ganz rechts halten ein Europäer und ein Algonkin-Indianer ein Wappen. Der Europäer ist Seemann und hält ein Senkblei - ein Gewicht an einem Seil zum Messen der Wassertiefe - als Hinweis auf die Kolonialisierung der Neuen Welt über den Seeweg und auf New York als wichtigen Seehandelsknotenpunkt. Der Indianer hält einen Bogen und trägt traditionell Federn am Hinterkopf. In der Mitte des Wappens sieht man die Flügel einer Windmühle. Dazwischen sind Biber, deren Pelze bei den ersten Siedlern begehrt und der wichtigste Grund waren, sich hier anzusiedeln. Und Mehlfässer, eine Ware, auf die die Stadt ein Monopol hatte und die ihr gemeinsam mit den Pelzen früh großen Reichtum bescherte. Darüber hängt eine Halbkugel mit einem Weißkopfseeadler.

Links daneben blicken wir weiter zurück. Im nächsten Siegel fehlt der Adler und wird durch die prärevolutionäre britische Königskrone ersetzt. Die Jahreszahl, 1686, ist das Jahr, in dem New York das Stadtrecht erhielt. Noch weiter links befinden wir uns im New Amsterdam der Niederländer. Der Biber sonnt sich hier auf dem Siegel des alten Amsterdams. Daher kommt auch das X der Windmühlenflügel: von den Kreuzen im alten Stadtwappen. Und gehen wir noch weiter zurück, kommt das Siegel von New Netherland, mit dem leidgeprüften Biber und einer indianischen Wampum-Kette (siehe Seite 96), die das Schild umrahmt. Zwei lokale Währungen aus der Zeit, als New York nicht mehr als eine sumpfige Insel mit einer Handvoll Abenteurer und noch lange keine Stadt war.

Das Surrogate's Court Building wurde vor 1915 fertiggestellt, dem Jahr, in dem das offizielle Siegel von New York entstand. Die aktuelle Version ist im Inneren auf dem Pult des Wachmanns zu sehen. Andere moderne offizielle Siegel finden sich auch auf der Stadtflagge, den Arm Aufnähern der Polizei und hinter den Hygiene-Prüfbescheinigungen an den Fenstern fast aller Restaurants.

GEISTERHALTESTELLEN AUF DER LINIE 6

Ehemalige Luxus-Haltestelle

Linie 6 (Worth Street und 18th Street, auch von den Linien 4 und 5 aus sichtbar)

Mehrere Haltestellen der jahrhundertealten New Yorker U-Bahn wurden aufgelassen. Sie sind jetzt Geisterhaltestellen: Bahnsteige, auf denen niemand wartet, Graffitis, die niemand liest, Treppen, die nur zur schwarzen Unterseite der Straße darüberführen. Drückt man das Gesicht an das Zugfenster, lässt sich während der Fahrt ein Blick auf diese Stationen erhaschen.

Drei Geisterhaltestellen sieht man von der Linie 6 aus. Der alte Worth Street-Halt liegt zwischen der Brooklyn Bridge und der Canal Street und ist nicht viel mehr als ein Bahnsteig. Weiter nördlich, auf derselben Linie, liegt die aufgelassene Haltestelle der 18th Street. Sie ist schaurig, mit Säulen wie Stalaktiten und einsamen Treppen im Dämmerlicht. Kannibalen, Albino-Alligatoren und der Rattenkönig: wenn es sie gibt, dann hier.

Doch der wahre Star wartet bei der City Hall. Von hier fuhr der Interborough Rapid Transit, die erste U-Bahn New Yorks ab. Die Eröffnung (27. Oktober 1904) war ein Großereignis: über 100.000 New Yorker strömten unter die Erde, Passagiere sangen in den Waggons und einige fuhren stundenlang hin und her. Die Architekten Heins & LaFarge wollten nicht nur einen Service bieten, sondern ein Denkmal erschaffen und die City Hall-Station war ihr Meisterwerk. Mit bunten Fliesen, katalanischen Gewölben und Kronleuchtern verziert zählt sie zu den schönsten Haltestellen New Yorks. Die fein gekleidete Oberschicht kam nach einem Abendessen in der Stadt regelmäßig hierher, um einfach dort zu sitzen.

Sie ist noch immer da unten. Da sie in einer engen Kurve liegt, die nur fünf Waggons aufnehmen kann, wurde die Station City Hall 1945 geschlossen, als längere Züge benötigt wurden. Ihren Geist kann man noch sehen, wenn man bei der Brooklyn Bridge in der Linie 6 nach Süden sitzen bleibt, bevor sie umkehrt und wieder nach Norden fährt. Der Zugfahrer kündigt über Lautsprecher die Endstation an. Das ist Ihr Stichwort. Setzen Sie sich auf die rechte Seite des Waggons und drücken Sie das Gesicht gegen die Scheibe.

> Das New York Transit Museum veranstaltet für Mitglieder zweimal pro Monat geführte Touren durch die Station City Hall.

> Möchten Sie wissen, was mit ausgemusterten Zügen passiert? Sie werden zerlegt und in einem künstlichen Riff an der südlichen Atlantikküste versenkt.
> Alte Metallrümpfe ziehen Weichtiere an, Weichtiere ziehen Fische an und Fische die Fischer.

DER FREIHEITSBAUM

Das erste Blutvergießen der Revolution

City Hall, am Broadway zwischen Murray und Warren Street
Linien N und R/City Hall; Linien 2 und 3/Park Pl
Linien J und Z/Chambers St; Linien 4, 5 und 6/Brooklyn Bridge - City Hall

Da die Stadt ihre Vergangenheit lange ausgeblendet hatte, war die zentrale Rolle New Yorks während der Revolution im amerikanischen Bewusstsein kaum verankert. New York war der Schlüssel zum militärischen Erfolg und das wussten die Briten: wer die Stadt beherrschte, spaltete die Kolonien. Auch George Washington wusste das: die ersten Kämpfe gab es in Boston, doch als die Briten dort geschlagen wurden, beeilte sich der General als nächstes diesen Ort hier zu verteidigen. Die meisten Amerikaner verblüfft es, dass das Blutvergießen in Downtown Manhattan begann, noch vor dem Massaker von Boston und lange vor den Schlachten von 1776. Ein Hinweis darauf findet sich bei der City Hall: der Freiheitsbaum. Freiheitsbäume gab es vor und während der Revolution in vielen amerikanischen Städten. Es waren im Boden verankerte Fahnenstangen, deren Ursprung auf den Freiheitsbaum von Boston zurückgeht (eine Ulme, bei der sich Widerständler versammelten). Der New Yorker Baum wurde zum Konfliktsymbol: die Sons of Liberty stellten ihn immer wieder auf, während die Briten, ihn immer wieder umsägten.

Am 16. Dezember 1769 wurde ein anti-britisches Flugblatt an die „betrogenen Stadtbewohner" verteilt. Neben anderen Kampfansagen war darin die Rede von Tyrranei und Willkür und ein „Son of Liberty" hatte es signiert. Das war zu viel für die Briten. Soldaten des 16. Regiments sprengten die Stange, sägten sie in Stücke und ließen selbst ein Flugblatt drucken, in dem sie gegen die „wahren Feinde der Gesellschaft" wetterten, die „meinen, dass ihre Freiheit von einem Stück Holz abhängt." Rot Röcke plakatierten den Affront in der ganzen Stadt.

Liebhaber bizarrer, historischer Details wird es freuen, dass in der Folge ausgerechnet ein Widderhorn hier eine Rolle spielte. Am 19. Januar ertappten der Kaufmann und Patriot Isaac Sears und sein Freund Walter Quackenbos britische Soldaten beim Anbringen des reißerischen Flugblatts. Es folgte ein Handgemenge und als Bajonette gezückt wurden, warf Sears, der zufällig ein Widderhorn dabei hatte, es einem der Soldaten an den Kopf. Man eilte beiden Seiten zu Hilfe und in der Schlacht von Golden Hill (heute die John Street), wurden mehrere Männer verwundet und ein Patriot getötet.

Danach schlug man einen 25 Meter hohen Kiefernstamm auf privatem Grund in der Nähe des Common tief in den Boden und fasste ihn mit Eisen ein. Ganz oben war, wie auf jenem bei der heutigen City Hall, eine goldene Fahne mit einem einzigen Wort: Freiheit.

DIE KRONE AUF DER KANZEL VON ST. PAUL'S

Das letzte Königssymbol in New York

St. Paul's Chapel, 209 Broadway
212-233-4164 - trinitywallstreet.org/about/stpaulschapel
Werktags 10-18 Uhr, sonntags 7-21 Uhr
Linien A,C, 2, 3, 4 und 5 /Broadway - Nassau St; linie E /Chambers St; linie 6 / Brooklyn Bridge - City Hall

Die St. Paul's Chapel, 1766 fertiggestellt, ist die älteste Kirche in Manhattan. Sie beherbergt die Bank, auf der George Washington am Gottesdienst teilnahm und über der das erste farbige Siegel der Vereinigten Staaten hängt. Diese Relikte sowie die Tatsache, dass Washington nach seiner Angelobung etwas weiter südlich auf der Wall Street, hier gebetet hat, machen St. Paul's sozusagen zur amerikanischsten Kirche im Land. Doch ein kleines Detail weist auf die koloniale Vergangenheit der Kirche und der Stadt hin: die Kanzel und den Schalldeckel (beides Originale) ziert eine goldene Krone. In ganz New York ist dies wohl das einzige Symbol für die britische Herrschaft, dass die Revolution überdauert hat.

Die Kolonialgouverneure bekamen während der Unruhen gegen den Stamp Act (Stempelgesetz) 1765 zum ersten Mal eine wütende New Yorker Menge zu spüren. Doch das war nur ein Vorgeschmack auf die Zerstörungswut, die nach der Verlautbarung der Unabhängigkeitserklärung um sich griff. Der Provinzkongress stimmte am 9. Juli 1776 zu und um 18 Uhr wurde das Dokument, das Amerikas Bruch mit dem Vereinigten Königreich verkündete, den Truppen auf dem Common (dem heutigen City Hall Park) vorgelesen. Die Reaktion war... eine temperamentvolle. „Exzellenz," schrieb der Gouverneur William Tryon an den britischen Außenminister, „die konföderierten Kolonien haben ihre Unabhängigkeit erklärt: ich füge eine Kopie der Unabhängigkeitserklärung bei, die Mitte des letzten Monats in den Straßen von New York verkündet wurde. Dabei wurde die Statue des Königs beschädigt sowie das Königswappen im Rathaus. Man hat die Staatskirchen geschlossen und die Rebellen haben alle Zeichen der Krone, sofern es in ihrer Macht stand, beseitigt.

Das bekannteste „Zeichen der Krone", das beseitigt wurde, waren die Statue von König George und die Kronen auf dem Eisenzaun rund um Bowling Green (siehe Seite 52). Wenn man die Hand über die Pfostenspitzen gleiten lässt, kann man spüren, dass einige vom Absägen der Kronen noch rau sind. Die königliche Krone auf der Kanzel von St. Paul's überlebte wohl, weil die Kirche vor den begeisterten Vandalen verriegelt wurde.

DER OBELISK VON WILLIAM MACNEVEN

⑥

Kidnapper Kanadas

St. Paul's Chapel, 209 Broadway
212-233-4164 · trinitywallstreet.org/about/stpaulschapel
Werktags 10-18 Uhr, sonntags 7-21 Uhr
Linien A, C, 2, 3, 4 und 5/Broadway-Nassau St; Linie E /Chambers St; Linie 6 / Brooklyn Bridge - City Hall

Auf dem Friedhof von St. Paul's, nördlich der Kirche, erhebt sich auf dem Grab von Dr. William J. MacNeven ein imposanter Steinobelisk. Die Inschrift lautet: „Der Stein, von den Iren in den USA errichtet, ist Dank für die Dienste an seinem Heimatland und den Einsatz für seine Wahlheimat in seinem Nachleben." „In seinem Nachleben" bezieht sich auf seinen Werdegang in den USA, doch der Arzt leistete im doppelten Sinne seinen Beitrag: er holte Irland aus dem Totenreich zurück. Der Obelisk selbst ist die Antwort auf das „Wie". Er ist unglaublich groß, geradezu präsidial. William MacNeven, den Sie wahrscheinlich nicht kennen, war ein angesehener Gelehrter, Autor und bevor er Dublin verließ, Kämpfer für die Unabhängigkeit Irlands, Professor an der medizinischen Fakultät und Vorsitzender des Cholera-Gremiums in New York. Doch das pompöse Grabmal ist nicht nur eine Hommage: Hope Cooke schreibt in Seeing New York: „Die Spenden für diesen Obelisken waren Teil einer Geldwäscheaktion der Fenian Brotherhood, um Geld für Waffen zu lukrieren." Die Fenier, oder Fenian Brotherhood, waren eine irisch-amerikanische Organisation, die sich für die Unabhängigkeit Irlands von Großbritannien einsetzte. Der Name stammt vom irischen Wort *fianna* - kleine Banden, die im Robin-Hood-Style, in den Wäldern Irlands lebten. Die Waffen, die die Fenier mit dem durch die Spenden für MacNevens Obelisk „gewaschenen" Geld kauften, benötigten sie für eine bevorstehende Invasion. Heute ist die amerikanische Invasion Kanadas, die militärisch unter „So verrückt, dass sie funktionieren könnte" fällt, kaum bekannt. Die Logik spricht für sich: Kanada, also britisches Gebiet, kidnappen und gegen ein freies Irland eintauschen. Die Anführer der Bewegung dachten, dass schon die Einnahme eines Teilgebiets oder die Teilung des Gebiets im Norden reichen würde. Zwischen 1866 (dem Jahr nach der Errichtung des Obelisken) und 1871 griffen die Fenier fünfmal an. Tausende Irisch-Amerikaner, harte Soldaten, die seit dem Bürgerkrieg nicht richtig Fuß gefasst hatten, nahmen an diesen weltfremden Invasionen teil, die meist vom US-Militär vereitelt wurden. Dutzende starben, US-kanadische Beziehungen waren jahrelang angespannt und das ungewöhnliche Symbol dieses bizarren Kapitels in der Geschichte Amerikas thront auf dem Friedhof von St. Paul's.

DIE HÄFEN DER WELT

Einer der größten Wandzyklen aller Zeiten

Three World Financial Center
Ecke Vesey und West Street
Linien 1, 2 und 3 / Chambers St oder Park Pl; Linien A und C / Chambers St;
Linie E / World Trade Center

Im Three World Financial Center, auch als American Express Tower bekannt, wird New York mit Craig McPhersons „Die Häfen der Welt", einem der größten Wandzyklen aller Zeiten, als wichtiges Seehandelszentrum präsentiert. Das Werk nimmt alle vier Wände der Eingangshalle ein: drei Meter hoch mit einer Gesamtlänge von 97 Metern. Das klingt groß und wirkt noch viel größer. Fotos können weder die Dimension und Atmosphäre der Gemälde einfangen, noch können sie, wie McPherson erläutert, das Hafentreiben in der Realität abbilden. „Neben anderen Störfaktoren verändern sich Formen blitzschnell und die Grundlinie bewegt sich." Der Künstler entwickelte seine eigene Perspektive, indem er Vermessungsgeräte einsetzte und für jede Szene Monate an einem sorgsam gewählten Aussichtspunkt verbrachte. Die Häfen wurden nach Bedeutung, Vielfalt und Topografie ausgewählt. Neben New York sind schillernde Ansichten von Venedig, Istanbul, Hong Kong, Sidney und Rio de Janeiro zu sehen.

Assistenten übertrugen die Zeichnungen auf gespannte Leinwände und trugen die ersten Grautöne auf, doch die Malarbeiten führte McPherson, drei Meter pro Monat, allein durch. Jede Stadt hat eine eigene Farbgebung und Stimmung: Venedig ist launisch, Hong Kong schimmert in geheimnisvollen Blau- und Grüntönen und Sydney leuchtet.

Wie jedes Gebäude in diesem Viertel hat das Three World Financial Center eine dramatische 9/11 Geschichte. Glas und Schutt fielen in den Raum, in dem die Wandbilder hingen und der Wintergarten des Komplexes war unter qualmenden Balken halb verschüttet. Ein Wachmann erzählt verschmitzt, dass die Bilder zwar unversehrt blieben, doch die Twin Towers in der New York Szene - eine leuchtende Skyline bei Nacht - von prophetischen Flammen umgeben zu sein scheinen. Er meint auch, dass die Angriffe eine Warnung Gottes waren, „nicht zu hoch hinaus zu wollen - so wie bei der Titanic." Doch der Mann tickt offenbar nicht richtig.

New York gilt als der beste natürliche Hafen am Atlantik- vielleicht sogar als der Beste überhaupt.
 Sandy Hook und Rockaway Point bieten Schutz vor dem Ozean; von dort zähmen die Verrazano Narrows das Wasser noch weiter bis in die Upper Bay, in die der Hudson River aus dem tiefen Inneren des Staates New York kommend, einmündet. Diese Lage war der Schlüssel zum Erfolg dieser Stadt. Der Hafen und die Finanzen waren bis weit ins 20. Jhdt. zwei Seiten derselben Medaille.

IRISCHES HUNGERDENKMAL

Eine Ecke Irlands über den Dächern

290 Vesey Street
Linien A und C /Chambers St; Linien N und R /City Hall; Linien 2 und 3 /
Park Pl

„Zu unserem großen Bedauern, müssen wir bekanntgeben, dass die Potato Murrain ohne Zweifel in Irland angekommen ist." Schreibt der Gardeners Chronicle im September 1845. Der pilzartige Organismus, der Kartoffelfäule verursacht, ist winzig, doch innerhalb eines Jahrzehnts löschte er den Großteil der Iren aus. Über eine Million verhungerte und doppelt so viele emigrierten. Das irische Hungerdenkmal in Battery Park City erinnert an dieses Unglück, das von Heimweh und Flucht geprägt ist.

In New York gibt es einige Orte, oft sehr kleine Flächen, an denen man sich außerhalb der Stadt wähnt. Die Vest Pocket Parks (Taschenparks, siehe Seite 226) sind nach diesem Konzept gestaltet. Das Hungerdenkmal manipuliert die Szenerie umfassender als jeder andere Ort in New York. Hier wird man nicht nur „irgendwohin" versetzt - sondern ganz gezielt nach Irland. Passanten, die das Denkmal nur von unten sehen, wissen nicht, dass sich knapp acht Meter über Ihren Köpfen die Überreste eines Hauses aus der Zeit der Hungersnot sowie ein Pfad befinden, der sich durch wildes Gras und an Steinmauern entlang windet. Alle Pflanzen hier sind in Irland heimisch. Sie sind über schroffe Felsen verteilt und kommen aus allen 32 irischen Provinzen. Setzt man sich zwischen Schlehe und Fingerhut neben einen Stein aus Limerick oder Kilkenny, sieht man nur mehr Irland und den Himmel. Steht man wieder auf, erblickt man die Freiheitsstatue.

Im Kalksteintunnel, der zum Denkmal führt, erinnert eine Auswahl von Schriften zur großen Hungersnot an das von ihr verursachte Leid. Eine Liste von Pflanzen, die den Armen in Irland während der Kartoffelfäule als Nahrung dienten: Brennessel, Löwenzahn, Baumblätter. Während der Massenemigration, war ein Viertel der New Yorker irisch. Die meisten davon verzweifelt. „Ausländer", steht auf einem ausländerfeindlichen Plakat von damals, „sind Habenichtse, Fremde, Faulenzer und anderes Ungeziefer" - Worte, die bei jeder Einwanderungswelle seit damals von einigen gerne gebraucht werden. Erst nach Jahren wurden die Irisch-Amerikaner das Stigma von Katholizismus, Armut und Kriminalität los. Bis 1860 nahm die Flut an Einwanderern ab. Ein Jahrhundert später war John F. Kennedy Präsident.

> Heute wohnen in New York noch immer mehr Irisch-Amerikaner als in jeder anderen amerikanischen Stadt.

DIE GEHSTEIGUHR AUF DER MAIDEN LANE

Wo die Zeit mit Füßen getreten wird

Uhr: Ecke Maiden Lane und Broadway
William Barthman Jewelers: 176 Broadway
212-732-0890
williambarthman.com
Linien 4 and 5 /Fulton St; Linien N und R /Cortlandt St; Linien A, C, J und Z / Fulton St

William Barthman Jewelers auf dem Broadway ist die letzte Bastion des Juwelierhandels, der im späten 18. Jhdt. in Lower Manhattan zu boomen begann. Das Geschäft ist seit 130 Jahren hier, ein Rekord, der auf Fotos im Laden dokumentiert ist und sich in der ungezwungenen Freundlichkeit des Personals widerspiegelt. Doch der genialste PR-Streich des Juweliers ist die Gehsteiguhr an der Ecke der Maiden Lane. „Die Leute kennen uns wegen der Uhr," sagt Connie, die Geschäftsführerin.

Gründer William Barthman optimierte das Konzept der gesponserten Stadtuhren, indem er seine in den Boden einließ. An dieser Ecke ist der Bürgersteig fast lebendig. Das Kristallglas und die sich stetig bewegenden Zeiger, ertragen tapfer die unzähligen Fußgänger (50.000 in 3 Stunden). Die Uhr, die regelmäßig gewartet und synchronisiert wird, hat einen elektrischen Motor, der nach 9/11 ersetzt werden musste. Guilio, Schmuckdesigner bei Barthman's zeigt auf einen dünnen Riss im Bürgersteig, der sich von Osten bis zur Bronzeeinfassung auf Höhe der römischen Zwölf zieht. „Der 11. September war wie ein Erdbeben," meint er. „Der Uhr kann wegen der Dichtung nichts passieren, es dringt aber trotzdem ein wenig Wasser ein." Connie sieht es gelassen. „Ich glaube, sie wird uns alle bei weitem überdauern."

Die Schrauben in der Einfassung fixieren den Zeitmesser auf dem Bürgersteig, doch der Mechanismus wird von unten bedient. Guilo öffnet auf der Maiden Lane eine Tür und nimmt uns durch ein warmes Treppenhaus auf eine seltene Tour in die Geschichte von Barthman's mit: Staub, das Herz der Klimaanlage und Holzschränke mit 100 Jahre alten Unterlagen. Unter der Uhr befindet sich ein kleiner Arbeitsplatz und ein Tisch voll mit Werkzeug zum Schneiden, Feilen und Polieren von Schmuck. Guilo entfernt eine PVC-Wellplatte von der Decke und enthüllt stolz die Unterseite der Uhr. Tageslicht sickert durch die Ränder und flackert zum gedämpften Ticktack der Absätze auf dem Bürgersteig. Wenn die Linie 6 nur wenige Meter hinter der Betonmauer vorbeifährt, beginnt alles zu wackeln.

Wieder auf der Straße, geben zwei Mitarbeiter des Vitaminladens an der Ecke, der nur 3 Meter von der alten Uhr entfernt ist, zu, diese noch nie bemerkt zu haben. „Ich muss schon tausende Male darüber gelaufen sein," sagt einer. „Aber das ist New York - du stumpfst ab. Schreib das in dein Buch."

DER TRESOR
DER US-NOTENBANK

Ein Keller voll Gold

Federal Reserve Bank of New York
33 Liberty Street
212-720-6130
newyorkfed.org
Führungen können online oder telefonisch gebucht werden
Eintritt: frei
Linien 2 und 3 / Wall St

© Courtesy of the Federal Reserve Bank of New York

Die Federal Reserve Bank in New York beherbergt den größten Goldvorrat der Welt. Das führt zu interessanten und seltsam reizvollen Gegensätzen zu Fort Knox, was zu Folge hat, dass neben den Lächelnden und hilfsbereiten Guides der Ort von großenteils unsichtbaren Wachen umgeben ist („Sie sind Scharfschützen, einige sogar Experten im Präzisionsschiessen"), die einfach darauf trainiert sind zu töten.

¨Der gesamte Besuch beruht auf Gegensätze. Zum Beispiel die Architektur: im Geschäftszentrum des Finanzviertels gelegen, wäre das Fed-Gebäude auch in Florenz nicht fehl am Platz. Am Eingang kontrolliert ein Polizist die Ausweise, man geht durch einen Metalldetektor und muss jedes annähernd elektronische Gerät in Schließfächern deponieren, doch in der Bank sind die Exponate fast skurril. „Bedienen Sie sich!" steht auf einem Schild über einem sich langsam drehenden Goldbarren, der sich bei näherer Betrachtung als Hologramm entpuppt. Die Botschaft: Geld ist schnöde und traumhaft zugleich. Über den Besuchern sind die Büros, wo 3.000 Angestellte ihren Arbeitstag abspulen, während unten, in einer dunklen Höhle, ein Schatz glitzert.

„Das Gold ist die Attraktion," bestätigt der Guide, obwohl der Tresor nur ein kleiner Teil dessen ist, was die Bank macht. So zieht sie z.B. alte Banknoten aus dem Verkehr und vernichtet etwa 100 Mio. USD pro Tag. Vor der Aufzugfahrt zu den Tresorräumen 24 Meter unter der Erdoberfläche- einer der tiefsten Keller New Yorks - zeigt der Guide einen kurzen Lehrfilm, um schwache Gemüter auf die unmittelbare Nähe von 300 Mrd. USD vorzubereiten. Der Film zeigt Arbeiter, die zum Schutz ihrer Füße Schutzkappen aus Magnesium tragen und die Goldbarren wie Ziegel handhaben: sie werfen sie auf Paletten und hieven sie karrenweise auf die Laderampe. In einer anderen Szene wird das Edelmetall auf einer Waage gewogen, die so präzise ist, dass die Klimaanlage abgeschaltet werden muss, damit der Luftzug nicht ins Gewicht fällt.

Unten angelangt geht es durch eine 230 Tonnen schwere Drehtür (der einzige Eingang) und hinter dickem Maschendraht liegen sie plötzlich. Mit einem Vorhangeschloss gesicherte Zellen mit den Geldreserven für drei Dutzend Länder. Das Gold ist mannshoch gestapelt. Jeder Barren wiegt 12,5 kg und ist zehnmal so viel wert, wie das durchschnittliche Jahresgehalt eines Amerikaners. „Danke für Ihren Besuch", sagt der Guide und teilt ein Abschiedsgeschenk der Federal Reserve aus: echtes Geld, geschreddert und in Plastik eingeschweißt.

VERKLEINERTES MODELL DES AMERICAN INTERNATIONAL BUILDING

Ein zurückgelassener Riese

70 Pine Street
Linien 2 und 3 / Wall St

E in Wolkenkratzer zeigt dann wahre Größe, wenn sein Abbild geschmackvoll in das Dekor integriert werden kann. Die drei berühmtesten Wolkenkratzer New Yorks schaffen das: das Woolworth, das Chrysler und das Empire State Building haben ihr Abbild in das Dekor der Lobbys integriert. Das Woolworth hat seine Geschichte in Stein gemeißelt. Der Architekt hält hier eine Miniatur des Gebäudes und der Handelsmagnat Frank W. Woolworth selbst (der als Lagerist begann) zählt konzentriert Münzen.

Das American International Building in der Pine Street setzte hier mit einem 3,5 m hohen, maßstabgetreuen Steinrelief sowohl an der Nord- als auch der Südfassade neue Maßstäbe. Die Kopie aus Stein enthält sogar eine noch kleinere Version: ein Modell im Modell. Es mag übertrieben scheinen, einem Gebäude, das die meisten New Yorker nicht kennen, so viel Aufmerksamkeit zu schenken, doch das AIB reiht sich definitiv in die Reihen der Wolkenkratzerlegenden ein. Als es fertiggestellt wurde, war es Downtown das größte Gebäude (nach 9/11 eroberte es den Titel zurück). Im Stil der Neugotik erbaut, soll der weiße Stein an der Turmspitze, wo eine Aussichtsplattform einen herrlichen Blick auf die Innenstadt und die Upper Bay gewährte, an schneebedeckte Berge erinnern. Für den Betrieb der berühmten Doppeldeckeraufzüge wurden hübsche Rotschöpfe eingestellt, die Berichten zufolge, „arbeitslose Showgirls waren", an denen es während der Wirtschaftskrise offensichtlich nicht mangelte und die man sogar nach Haarfarbe wählen konnte. Doch was war passiert? Warum blieb das AIB nicht im öffentlichen Gedächtnis hängen?

Vielleicht war New York einfach erschöpft. Der Bau des AIB begann 1930, zwei Jahre nach dem fieberhaften Rennen um das höchste Gebäude der Welt, in dem das Chrysler Building gegen die Bank of Manhattan antrat (die sie noch kurz vor dem Ziel einholte, indem es eine 38 m hohe Turmspitze geheim hielt) bis beide 1931 vom Empire State Building geschlagen wurden. Das fertige AIB war ebenfalls höher als die Bank of Manhattan, doch zu diesem Zeitpunkt spielte das keine Rolle mehr. Das Rennen war gelaufen.

Und heute steht das Empire State Building noch immer unangefochten an erster Stelle. 75 Jahre lang hatte das AIB den Titel des höchsten Gebäudes in New York, das niemals das höchste der Welt war, inne. Und auch dieser Titel wurde ihm 2007 vom New York Times Building streitig gemacht.

DAS MUSEUM FÜR AMERIKANISCHE FINANZWIRTSCHAFT

Alles, was Sie schon immer über Geld wissen wollten

48 Wall Street
212-908-4110 - moaf.org
Dienstag bis Samstag 10-16 Uhr
Linien 2, 3, 4 und 5 /Wall St; Linien J und M /Broad St

Das Museum für amerikanische Finanzwirtschaft ist die einzige Institution der Stadt, die dem schnöden Mammon ohne Umschweife frönt: hier präsentiert man Geld in all seinen Facetten mit unbeschwerter Direktheit. Ähnlich wie bei einem Sex-Museum ist es Teil der Faszination, alle Details eines Tabus beleuchtet zu wissen.

Im Ausstellungsteil über Währungen wird die Geschichte New Yorks und der USA behandelt. Hier findet man einen Biberpelz - die Ware, wegen der die ersten Holländer hierher kamen - und lokale Muscheln, aus denen die Ureinwohner Wampums herstellten (siehe Seite 96). Man erfährt Details über das Chaos der Bürgerkriegszeit, in der es so viele verschiedene Währungen gab, dass man in einem Buch nachschlagen musste, um festzustellen wie viel ein Scheck wert war und kann das erste in Amerika gedruckte Papiergeld bewundern. Eine hübsche 1-Schilling-Note mit einem genialen, von Benjamin Franklin erfundenen Fälschungsschutz: der detailgetreue Abdruck eines Pflanzenblatts (mittels einer Metallplatte). Auf einer weiteren Geldnote steht der düstere Spruch „TOD DEN FÄLSCHERN" - eine Strafe, die auch vollstreckt wurde - denn nur ein wahrer Betrüger konnte dazu in der Lage sein, sie zu kopieren. Sozusagen die Kehrseite der Finanzwelt, auf die das Museum einen freimütigen Blick wirft. Es gibt Wissenswertes über Währungen, Banken, Kredite und Börsenhandel, aber auch Fälscher, Räuber, Börsencrashs und Kreditausfälle. Man lernt die Geheimnisse der Wall Street -Handsignale der Börsenmakler und Schautafeln über Aktien, Anleihen und Futures - sowie die Geschichte der Börsenhardware kennen von den ersten eleganten Börsentickern bis hin zum Bloomberg Terminal.

Die Schaustücke profitieren von der stimmigen Atmosphäre: das Museum befindet sich in einem Halbstock der ehemaligen Bank of New York. „Wir sagen oft, dass das Gebäude eines unserer besten Exponate ist," meint die Vizedirektorin Kristin Aguilera. Der polierte Marmor, die klassischen grünen Lampen und die Zeitgemälde an der Wand strahlen bereits im Glanz des Geldes.

Ein Grundstein der ersten Bank of New York

Die erste Bank of New York wurde 1784 von Alexander Hamilton, dem ersten Finanzminister der USA an diesem Ort errichtet. In die südwestliche Ecke des heutigen Gebäudes (1927) wurde ein Grundstein des ursprünglichen Baus integriert.

EXCHANGE PLACE 20

Symbole der Macht

Linen 2, 3, 4 und 5 trains bis Wall Street; Linien J und Z bis Broad Street

In New York landet jeder irgendwann In der Wall Street und sei es nur, um die Aura der Macht zu spüren. Hier findet man natürlich die Börse sowie die Geister der ersten Banken in Manhattan und das Museum für amerikanischen Finanzwirtschaft (siehe Seite 42). Fast niemand kennt den Exchange Place, etwas weiter südlich, wo Finanzgeschichte in Metall und Stein gemeißelt ist. Auf Nr. 20 steht eine der ersten Attraktionen der Stadt, ein Wolkenkratzer, der ursprünglich City Bank-Farmers Trust Building hieß. Wie das Empire State Building 1930 im Zuge des „Wolkenkratzerrennens" erbaut (Seite 34), sollte es das größte Gebäude der Welt werden, doch die Weltwirtschaftskrise ließ das Budget schrumpfen und es landete auf Platz vier. 20 Exchange Place ist noch immer einer der größten Türme der Stadt, doch ein Blick auf die Fassade der unteren Stockwerke lohnt sich ebenfalls.

Die Architekten und Brüder John und Eliot Cross bedienten sich der Zuckerseiten des Art Deco mit seinem Gleichgewicht an figurativen und abstrakten Elementen. In vielerlei Hinsicht ein reiches Gebäude, wo es um Geld und Macht geht. Die unteren Etagen sind mit Mohegan Granit verkleidet, die oberen mit Rockwood Alabama Kalkstein. Hier arbeiteten 600 Männer, um 13.500 Tonnen Stein zu verbauen. Als Symbole des Reichtums umgeben riesige Münzen das Haupttor, eine Münze für jedes Land mit einer größeren Zweigstelle und vom südlichen Türsturz starrt ein von Klapperschlangen flankierter Büffelkopf herab. Beachten Sie den Rücksprung in der 19. Etage, wo verhüllte Gestalten das Geschehen düster beobachten. Modern interpretiert sind es die „14 Riesen der Finanzwelt, lächelnd und manchmal mit finsterem Blick."

Die Bildsprache ist auf den massiven Toren am eindrucksvollsten. Hier wird die Geschichte des Transportwesens, dem Herzstück der internationalen Handels- und Bankenwelt, in glänzendem Silber erzählt: Heißluftballons, Dampfschiffe, Lokomitve, Propellerflugzeuge. Bei seiner Eröffnung streiften fast 4.000 Schaulustige stündlich durch die neue Zentrale. Heute ist sie ein wenig in Vergessenheit geraten und etwas verwahrlost. Aber auch das gehört zur Geschichte, die das Gebäude erzählt.

DAS RÄTSEL AM GRABSTEIN

Botschaft von jenseits des Grabes

Trinity Cemetery
74 Trinity Place (Broadway bei der Wall Street)
212-602-0800
trinitywallstreet.org
Wochentags 7-18 Uhr, Samstags 8-16 Uhr, Sonntags 7-16Uhr
Linen 1, N und R/Rector St; Linien 4 und 5/Wall St

Der älteste Grabstein am Friedhof der Trinity Church ist der von Richard Churcher, der 1681 im Alter von 5 Jahren starb. Der Junge hat einen kleinen, massiven Stein, der seltsamerweise auf beiden Seiten graviert ist: auf der Rückseite befinden sich eine Sanduhr mit Flügeln und darunter ein Schädel mit gekreuzten Knochen. Die Botschaft ist klar: die Zeit vergeht und plötzlich - Pluff. Einige Schritte weiter, am nördlichen Friedhofende nahe dem Soldatendenkmal, befindet sich der Stein von James Leeson, einem Mann, der mehr als 100 Jahre später starb. Auch hier ist die Sanduhr gemeinsam mit einigen Freimaurer-Symbolen eingraviert. Doch darüber, der natürlichen Rundung des Steins folgend, steht ein rätselhafter Code, der erst nach fast einem Jahrhundert entschlüsselt werden konnte.

Der Code ist in offene Quadrate eingetragen, die entweder Punkte enthalten - manchmal einen, manchmal zwei - oder leer bleiben. Für die Lösung muss man wissen, warum die Quadrate seitlich offen sind: lediglich Kästchen, wie bei einem Tic-Tac-Toe-Spiel. Die Punkte markieren verschiedene Abschnitte des Alphabets ohne den Buchstaben „j", der sich damals leicht mit dem „i" verwechseln ließ.

Der Code transportiert die Botschaft mit Würde, wie auch immer sie lauten mag. Sind es letzte Worte an eine geheime Geliebte? Der Fundort eines Schatzes? Das Rezept für einen Apfelkuchen ohne Kalorien?

Enttäuschender Weise lautet die Botschaft einfach DENKE AN DEN TOD. Warum James Leeson sich derart bemühte, einen Gedanken zu verschleiern, der hübsch (und ohne Worte) in ein Symbol verpackt werden kann - genau genommen der einzige Gedanke, auf den man auf einem Friedhof wirklich nicht erst hingewiesen werden muss - bleibt ein Geheimnis. Doch da die Botschaft nicht an uns addressiert war, dürfen wir nicht klagen. Der Code ist als „Schweinestall-Code„ oder „Freimaurer-Alphabet" bekannt. Leesons Kumpels hätten es wahrscheinlich verstanden.

Die Lösung des Trinity-Grabstein-Rätsels

EXPLOSIONSSPUREN AUF DER MORGAN BANK

Die Narben der Wall Street

23 Wall Street
Linien 2 und 3 / Wall St

Am 16. September 1920 klapperte ein Pferdewagen zur Mittagszeit die Wall Street entlang und hielt vor der Zentrale der J.P. Morgan & Company Bank. Er beförderte eine Fracht, die die Geschichte erschüttern sollte: einen Zeitzünder, Metallkugeln mit Dornen und eine Ladung Sprengstoff, wahrscheinlich Dynamit. Während die Glocken der nahen Trinity Church Mittag schlugen, explodierte der Zeitzünder.

„Ich wurde in die Luft geschleudert," berichtete ein Zeuge später, „die unglaubliche Kraft der Explosion, riss mir den Hut vom Kopf." Die Schockwelle ließ die Fenster weit entfernter Wolkenkratzer erzittern. Ein Reporter der *Sun & des New York Herald* beschrieb die Szene mit Worten, die erschreckend an ein anderes, aktuelleres Unglück erinnern: „Es war ein Schlag aus heiterem Himmel, ein unerwarteter, tödlicher Blitz, der die geschäftigste Ecke von Amerikas Finanzzentrum augenblicklich in ein Schlachtfeld verwandelte." Das Pferd wurde zerfetzt: seine Hufe fand man später nahe dem Trinity Friedhof.

Mit 38 Toten und Hunderten Verletzten war die Explosion auf der Wall Street der schlimmste Bombenanschlag in den USA vor Oklahoma City (1995) und der schlimmste in New York vor 9/11. Behörden stellten eine drei Jahre dauernden Untersuchung, die bis nach Russland Wellen schlug an und führten unzählige Befragungen durch. Doch weder der Attentäter, noch die Gruppe zu der er eventuell gehörte, konnte identifiziert werden. Es ist unwahrscheinlich, dass es ein irrer Einzeltäter war: der Beginn des 19. Jhdt. war ein blutiger Kampf zwischen Kapital und Arbeit und 1920 konnte und wusste jeder von aktuellen Angriffen gegen amerikanische Einrichtungen zu berichten: Anschläge auf den Präsidenten, Briefbomben, Dynamit auf Bahnschienen und in Fabriken.

Heute wissen die meisten Menschen gar nicht, dass es auf der Wall Street eine Explosion gegeben hat. Doch das Vergessen hat hier praktisch Tradition. Zum fünften Jahrestag der Explosion, berichtete ein Reporter des *Wall Street Journal*, dass Angestellten nicht wussten, warum die Marmorwand der Morgan Bank mit Narben übersät war - Narben, die noch heute zu sehen sind. „Wie schnell die Zeit doch die Erinnerung an schreckliche Ereignisse auslöscht", schrieb er.

DER BUTTONWOOD-BAUM

Ein Symbol für die Entstehung der New Yorker Börse

Links neben dem Haupteingang der Börse
18 Broad Street
Linien J und Z /Broad St; Linien 2, 3, 4 und 5 /Wall St

Die Pracht der New Yorker Börse auf der Broad Street mit ihrer gigantischen US-Flagge und der römischen Fassade, die auf brutale Gladiatorenkämpfe in der Finanzwelt anspielt, steht im krassen Kontrast zu einer winzigen Platane auf dem Gehweg davor. Seit Jahren versucht dieser Baum in aller Stille größer zu werden.

„Er steht schon da, solange ich hier arbeite", sagt ein Trader, der eine Zigarette raucht und sich an das Gitter lehnt, das den Haupteingang der Börse für die Öffentlichkeit unzugänglich macht. „Also mindestens 15 Jahre. Ich glaube, er wächst einfach nicht."

So unscheinbar er auch sein mag - der Baum steht für die Entstehung der New Yorker Börse. Auf einer Tafel dahinter steht: „Dieser Marktplatz zum Kauf und Verkauf von Wertpapieren wurde 1792 von Händlern gegründet, die sich täglich unter einer Platane in der Nähe trafen." Das ist die Gründungsgeschichte der lärmenden Finanzarena: ein paar Händler, die sich unter einem Baum trafen. Die Gruppe, die sich im „Buttonwood Agreement" zusammenschloss war bis nach dem Krieg von 1812 nicht wirklich aktiv. Es dauerte eine Weile, eine geeignete Bleibe zu finden: zu Beginn traf sich die Börse in einem Kaffeehaus auf der Pearl Street, dann auf der Wall Street Nr. 40 in einem Gebäude, das während des großen Brandes zerstört wurde (siehe Seite 260). Die heutige Börse, die die Straßen im Umkreis nicht nur dominiert sondern geradezu erdrückt, wurde 1903 von George B. Post erbaut. Eine seiner Innovationen war ein Glasvorhang hinter den Säulen, um Tageslicht auf das Börsenparkett zu bringen. Doch mittlerweile wurden die Fenster verdunkelt, damit man die Bildschirme besser sehen kann. So hat sich die Börse von einem Schattenplätzchen, über ein Café und einen Tempel hin zu einer virtuellen Höhle entwickelt.

Die Original-Platane (auf Englisch Buttonwood oder Sycamore) stand in der Wall Street 68, eineinhalb Blocks vom hartnäckigen Pflänzchen entfernt, das heute vor der Börse steht.

Trader, die 25 Jahre an der Börse gearbeitet haben, treten einem Verein bei, der Buttonwood Club heißt.

Privilegien gibt es nicht, aber man darf damit prahlen und erhält eine nummerierte Anstecknadel.

DAS FUNDAMENT
DER LOVELACE TAVERN

New Amsterdam: New York

85 Broad Street
Linien J und Z /Broad St; Linien N und R /Whitehall St

I n Lower Manhattan kann man zu einigen der höchsten Gebäude New Yorks empor- oder auf einige der ältesten hinabschauen. Hier hat die Stadt ihren Ursprung. Die Straßennamen veranschaulichen das frühe Kolonialleben: Stone war als erste gepflastert; Pearl, einst direkt am Meer gelegen, verdankt seinen Namen an Mengen von Austernschalen, die es übersäten und in der Wall Street gab es wirklich eine Mauer, von den Holländern errichtet, um die Engländer auszusperren. Auf der Broad Street 85 ist die Vergangenheit nicht nur spürbar, sondern dessen Skelett ist durch den Bürgersteig noch sichtbar. Von einem ovalen Messinggeländer umgeben und unter einem Glasgitter liegen die Fundamente der Lovelace Tavern, einem Gebäude aus der Epoche, als die Stadt erst kurze Zeit New York hieß, und die meisten sie noch New Amsterdam nannten.

Die Taverne grenzte an das alte Rathaus (Stadthuis), dessen Standort heute mit einem Abdruck gekennzeichnet ist. Das Lovelace Fundament ist die stärkste und praktisch einzige Verbindung zur holländischen Zeit in Manhattan. Man entdeckte es 1979 während der ersten großen Grabungsarbeiten in New York. Die Archäologen fanden das, was man im Staub einer alten Taverne vermuten würde: Flaschen, Gläser und Tonpfeifen.

Die Anfänge des Gebäudes sind dokumentiert: im Gesuch des New Yorker Gouverneurs Francis Lovelace „auf dem Grundstück, neben dem Rathaus, ein Haus zu bauen und eine Taverne daraus zu machen." Das war 1670. In diesem Jahr erschien auch die erste englische Abhandlung über die Kolonie: Daniel Dentons A Brief Relation of New York, mit erstaunlichen heimischen Tieren (Rotwild, Bären, Wölfe, Füchse, Otter) und einem traurigen Bericht über vom englischen Rum betrunkene Indianer, die sich gegenseitig umbrachten.

Wölfe und Indianer: Alltag für jene ersten New Yorker, die auf den schlammigen Wegen, vorbei an den ächzenden Holzschiffen im Hafen auf die beleuchteten Fenster des Lovelace zusteuerten, um einen Abend lang mit Trinken und Rauchen zu verbringen. Die Taverne brannte 1706 ab.

Stadthuis und Lovelace Tavern

THE ELEVATED ACRE

Ein überraschend ruhiges Fleckchen

Eingang an der Water Street 55
Täglich, Mai bis September 7-22 Uhr; Oktober bis April 8-20 Uhr
Linien N und R /Whitehall St; Linien J und Z /Broad St;
Linien 2 und 3 /Wall St

Eine Stadt muss wirklich ein schräges Verhältnis zur Natur haben, wenn eine kleine Grasfläche - wie der Elevated Acre in Lower Manhattan- einen zum Schwärmen bringt. Schon der Name klingt erhaben. Diese versteckte Grünfläche ist vielleicht das Einzige, was sensible Bürohengste vor dem totalen Trübsinn rettet. An sehr sonnigen Tagen scheint das Gras wie eine Fata Morgana, die sich jeden Augenblick aufzulösen droht, um sich in das häßliche Dach einer richtigen Stadt zu verwandeln. Es ist egal, wie viel an Natur hier versteckt ist oder wie viele Leute sie genießen (morgens möglicherweise niemand) oder dass es sich in Wahrheit um Kunstrasen handelt. Aber es ist faszinierend zu sehen, wie urbane Merkmale - Höhe, Geometrie, Modernität - auf einen gewöhnlichen Rasen übertragen wurden. Es ist herrlich hier oder, je nach Tagesverfassung schrecklich.

Der Eingang liegt am breitesten und stärksten befahrenen Abschnitt der Water Street mit all ihren Konzernriesen. Die Grünfläche erreicht man über einen langen, sauberen Aufzug, der freie Sicht auf den Himmel verspricht. Im südlichen Teil des Acres gibt es Pflanzeninseln, die mehr oder weniger intime Bereiche bilden. Ganz egal an welcher Neurose Sie leiden, Sie finden ganz bestimmt ein passendes Plätzchen. Am nördlichen Ende führen Betonstufen bzw. -bänke hinunter zum heiligen Rasen. Das ist der Ort, an dem Büroangestellte, die im Sommer aus den umliegenden Wolkenkratzern auf die Sonnenanbeter hinunterschauen, sich freuen oder deprimiert sind und auch eine schwungvolle Partie Frisbee möglich ist. Zum Inhalieren der Atmosphäre, stellen Sie sich am besten an das Geländer, das Sie davor schützt in den Old Slip zu stürzen. Der Rasen oben und die geschäftige Straße unten sind wahrlich ein seltsamer Anblick.

Doch ein Besuch beim Elevated Acre lohnt sich vor allem wegen der Aussicht in die andere Richtung. Man kann über den East River bis zu den Brooklyn Heights und hinunter zu den Krananlagen von Red Hook sehen. Flussaufwärts erstrecken sich die Brooklyn und die Manhattan Bridge, flussabwärts sieht man Governor's Island. Das ständige Brummen der Autos auf dem East River Drive und die knatternden Hubschrauber auf dem Helikopterlandeplatz nerven Ruhesuchende vielleicht. Doch am Geländer mit Blick, über den vom Wind bewegten Fluß, schätzt man den Acre für das, was er ist: ein relativ ruhiges Fleckchen inmitten des allgemeinen Trubels.

GEORGE WASHINGTONS ZAHN

Seltsame Relikte in der Fraunces Tavern

Fraunces Tavern
54 Pearl Street
212-968-1776
frauncestavern.com/museum.php
Täglich 12-17 Uhr
Linien N und R /Whitehall St; Linien 4 und 5 /Bowling Green; Linie 1 / South
Ferry

Tooth fragment
Dr. John Greenwood
United States, 1789–1798

Contrary to American legend, Washington's
dentures were composed of animal and human
teeth, not wood. Dr. John Greenwood made
five separate sets for Washington

Die 1762 eröffnete Fraunces Tavern verfügt im Erdgeschoß noch immer über ein Restaurant und eine Bar. Das Obergeschoß ist jetzt ein Museum, in dem man tief in den Unabhängigkeitskrieg eintaucht. Gemälde, Waffen, Zeitungsausschnitte, Tagebücher - und zwei Naturobjekte, die sowohl rar als auch kurios sind: eine Haarlocke von George Washington und ein Stück eines seiner Zähne.

Die Taverne rühmt sich selbst als „das älteste noch bestehende Gebäude in Manhattan". Doch nur wenig ist hier alt. Das Gebäude wurde 1907 detailgetreu saniert, nachdem es vor dem Abriss bewahrt worden war (die Besitzer wollten hier einen Parkplatz bauen). Zum Glück: denn die Taverne führt direkt ins postkoloniale New York. Es war kurz Washingtons letzte Residenz als General der amerikanischen Revolutionstruppen und hier hielt er 1783 zu Kriegsende seine Abschiedsrede vor den Offizieren. Die Bedeutung des Gebäudes geht noch tiefer: in einer Stadt, die plötzlich Hauptstadt einer frischgebackenen Nation war, diente die Taverne als Büro für das erste Kriegs-, das Finanz- und Außenministerium. Der sogenannte Long Room - der Ort des Abschieds - sieht heute noch so aus wie am 4. Dezember 1783.

Laut Offizier Benjamin Tallmadge, der zugegen war, hob Washington das Glas und drückte bei seinem offiziellen Abschied ein „Herz voll Liebe und Dankbarkeit" aus. Das Tagebuch von Tallmadge, das immer auf der betreffenden Seite aufgeschlagen ist, wird hier ausgestellt. Man fragt sich, was Washington wohl dazu gesagt hätte, dass auch Teile seines Körpers hier zur Schau gestellt werden. „Das erste, was die Leute fragen," sagt der junge Mann am Ticket-Schalter, „ist, wann wir ihn klonen können."

Die Körperrelikte befinden sich in einer Vitrine. Der Zahn ist in einen Anhänger integriert. Das Haar, in erstaunlich kräftigem Kastanienbraun (man verzeihe den Amerikanern, dass sie glauben, Washington kam mit weißen Locken zur Welt) ist in einem runden Rahmen platziert. Das Zahnfragment ist etwas gruselig, so als wäre ein toter Washington, wie das Heilige Kreuz, sorgfältig in Scheibchen geschnitten worden. Doch die Zahnprobleme des ersten Präsidenten sind legendär. Als er seinen Amtseid schwor (nur ein paar Blocks entfernt auf der Wall Street) besaß er nur noch einen Zahn. Dieser war mit einer unheimlichen Vorrichtung aus Nilpferdelfenbein, Gold, menschlichen Zähnen und Spiralfedern fixiert.

DER ZAUN VON BOWLING GREEN ⑳

Eines der ältesten Bauwerke Manhattans

Bowling Green Park
Morgendämmerung bis 19:30 Uhr
Linien 4 und 5 /Bowling Green

Bowling Green, ganz am Ende des Broadways, ist der älteste Park New Yorks. Hier spielte sich auch eine der ironischsten Geschichten des Unabhängigkeitskrieges ab.

1765 trat der Stamp Act (Stempelsteuergesetz) in Kraft. Dieses Gesetz sollte das britische Militär finanzieren. Jedes offizielle Schriftstück aus den Kolonien musste demnach mit Steuermarken versehen sein. Das Gesetz war einfach durchzusetzen, doch rückblickend nicht sehr klug: Der Ärger, den es auslöste, war der erste Schritt der Kolonien in Richtung Revolte. Hier in New York war die Reaktion bezeichnend grob: man zündete die Kutsche des königlichen Gouverneurs an und hängte und verbrannte eine Attrappe des Mannes hier in Bowling Green. Nachdem das Gesetz widerrufen wurde, beruhigte sich die Lage. 1770 zeigten die Briten abermals wenig Weitblick, als sie eine fast zwei Tonnen schwere Reiterstatue von König George III liefern ließen. Die Statue, die von den New Yorkern bezahlt worden war und in der Mitte der Grünanlage platziert wurde, war aus vergoldetem Blei. Das Gold war hübsch, doch das Blei war, wie sich herausstellen sollte, eine schlechte Idee.

In New York wird man sich freuen zu hören, dass Graffiti und Vandalismus in dieser Stadt eine lange Tradition haben. Als die Spannungen zunahmen, wurde die Statue derart beschädigt, dass um sie ein gusseiserner Zaun errichtet werden musste. Am 9. Juli 1776 wurde die Unabhängigkeitserklärung in New York auf dem Common (heute City Hall Park) verlesen und ein Mob von Zivilisten und Soldaten im Freiheitsrausch stürmte den Zaun und warf die Statue um. Während König George zertrümmert wurde, kam ein einfallsreicher Rebell auf die Idee, dass man die zwei Tonnen Blei doch zu jeder Menge Gewehrkugeln verarbeiten könne - nämlich exakt 44.088. Es ist unklar, wie viele Rot Röcke durch ein König George-Geschoss starben.

Teile der Statue sowie die Marmorplatte, auf der sie stand, werden heute in der New York Historical Society aufbewahrt. Der Zaun ist noch immer hier. Er hält nun schon seit fast zweieinhalb Jahrhunderten die lärmende Stadt auf Distanz und ist eines der ältesten Bauwerke Manhattans.

BELGIEN
AUF DEM ZOLLHAUS

Eine Allegorie Belgiens, die einmal Deutschland war

1 Bowling Green
Linien 4 und 5 /Bowling Green; Linie 1 /South Ferry; Linie R / Whitehall St;
Linien M, J und Z /Broad St

Moderne geopolitische Spannungen schlagen sich für gewöhnlich nicht in der Stadtarchitektur nieder, doch auf dem Custom House (Zollhaus) am Bowling Green ist das anders. Hoch oben stehen zwölf Marmorstatuen, die die großen Seemächte der Welt repräsentieren. Eine davon ist...Belgien. Doch Belgien hat, wie Sie vielleicht wissen, nur etwa 64 km Küste.

Das Customs House (jetzt die New Yorker Niederlassung des National Museum of the American Indian) wurde 1900 geplant und sollte das beeindruckendste Gebäude der Stadt werden. Der gesamte Welthandel wurde über diese Adresse abgewickelt und diese Thematik sollte mit Hilfe der Statuen festgehalten werden. Ganz unten verkörpern vier weibliche Allegorien von Daniel Chester French die vier Kontinente. Darüber sieht man den gemeißelten Kopf von Merkur, dem römischen Gott des Handels sowie Porträts der „8 Rassen der Menschheit." Auf dem Dachgesims nehmen die zwölf großen Seemächte, sowohl historische als auch moderne, erhabene Posen ein. Belgien ist die dritte von rechts. Mit Portugal und Dänemark auf der einen sowie Frankreich und England auf der anderen Seite, ist sie klar unterlegen. Der Grund: Die Allegorie Belgiens war einst Deutschland. Nach Beginn des 1. Weltkriegs, war man der Meinung, dass für einen Feind kein Platz auf einem Regierungsgebäude sei und der Finanzminister William McAdoo bat den Bildhauer, aus Deutschland Belgien zu machen. Es störte ihn nicht, dass Belgien damals keine Marine besaß: es war verdammt noch mal ein Verbündeter der USA.

Und jetzt wird es noch interessanter. Sechs verschiedene Bildhauer arbeiteten an den Allegorien. Deutschland wurde als einzige von einem gebürtigen Deutschen angefertigt. Albert Jaegers, ein Amerikaner, der als Kind aus Europa hierherkam, war ein großer Künstler und bei deutschen Themen sehr gefragt. Als der Finanzminister ihn bat sein eigenes Werk zu ruinieren, weigerte er sich. Jene, die solche Dinge gerne dramatisieren, waren sofort empört. Jaegers Weigerung wurde als Treue zum Kaiser interpretiert, der dem Künstler einst einen Orden verliehen hatte. Vor die National Sculpture Society zitiert, verwies Jaegers darauf, dass sich die Identität der Statue nicht durch „ein paar Überarbeitungen und eine Umbenennung" ändern ließe. Jedenfalls diffamierte man ihn, beraubte die Dame ihrer nationalen Insignien und meißelte *BELGIEN* in ihr Schild.

MY LOVE MISS LIBERTY

Eine sehr schräge und niedliche Freiheitsstatue

Museum of the American Indian/Alexander Hamilton U.S. Custom House
1 Bowling Green
202 633-6644 - nmai.si.edu/visit/newyork
Täglich 10-17 Uhr; Donnerstag 10-20 Uhr
Eintritt frei
Linien 4 und 5 /Bowling Green; Linie 1 /South Ferry; Linien R und W /
Whitehall Street; Linien J und Z /Broad Street; Linien 2 und 3 /Wall Street

Das Custom House steht sowohl im Zentrum der Parkanlage The Battery als auch der Stadt. Es wurde auf dem Grund des ersten niederländischen Forts errichtet. Grund genug für einen Besuch: die Eingangshalle, mit ihrem marmornen Empfang und den Hafenszenen aus 1930 an den Wänden verweist auf das goldene Zeitalter der New Yorker Schifffahrt. Die Eingangstreppe zieren Allegorien der verschiedenen Kontinente von Daniel Chester French (siehe Seite 298) - über die Schulter von Amerika (die zweite von links) lugt ein Prärie-Indianer. French, der die „amerikanische Idee der Vielfalt" darstellen wollte, konnte es nicht wissen, doch man könnte meinen, er hätte den aktuellen Zweck des Gebäudes als Museum der amerikanischen Ureinwohner vorhergesehen.

Das ist ein weiterer Grund für einen Besuch. Ein Objekt der Sammlung scheint der Stadt seine Hand entgegenstrecken zu wollen. Es handelt sich um eine Cup'ik Puppe aus Alaska, die, laut Beschreibung, aus „Seelöwenfell und -darm, Baumwolle, Robbenfell, Glas und Holz" hergestellt ist. Auf den ersten Blick schwer zu erkennen, realisiert man, dass es sich um eine schräge, aber sehr niedliche Freiheitsstatue handelt. Den Ureinwohnern wurde zu wenig und zu spät Anerkennung gezollt, doch die ständige Ausstellung hier bietet einen sehr guten Überblick: von Yámana-Harpunen aus Feuerland über mesoamerikanische Tongefäße bis hin zu Gegenständen aus den Anden und dem Amazonas. Die wichtigste Lektion, die ein New Yorker hier lernen kann, ist, wie selbstverständlich sich die von unserer Nation zerstörten Kulturen in dieses faszinierende Mosaik einfügen. Es überrascht vielleicht, einen steinernen Topf aus Santa Barbara, Kalifornien zu sehen oder einen Ortsnamen auf der Karte, der wenig mit „Indianern" zu tun zu haben scheint, sogar wenn der Name selbst (z.B. Oklahoma oder Iowa) indianischen Ursprungs ist.

„My Love Miss Liberty" stammt von Rosalie Penayik, die in Chevak im Yukon Delta lebte. Schon die ersten Bewohner stellten dort Puppen aus gewickeltem Gras her. Penayik nahm die Tradition der Cup'ik als Basis, ließ jedoch auch moderne Themen und Humor einfließen. Ein Stil, den sie an ihre Töchter (und Enkelinnen) weitergab und der Chevak Alaska als Ort der Volkskunst prägte.

DER FAHNENMASTSOCKEL
DER NIEDERLÄNDER

Perlen im Wert von Vierundzwanzig Dollar

Nördliches Ende des Battery Park, wo der Battery Place auf die State Street trifft
nycgovparks.org/parks/batterypark/highlights/8094
Linien 4 und 5 /Bowling Green

Am 7. Dezember 1926 hielt die Netherland-America Foundation eine Zeremonie im Battery Park ab. Es war so kalt, dass kaum jemand kam. Die Mitglieder der Blaskapelle drängten sich in Taxis zusammen. Anlass war der 300. Jahrestag der Besiedlung Manhattans durch die Niederländer. Zur Erinnerung wurde ein großer, rosafarbener Fahnenmastsockel aus Stein enthüllt: von einem Niederländer gefertigt und den braven Bürgern in Holland bezahlt. Es gibt ihn noch heute.

Wenn eine Episode aus der Geschichte New Yorks bekannt ist, dann jene, die hier dargestellt wird: der berüchtigte Verkauf von Manhattan, bei dem die holländischen Siedler den Indianern die Insel für eine Handvoll Perlen im Wert von 24 USD abkaufen. Die New Yorker mögen die Legende: ein unfaires Immobiliengeschäft, bei dem die vorausschauende Partei gewinnt und der Tölpel sein letztes Hemd verliert. Doch, wie man an einem Detail auf dem Sockel erkennt, stimmt die Legende nicht: am Warbonnet (Kopfschmuck) des Indianers. Diesen Fehler findet man auf Abbildungen in der ganzen Stadt. Warbonnets wurden von Prärie-Indianern und niemals von Algonkins getragen. Es ist vielleicht nur ein Detail, aber eines, das alles andere möglich macht.

So gibt es z. B. kein Dokument zum Verkauf von Manhattan - nur eines zum Verkauf von Staten Island. Da kommt auch die Idee mit den Perlen her. Vielleicht wurde Manhattan für dasselbe verkauft wie Staten Island - Werkzeug, Stoffe, Wampum (siehe Seite 96). Doch die Legende betont die Perlen: den dummen Indianer, der geblendet von ein bisschen Schmuck sein Geburtsrecht verkauft haben soll. „Unsere Völker sind guter Dinge und leben in Frieden", heißt es in einem Brief, die einzige Aufzeichnung zu diesem Tausch. „Sie haben den Wilden die Insel Manhattan um 60 Gulden abgekauft." Das ist alles, was wir wissen. Die 60 Gulden gingen für immer als 24 USD in die Geschichte ein.

Doch was ist ein Dollar? Die Vorstellungen der Ureinwohner in Bezug auf Geld oder Landbesitz waren für die Europäer undurchschaubar. So mussten die Holländer „Staten Island insgesamt fünfmal kaufen". Für die Indianer war der „Verkauf von Manhattan" wohl eher eine Art Miete, sonst hätten sie Waren für das Land verlangt, zu dem ihr Stamm keinerlei Verbindung hatte. Wahrscheinlich lachten sich die Lenape, die Manhattan verkauften, zu Hause über die bleichen, kleinen, dickbäuchigen Seefahrer kaputt, die nach Hundsdreck und Käse rochen und so weit gereist waren, um übers Ohr gehauen zu werden.

DAS AMERICAN MERCHANT MARINERS' MEMORIAL

Keine Überlebenden!

Battery Park, im Nordwesten des Castle Clinton
nycgovparks.org
Linien 4 und 5 /Bowling Green; Linie 1 /South Ferry; Linie N und R /
Whitehall St

Auf einem steinernen Wellenbrecher drängen sich bronzene Seeleute auf dem Deck eines sinkenden Schiffs. Einer versucht einen Gefährten aus den Wellen zu retten, ein Anderer hebt die Arme hoch und ruft um Hilfe. Das American Merchant Mariners' Memorial wirkt in seiner Dramatik so lebendig, da es auf ein Foto basiert. Dieses Foto beruht auf einer Geschichte aus Zufällen und Abenteuern und in ihrem Zentrum steht ein Mann, dessen Name nirgends auf dem Denkmal aufscheint.

George W. Duffy war kaum 20 Jahre alt, als sein amerikanisches Handelsschiff, im September 1942 von einem deutschen U-Boot vor Südafrika versenkt wurde. Die Überlebenden brachte man auf ein feindliches Versorgungsschiff, wo sie einen Monat lang dahinsiechten. Dort stieß Duffy beim Durchblättern der *Berliner Illustrierte Zeitung* auf einen Bericht über einen versenkten US-Öltanker. Ein Foto zeigte sieben Männer in einem Rettungsboot, die Duffy sofort als Matrosenkollegen erkannte. Da er dachte, das Foto würde sie später amüsieren und „unter der naiven Annahme, dass der Krieg bald vorbei wäre" riss er die Seite heraus und behielt sie.

Duffy und die anderen Gefangenen wurden den Japanern übergeben. Während der nächsten drei Jahre lebte er in Lagern auf Java, in Singapur und auf Sumatra, bis er 1945, gemeinsam mit anderen „lebenden Skeletten" von den Briten befreit wurde. Und die ganze Zeit über hatte er das Zeitungsfoto bei sich. „Nach dem Krieg," schrieb er, „kontaktierte ich alle Öltankerfirmen, die ich in New York fand. Niemand konnte die sieben Männer identifizieren." Und so ruhte die Angelegenheit 40 Jahre, bis ein Historiker das Foto in den frühen 1980ern vom FBI analysieren ließ. Auf einer vergrößerten Schwimmweste konnte man zum ersten Mal den Namen des Handelsschiffes erkennen: Muskogee. Das Foto war von einem deutschen Journalisten von demselben U-Boot aus aufgenommen worden, das den Öltanker versenkt hatte. Die auf dem Foto festgehaltenen Seeleute sind die letzten Aufnahmen von toten Männern: Berichten zufolge verlor die Muskogee die gesamte Besatzung. "Kein Überlebender!" schrieb Duffy. „Und all die Jahre hatte ich nach Überlebenden gesucht."

Die französische Bildhauerin Marisol stützte sich für den Entwurf des Denkmals auf Duffys Foto. Es wurde 1991 eingeweiht.

GRAFFITI SÄULEN AUF ELLIS ISLAND

Die anderen Einwanderer

212-363-3200
nps.gov/elis/index.htm
Täglich außer am 25. Dezember
Ein Besuch auf Ellis Island beinhaltet Liberty Island (Freiheitsstatue);
Fährentickets erhältlich am Castle Clinton im Battery Park
(erste Fähre zum Festland um 9:30 Uhr, letzte Fähre um 15:30 Uhr)

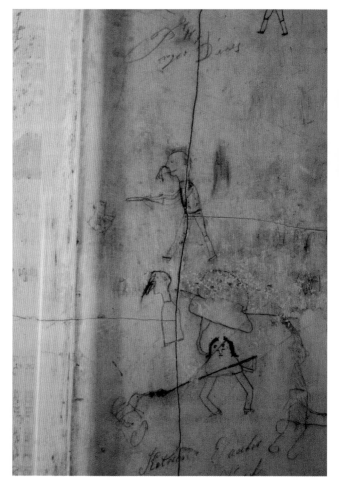

Die klassische Ellis Island-Geschichte beschreibt nur eine Richtung: Die Freiheitsstatue erhebt ihre Fackel, um einlaufende Schiffe von weit her willkommen zu heißen. Kaum jemand spricht über Schiffe in die andere Richtung: die Leute, die es mit viel Mut und großen Opfern hierher geschafft hatten und schließlich wieder vertrieben wurden. Im dritten Stock des Hauptgebäudes, direkt über dem Registrierraum, kommt man diesen Leuten seltsam nahe. Dort gibt es zwei Säulen, die von oben bis unten, mit Bleistiftzeichnungen bedeckt sind.

Barry Moreno ist Bibliothekar und Historiker auf Ellis Island und Autor von *The Encyclopedia of Ellis Island* und *The Statue of Liberty Encyclopedia*. Er kann die Säulen von seinem Schreibtisch aus sehen.

„Die Touristen bekommen zu hören," sagt er, „dass tausende von Einwanderern jeden Tag von den Schiffen nach Ellis Island strömten – zur Zeit der Masseneinwanderung. Und das ist die Hauptgeschichte, die sich zwischen 1892 und 1924 abspielte." 1921 führte die amerikanische Regierung Einwanderungsquoten ein. Ab diesem Zeitpunkt bis zum Zweiten Weltkrieg wurde Ellis Island zum Auffanglager für unerwünschte Fremdlinge. „Hier gab es Prostituierte, Ex-Sträflinge, Penner und Landstreicher", sagt Moreno. „Leute aus Kranken- oder Waisenhäusern, Leute, die wahnsinnig waren oder Epilepsie hatten. Alkoholiker..." Einige dieser Menschen lebten seit Jahren in den Staaten. Viele kamen sogar aus Mexiko oder Kanada, bevor die Grenzen durchgesetzt wurden.

Man verhaftete sie für irgendein Vergehen in Seattle, Kansas City, Chicago und wenn sie keine Einwanderungspapiere hatten, wurden sie in Züge gesteckt. „Die Züge landeten in New York," sagt Moreno, und alle Inhaftierten - Hunderte von ihnen - wurden bewacht nach Ellis Island gebracht. Genau hinter den Säulen war das Büro, in dem Abschiebungen bearbeitet wurden.

Anders als ankommende Einwanderer, die innerhalb von Stunden abgewickelt und in die Stadt entlassen wurden, mussten die Inhaftierten hier lange warten. Gegen die Langeweile, um zu rebellieren und um ein Zeichen in dem Land zu hinterlassen, das sie nicht wollte, kritzelten sie die Wände voll. Es gibt Karikaturen von Beamten, Tiere, Gesichter und zarte Frauenporträts. Ein Mann scheint mit folgendem Zeugnis auf italienisch seine legale Einreise in die USA bekräftigen zu: „Cecchini, Giuseppe," lautet seine Botschaft. „Am Samstag, den 18 Mai 1901 auf der Battery angekommen."

Die verlorenen Gewässer Manhattans

Die Stadtplaner Manhattans gaben nicht an, wie die Flüsse, Bäche, Teiche und Quellen der Insel in das Gitternetz integriert werden sollten. In New York gibt es jede Menge Wasser: große Buchten, Flüsse und Meerengen über die sich Brücken spannen -wahre Wunder der Ingenieurskunst. Kleinere Gewässer gab es überall in Manhattan. Als das Gitternetz Anfang des 19. Jhdt. entstand, begrenzte eine Brücke die Stadt im Norden, dort, wo der Broadway einen Kanal überquerte. Er verlief von der Centre Street bis zum Hudson River, entlang der heutigen Canal Street. Einige alte Flüsse wurden überbaut: versteckt unter dem Pflaster und Schmutz der Straßen nahmen die Gezeiten ihren Lauf. Doch am einfachsten war es, das Wasser mit Erde zuzuschütten - eine Lösung, für die New York noch oft bezahlen sollte. Im Allgemeinen fielen die verborgenen Gewässer nur durchUnannehmlichkeiten auf: absackende Fundamente, Sümpfe und Krankheiten, Überschwemmungen. Unter dem Times Square gab es eine Quelle, die einen Fluss speiste. Er zog sich bis zur Fifth Avenue und 31st Street, wo er sich im lieblichen Sunfish Pond staute (einst ein beliebter Angelort) bevor er in den East River floss. Jahre nachdem er zugeschüttet und überbaut worden war, kam der alte Wasserlauf dem Bau der Pensylvania Railroad-Tunnel in die Quere, der sich aufgrund von"Treibsand und halb ausgetrockneten Flüssen" verzögerte. Ein anderer Fluss entsprang im äußersten Westen der 72nd Street und verlief fast über die gesamte Insel, auch über das Gebiet des heutigen Central Parks (die unteren Sportplätze sind eigentlich ein altes Flussbett). Als 1865 Dämme um den Park errichtet wurden, war die Fifth Avenue Monate überschwemmt. Die Sanitary and Topographical Map von Egbert Viele aus 1865 überrascht: Manhattan war einst ein von Flüssen durchzogenes Sumpfland.

Broad Street

Historiker sind sich nicht ganz einig, doch die Niederländer ließen sich vielleicht deshalb hier nieder, weil die Wasserwege das Graben von Kanälen begünstigten: New Amsterdam im Stil des alten Vorbilds. Die Broad Street war früher ein Kanal und an seinen Ufern befand sich der erste Markt von New Amsterdam.

Viele-Karre, 1865

Der Collect Pond

Der Star unter den Gewässern war der Collect Pond. Dieser See lieferte den Großteil des Trinkwassers im damaligen New York. Er war so tief, dass es sogar für sagenumwobene Seemonster reichte. Doch Gerbereien und Schlachthäuser verwandelten ihn in eine Kloake. Man grub den Kanal, in dem später die Canal Street entstand, um ihn trockenzulegen. Danach entstand auf seinem Areal New Yorks erstes Elendsviertel, Five Points. Die von Armut geplagten Einwohner lebten in Häusern, die im nassen Boden versanken. Später erbaute man die Gebäude hier auf Pfählen. Der Collect Pond bedeckte fast 20 Hektar Land. Seine Mitte lag an der heutigen Kreuzung der Leonard mit der Centre Street.

Minetta Brook

Dieser noch immer fließende Fluss, ist Manhattans spannendstes Wassermysterium. Ein unterirdischer Fluss hat etwas Schauriges an sich: man denkt dabei an blinde Fische oder Gehwege, die kaum spürbar durch unterirdische Fluten erschüttert werden. Die Indianer nannten Minetta Brook Manetta, „Wasser des Teufels". Er war einst voll mit Forellen, wurde aber 1820 überbaut. Die geknickte Minetta Street in Greenwich Village folgt angeblich seinem verborgenen Lauf. Doch er scheint im ganzen Viertel allgegenwärtig zu sein. Eine Pumpe in Grove Court, die angeblich Trinkwasser aus ihm pumpte sowie ein durchsichtiges Plastikrohr in der Lobby des Wohnturms in der Fifth Avenue Nr. 2, in dem, wenn es regnet, matschiges Wasser plätschert: „Ein Fluss sucht sich unter diesem Gebäude seinen Weg...", steht auf der Tafel. Ein stärkerer Strom zeigt sich seit 1937 in der Minetta Tavern, auf der MacDougal Street. Des überfluteten Kellers müde, haben die Eigentümer kürzlich die Installationen neu gemacht und abgedichtet. „Oh ja, es gibt ihn noch," sagt der Geschäftsführer ? Arnold Rossman. „Als sie die neuen Leitungen im Boden vergruben, konnten sie den Fluss sehen."

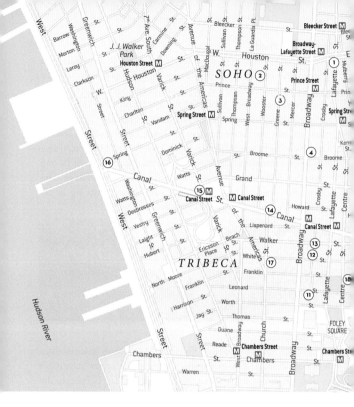

Zwischen Chambers und Houston

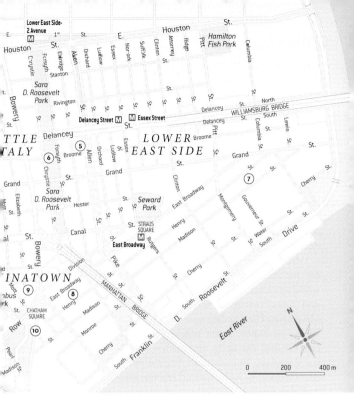

DIE SCHACHTDECKEL
DES CROTON AQUÄDUKTS

Relikte eines riesigen öffentlichen Wasserprojekts

Unten: Kreuzung Fifth Avenue /110th Street
Linien 4 und 6 / 103rd St
Gegenüber: Jersey Street
Linien B, D, F und M/Broadway - Lafayette

Zwei, trotz ihrer Lage auf der Fifth Avenue und der Jersey Street in Soho unbemerkte Schachtabdeckungen, sind quasi die letzten, die das Word „Croton" tragen. Sie sind Relikte des riesigen Bauprojekts, das Anfang des 19. Jhdt. Trinkwaser nach Manhattan brachte und die Abdeckung auf dem Foto unten ist wohl die älteste der Stadt.

Man würde meinen, dass frisches Wasser hier mit den drei Flüssen, die die Stadt umgeben, kein Problem wäre. Doch diese Flüsse sind salzhaltig. Und zwei von ihnen, der Harlem und der East River, sind keine richtigen Flüsse, sondern den Gezeiten unterworfene Meerengen. Die Quellen und Bachläufe, die die Siedler mit frischem Wasser versorgten, waren zunehmend verschmutzt und zugeschüttet. Der Großteil der stetig wachsenden Bevölkerung bediente sich bald aus Zisternen, Brunnen und Regentonnen. Einige der Folgen sind offensichtlich: Krankheiten und erhöhte Brandgefahr.

Einige weniger: Alkoholismus (Schnaps war sauberer als Wasser) und

die Gründung der Chase Manhattan Bank, deren anfängliches Ziel die Wasserversorgung der Reichen war. Das Croton Aquädukt veränderte alles. Das Aquädukt arbeitete allein mit der Schwerkraft, um frisches Wasser von der Quelle, dem Croton River 64 km nördlich, hierher zu leiten. Eine Technologie, die einem alten Römer nur ein müdes Lächeln entlockt hätte. Man begann 1837 mit dem Bau und nur fünf Jahre später flossen täglich 270.000 m³ Wasser, mit einem Gefälle von 38 cm auf 1,6 km, Richtung Manhattan. Es gab zwei Wasserspeicher in der Stadt. Der südlichste, das Croton Distributing Reservoir, war ein herrliches Wasserschloss mit 15 Meter hohen und 7,5 m dicken Mauern aus Granit. Die New Yorker gingen oben gerne spazieren, um den herrlichen Blick über die ganze Stadt und das betörende Schillern des Mondlichts auf dem 1,6 Hektar großen See zu genießen.

Das Reservoir im ägyptischen Stil, sollte die Wasserversorgung der Stadt für die nächsten Jahrhunderte garantieren. Doch schon nach fünfzig Jahren war es überlastet. Ein zweites System wurde installiert (es vesorgt Manhattan noch immer mit 10 % seines heutigen Wasserbedarfs), doch das riesige Croton Reservoir wurde abgerissen, um der Zentrale der New York Public Library Platz zu machen.

Reste des Aquädukts - Wege, Torhäuser, Brücken - findet man überall in der Bronx und in Manhattan (ein beeindruckendes Beispiel sehen Sie auf Seite 350).

THE NEW YORK EARTH ROOM ②

Geruch der Erde

141 Wooster Street
212-989-5566
diacenter.org
Mittwoch bis Samstag 12-18 Uhr; Juli und August geschlossen
Eintritt: frei
Linien B, D, F und M /Broadway - Lafayette St; Linien N und R/ Spring St

Wenn die Geschichte New Yorks eine Immobiliengeschichte ist, dann ist der Earth Room in der Wooster Street eine Geschichte des Grauens. In einem Loft auf der ersten Etage eines Neorenaissance-Gebäudes in einem der angesagtesten Viertel der Stadt... gibt es ein Zimmer voller Erde. 127.300 kg verteilt auf 335 m² in 56 cm Höhe. Laut der Dia Art Foundation ist der Earth Room eine „Innenskulptur", doch hauptsächlich ist es ein Raum voller Erde.

Auf der Wooster Street drängen sich Schuhläden und Boutiquen. Der einzige Hinweis auf das Werk eines großen amerikanischen Künstlers auf Nummer 141, ist ein Schild, das Besucher auffordert, bei 2B zu klingeln. Sobald man das schmale Stiegenhaus betritt, riecht man, was einen erwartet. „Das ist gut," sagt William Dilworth hinter dem Schalter im Empfangsbereich. „Ich fürchtete schon, der Geruch wäre über die Jahre verflogen." Dilworth ist für die Pflege der Skulptur zuständig. Er lächelt milde und ihn umgibt die kontemplative Aura, die man von jemandem erwartet, der sich täglich um 140 Tonnen stumme Erde kümmert. „Ich gieße und harke sie." Er zupft auch die von Zeit zu Zeit sprießenden grünen Sprösslinge aus. Denn das hier ist lebendige Erde. Sie ist schwarz und feucht. Nichts sonst befindet sich in diesem großen, weißen Raum. Und man ist nur durch eine kniehohe Glasscheibe von ihr getrennt.

Vom Künstler, Walter De Maria (geb. 1935), einem Vertreter des Minimalismus und der Land Art, kennt man vielleicht die Installation *Lightning Field*, 400 Edelstahlstäbe, die senkrecht in der Wüste von New Mexiko errichtet wurden. Dilworth kann alle Fragen zu den praktischen Details des Projekts beantworten, überlässt es aber dem Besucher, den Faszinationsgrad der Erde zu beurteilen. Der Untergrund ist in Ordnung: zur Überprüfung werden Löcher gegraben. Die Erde reicht bis zum Boden. Woher sie stammt, ist ungewiss, doch Dilworth meint „irgendwo aus Pennsylvania." De Maria wählte sie aufgrund der Farbe aus.

Die Dia Art Foundation nutzt urbane Industrieflächen für die Kunst und hat es sich zur Aufgabe gemacht, ortsbezogene Installationen wie den *Earth Room* zu finanzieren, der seit 1980 hier ausgestellt wird.

The Broken Kilometer, ein weiteres von Dia in Auftrag gegebenes Werk von De Maria, befindet sich nur zwei Blocks enfernt am 393 West Broadway. Es besteht aus 500 polierten, 2 Meter langen Messingstäben, die auf dem Boden angeordnet sind.

DIE FLOATING MAP
AUF DER GREEN STREET

Ameisen oder Elektronen

110 Greene Street
Linien N und R /Prince St

Auf der Green Street gerät man angesichts der seltsamen Linien auf dem Gehsteig einen Moment ins Grübeln. Zuerst denkt man an ein vergrößertes Flussdiagramm oder einen Schaltplan und das trifft es schon fast. Das Edelstahl-Muster ist ein Urban-Art-Kunstwerk der belgischen Künstlerin und Architektin Françoise Schein und war lange der größte U-Bahnplan New Yorks.

„Meine Künstlerkarierre begann auf einem Gehsteig in SoHo," schreibt Schein in ihren Projektnotizen. Die Künstlerin kam 1978 nach New York, um Städteplanung an der Columbia Universität zu studieren. Inmitten mathematischer Studien und des anbrechenden Informationszeitalters, beeindruckte sie die rohe Kraft des New Yorker Verkehrs. „Die U-Bahn faszinierte mich: der Dreck, das Lebendige, die Graffitis, die Millionen Passagiere, die sie täglich nutzten, wie Ameisen oder Elektronen in einem Computer..."

Beim Anflug auf New York, als die Lichter der Stadt durch das Fenster näherkamen, hatte sie eine kreative Eingebung: es war, als würde man in einen riesigen Mikrochip eintauchen.

Françoise Schein setzte diese Eindrücke künstlerisch um, als der Bauunternehmer Tony Goldman sie 1984 fragte, was sie mit dem Gehsteig vor seinem Gebäude in der Greene Street machen würde. Sie schlug ein Projekt mit dem Namen *Subway Map Floating on a New York Sidewalk* (U-Bahnplan auf einem New Yorker Gehsteig) vor. Goldman sagte sofort: „Das kaufe ich."

Ganz nach dem New Yorker Motto, dass Schüchternheit einen nicht weiterbringt, verbrachte Schein das nächste Jahr damit, ihren Entwurf einer Jury des SoHo Gemeindevorstands zu präsentieren. Sie ertrug den Spott des Beamten aus dem Verkehrsministerium, der die junge Architektin in T-Shirt und Sportschuhen unzählige Male erklären ließ, warum New York ein riesiges stadtphilosophisches Puzzle brauchte. Als der Entwurf abgesegnet war, begann Schein Edelstahl zu schneiden und zu schweißen, Terrazzo zu gießen und Glas für die Stationen zu blasen. Für das fertige Projekt erhielt sie 1985 den Award for Excellence in Design von Bürgermeister Koch. Schein setzte weiter auf Urban-Art in U-Bahnen mit Werken in Lissabon, Brüssel, Berlin, Paris und Stockholm.

HAUGHWOUT BUILDING

Der erste Aufzug

490 Broadway
Linien 4 und 6 /Spring St und Canal St; Linien N und R /Prince St und Canal St

Das Haughwout Building an der Ecke Broome Street und Broadway ist vielleicht das missverstandenes wichtigste New Yorker Gebäude,

von dem Sie nie gehört haben. 1857 erbaut, kurz nach Einführung der Gusseisenarchitektur (siehe Seite 292), war seine Metallhülle nichts Neues, doch durch die Ecklage benötigte man statt einer, zwei schwere Fassaden.

Architekt John P. Gaynor und Eisenbauer Daniel Badger überzeugten den Eigentümer davon, das Eisen einen Teil der Fassadenlast tragen zu lassen, anstatt es auf das Mauerwerk zu hängen. So näherte sich New York dem architektonischen Konzept des Stahlrahmens. Doch die wirkliche Innovation des Gebäudes liegt nicht auf dem Gebiet der physikalischen Kräfte, sondern in seinem Komfort. Im Haughwout gab es den ersten Personenaufzug der Welt.

Dazu kam es aufgrund einer Eigenschaft, die jeder Unternehmer im 19. Jhdt beherrschte: der Effekthascherei.

Aufzüge gab es schon, bevor das Haughwout gebaut wurde, doch niemand vertraute ihnen. Elisha Otis machte sich diese Zweifel in einem Geniestreich zunutze, als er 1853 im Crystal Palace seine revolutionäre Erfindung präsentierte: die Sicherheitsbremse. Otis ließ sich auf eine Fahrstuhlplattform hoch über der murmelnden Menge ziehen und befahl einem Assistenten, das Kabel durchzuschneiden. Die Plattform fiel, die Menge hielt den Atem an, die Bremse griff und der Erfinder kam unverletzt zu einem Halt. All das sah sich der Porzellan- und Glaswarenhändler E.V. Haughwout interessiert an.

Selbst ein Effekthascher, machte Haughwout den jetzt nachweislich sicheren Aufzug zu einem zentralen Element seines eleganten Gusseisenbaus auf dem Broadway. Eine Dampfmaschine im Keller sollte den Lift antreiben (der alle fünf Stockwerke anfuhr) und die New Yorker strömten herbei, um eine neue Welt zu bestaunen. Einen tragenden Stahlrahmen und einen Fahrstuhl: E.V. Haughwout, der einfach nur mehr schicke Teller verkaufen wollte, hatte unwissentlich das Erfolgsrezept für einen Wolkenkratzer entwickelt.

Obwohl der Eingang am Broadway noch immer zu sehen ist, ist der Aufzug zur Zeit verbarrikadiert.

Die Ausstellung von 1853 im Crystal Palace wurde im heutigen Bryant Park abgehalten, unter einer großen Kuppel aus Eisen und Glas. Die Konstrukiton galt als feuersicher, bis ein Abstellraum in Flammen aufging und das Ganze innerhalb einer halben Stunde niederbrannte.

KEHILA KEDOSHA JANINA SYNAGOGE

⑤

Die einzige romaniotische Synagoge in der westlichen Hemisphäre

280 Broome Street
212-431-1619
kkjsm.org
Gottesdienste Samstag um 9 Uhr und Sonntag 11-16 Uhr
Linien B und D /Grand St; Linie J /Bowery; Linie F /Delancey

Von den hunderten Synagogen, die es Ende des 18. und Anfang des 19. Jhdt auf der Lower East Side gab, bestehen nur noch fünf als eigenständige Gotteshäuser. Eine davon ist eine Rarität: die Janina Synagoge auf der Broome Street: die einzige romaniotische Synagoge der westlichen Hemisphäre.

Wenn Ihnen romaniotische Juden nichts sagen, hat das gute Gründe. Die Romanioten, eine kleine Gruppe abseits der großen Fraktionen des Judentums, den Aschkenasen (ursprünglich in Deutschland beheimatet) und den Serfarden (Spanien und Portugal), siedelten sich in Griechenland an und ihre Traditionen gehen auf die alten Römer zurück.

Manchmal wurden sie von anderen Juden, die es besser wissen müssten, ausgegrenzt und im von Aschkenasen dominierten New York wurden sie sogar verachtet. „Sie sahen auf diese Gemeinschaft herab," meint Marcia Ikonomopoulos, Direktorin des Janina Museums. „Wie konnte man jüdisch sein ohne Yiddish zu sprechen?

Also, wir konnten es. Und wir sind noch immer hier."

Man kann Janina mit dem prächtigsten Gotteshaus im Viertel vergleichen, der Synagoge auf der Eldridge Street. Eldridge verfügt über eine mitreißende Geschichte, die praktisch Millionen berührt. Der Charme der Janina hingegen ist subtil. Sie ist klein, bescheiden, sogar etwas schäbig Der Hauptraum ist, wie üblich, geteilt. Frauen sitzen oben, Männer unten. Doch der Raum ist klein und die Sonne, die durch die Lichtkuppel in der Mitte scheint, füllt ihn aus.

„Wenn ein Mann hier saß," sagt die Geschäftsführerin Ikonomopoulos, „saß seine Frau hier oben, ihm gegenüber, und sie konnten einander sehen. Er konnte sie auffordern still zu sein und nicht mit ihren Freundinnen zu reden und sie konnte ihn auffordern mit dem Zeitunglesen aufzuhören. Ich beschreibe diese Gemeinde gerne als weniger neurotisch orthodox."

Für Frau Ikonomopoulos ist dieses Understatement sehr wichtig, Sogar die Tora der Synagoge ist äußerst schlicht: die Krone, die die Truhe aus Olivenholz ziert, ist aus einfachem Blech in das ein Davidstern geschlagen wurde, vielleicht mit einem Nagel. „Sie wollten niemanden beeindrucken," sagt sie.

„Sie suchten nach einem Ort, an dem sie sich zu Hause fühlen konnten."

Die griechischen Romanioten sind die Juden, die am längsten, ununterbrochen in Europa leben über 2.300 Jahre.

DIE VOGELSTELLER
IM SARA D. ROOSEVELT PARK

Eine tausend Jahre alte Tradition in einer Parkecke

Chrystie Street Höhe Broome Street
nycgovparks.org/parks/saradroosevelt
Die Vogelfreunde treffen sich morgens an Schönwettertagen bis in den Spätherbst
Linie F /2nd Av; Linien 4 und 6 /Spring St; Linie J /Bowery

In den dunklen, aufregenden 1980ern war der Sara Delano Roosevelt Park in Chinatown ein grauer, trauriger Ort, voller Drogendealer und Junkies. Dann beanspruchten ein paar chinesische Einwanderer langsam einen Teil des Rasens für ihr völlig gegensätzliches Hobby: die Aufzucht und Präsentation von Singvögeln. Jeden Morgen lehnen die Vogelmänner schwatzend und rauchend am Zaun und beobachten Dutzende exotische Vögel in ihren Bambuskäfigen. Die Tradition gibt es seit tausend Jahren.

Der Vogelbereich ist mit einem Seil abgesperrt, an dem winzige Singvögel in kleinen Käfigen hängen. Dahinter auf dem Boden stehen größere Käfige: darin sind dunkelgelbe Vögel, knapp 30 cm groß, mit hellen Schnäbeln und erstaunlichen Augen. „Das ist der Hua-Mei," sagt Tommy Chan. „Er ist der Herausragendste der Vögel." Der Hua-Mei ist eine in China heimische Drossel, und sein Gesang verspricht Romantik, so wie jener der Nachtigall im Westen. Chan ist Züchter und Sammler. Sein langes schwarzes Haar ist zu einem Zopf gebunden und mit einer Pelzkappe bedeckt. Er trägt Silberringe an den Fingern und seinen grauen Bart hält er mit einem Gummiband zusammen. Er ist der Mann, den man zurecht für den obersten Vogelkenner halten würde. „In der Ming-Dynastie," sagt er, „diente das Auge dieses Vogels berühmten Dichtern, um eine schöne Frau zu beschreiben. Zum Beispiel: ‚Deine Augen sind schön wie die eines Hua-Mei.'" (Auf chinesisch bedeutet Hua-Mai „bemalte Braue") „Und wenn du gut singst, sagt man: ‚du singst wie ein Hua-Mei.'"

Wenn ein singender Hua-Mei Poeten zum Schwärmen bringt, müssten zwanzig Vögel wie ein Höllenkonzert klingen.

Doch seltsamerweise tut es das nicht. Die Vögel sind sehr aktiv, sie wenden und drehen sich oder schlagen im Käfig Rückwärtsrollen. Einige drehen ihre Köpfe sogar zur Seite und pressen ihre umrandeten Augen an die Stäbe, um einen besser sehen zu können, während sie trällern oder sie stecken ihre offenen Schnäbel durch die Lücken rund um die Käfigtür. Jeder Hua-Mei singt anders. „Das unterscheidet sie von den meisten Vögeln," sagt Chan.

„Wenn du deinen Vogel eine Weile singen hörst, weißt du, dass es deiner ist." Als wir fragen, ob der Vogel, den er hält, sein eigener ist, blinzelt er und erklärt uns die oberste Regel. „Nie den Vogel eines anderen berühren."

DIE SKLAVENGALERIE
IN ST. AUGUSTINE

⑦

Eine Bank für Unerwünschte

333 Madison Street
212-673-5300
staugnyc.org
Linie F /East Broadway oder Delancey St; Linien J, M und Z /Essex St

In der St. Augustine's Church auf der Henry Street gibt es unten Kirchenbänke und oben eine Galerie. Im hinteren Bereich über der Galerie existiert eine weitere Ebene, hinter einer Art offenem Oberlicht versteckt. Diese während des Baus 1828 in die Kirche integrierten Nischen wurden Sklavengalerien genannt. Sie sollten schwarzen Kirchgängern den Kirchenbesuch ermöglichen und sie gleichzeitig so unsichtbar wie möglich machen.

Ein Besuch in St. Augustine beginnt mit einem historischen Abriss über das Gebäude und die Umgebung. Alle sitzen bequem auf den unteren Kirchenbänken. Dann ändert sich die Stimmung: Besucher werden gebeten die enge Treppe zu den abgetrennten Galerien hinaufzusteigen, auf den einfachen Holzstufen Platz zu nehmen und zu versuchen sich in die Menschen zu versetzen, die gezwungen waren, dieses Versteckspiel als ganz natürlich zu akzeptieren. „Schließen Sie für einen Moment die Augen," sagt Reverend Hopper, der Dekan, „und stellen Sie es sich vor." Heute hat es hier oben weit über 40° C. Die Besucher schwitzen in ihrer Kleidung. Die Sicht in den unteren Kirchenbereich wird vom Oberlicht begrenzt. Man sieht nur die Hälfte der Kanzel, doch der Effekt ist nicht nur ein optischer. Der offene Raum dort unten scheint eine andere, weit entfernte Welt zu sein.

Dekan Hopper hat die Galerien gemeinsam mit dem Lower East Side Tenement Museum restauriert. Jedes Brett und jeder Nagel wurde erhalten und die Westseite wurde, nach einer Expertenanalyse so ausgemalt, wie sie vor 180 Jahren ausgesehen hat.

Der Begriff „Sklavengallerie" (*slave gallery*) ist kulturell korrekt, wirft hier jedoch Fragen auf. New York schaffte die Sklaverei, dem System der „schrittweisen Freilassung" folgend, am 4. Juli 1799 ab: Männer, die vor diesem Datum geboren wurden, blieben Sklaven bis sie 28, Frauen, bis sie 25 waren. St. Augustine wurde ein Jahr, nachdem der letzte männliche Sklave freigelassen wurde, erbaut. Doch die Existenz der Galerien zeigt, dass die Freiheit der Freilassung oft hinterherhinkt.

HENRY STREET 39–41

Gallionsfiguren und grüne Männer

Linien 4, 6, N, Q, J und Z /Canal St; Linien B und D /Grand St; Linie F /East Broadway

Eine der größten Veränderungen in New York brachte die abnehmende Bedeutung des Hafenhandels. Der Reichtum der Stadt basierte auf der Schifffahrt sowohl im Atlantik als auch auf dem Hudson und auf Fotos von Manhattan des 19. Jhdt fallen sofort die unzähligen Masten im Hafen auf. Als die Mietshäuser in der Henry Street auf der Lower East Side in der 1. Hälfte des 19. Jhdt gebaut wurden, lebten hier viele Mieter vom Meer. Auf Nummer 39 und 41 sieht man die baulichen Details, die sie ansprechen sollten: den Haupteingang flankieren dekorative Kragsteine in Gestalt vollbusiger Gallionsfiguren wie bei einem Schiffsbug.

Die Matrosen und Schiffsbauer, die einst hier herumstolzierten brachten ihre eigene unbändige Küstenkultur mit und haben die Sprache wohl nachhaltig beeinflusst. Der Begriff „Hooker" (Prostituierte) stammt wahrscheinlich aus dieser Zeit. *Bartlett's Dictionary of Americanisms* (1859) liefert die Definition: „Eine Einwohnerin des Hook, d.h. eine Dirne, eine Seemannshure. Zurückzuführen auf die vielen verruchten Etablissements, die im Hook (Corlear's Hook), im Zentrum New Yorks, von Seemännern frequentiert wurden."

Dirnen, Matrosen, Schiffe, Werften...Die Lower East Side des 19. Jhdt war ein lauter, überfüllter, schmutziger und aufregender Ort. Die Häuser auf der Henry Street strotzen vor dekorativen Details, so als hätte diese lebhafte Zeit auch die Architektur durchdrungen. Die Figuren auf Nummer 39 und 41 sind noch recht harmlos: auf dem Weg von der Montgomery zur Catherine Street findet man Drachen, brüllende Monster, schreiende Männer, Girlanden mit Obst, Acanthus und Blumen sowie schaurige Blattmasken.

Green Man

Blattmasken waren ein beliebtes Deko-Element der Neugotik, doch ihr Ursprung geht tausende Jahre zurück auf heidnische Naturdarstellungen in Europa.

Es gibt viele verschiedene Blattmasken, die „Green Man" genannt werden. Sie finden sie vor allem auf den Schlusssteinen über Fenstern und Bögen.

DER TUNNEL
IN DER DOYERS STREET

Eine einzigartige Zickzackstraße in Manhattan

Tunneleingang in der Doyers Street 5; Ausgang am Chatham Square
Linien N, Q, R, J, Z, 4 und 6 /Canal St; Linien B und D /Grand St; Linien J und
Z /Chambers St

Chinatown-Bewohner haben eine faire Abmachung mit anderen New Yorkern und Touristen: man darf sich umschauen, dafür tun sie so, als wäre man nicht hier. Abgesehen von Ladenbesitzern und Kellnern versuchten die Bewohner immer, unter sich zu bleiben. Und es zählt zu den kulturellen Vorzügen der Stadt, in Chinatown aus einer U-Bahn zu steigen, und sich sofort wie ein Fremder zu fühlen. Besonders eine Straße hat eine romantische (und blutige) chinesische Geschichte, die leicht zu erkunden ist: die verwinkelte Doyers Street.

Einst Standort des ersten chinesischen Opernhauses in den USA, ist sie vor allem für Mord bekannt. Der Zickzackpfad, einzigartig in Manhattan, soll hochfliegende Pläne vereiteln. Doch der Beiname der Straße, Bloody Angle (Blutige Ecke) bezieht sich auf ihre lange Tradition als Bandengebiet der Tong-Kriege.

Hier starben mehr Menschen eines gewaltsamen Todes (durch Pistolen, Beile, Messer), als an jeder anderen Ecke des Landes. Die Fehde brach Anfang des 19. Jdht aus, doch die angrenzende Pell Street war noch bis vor 20 Jahren die Zentrale der Hip Sing Tong und die Gegend wirkt trotz des Trubels auf der Mott Street noch immer düster.

Die verfeindeten Ganoven bedienten sich unterirdischer Fluchttunnel. Ein Tunnel wurde inzwischen zu einer Geschäftspassage umgestaltet. Man kann sich dort problemlos bewegen, fühlt sich aber nicht wirklich willkommen. Hier gibt es Firmen aller Art: eine Praxis für Reflexzonenmassage, eine Arbeitsvermittlung, ein Büro, das Werbung für Meereskrabben macht, aber mit Aktenschränken vollgestellt ist. Ein Lokal mit blickdichten Scheiben bietet „Metaphysik" an. Auf unser Läuten öffnet eine Frau die Tür, schüttelt ihren Kopf und schließt die Tür wortlos wieder.

Die einzige Person, die mit uns spricht, ist der Besitzer eines Grabsteinhandels.

Auf die Frage, ob viele Fremde hierherkommen, antwortet er pragmatisch: „Nein. Touristen kaufen wohl keine Grabsteine." Der Mann kennt die Geschichte dieses Ortes und hilft netterweise bei der Übersetzung des Wortes Tong (Organisation, nicht unbedingt kriminell). „Vor etwa hundert Jahren", sagt er, „gab es viele Tong. Wenn sie Verbrechen begehen, flüchten sie hierher, um nicht gefangen zu werden." Es gibt auf der Pell Street noch andere Tunnel, meint er, „doch dort lassen sie euch nicht rein." Er hatte recht.

Hinweis: Im Tunnel gibt es Geschäfte und ist abends möglicherweise geschlossen.

DER FRIEDHOF
DER GEMEINDE SHEARITH ISRAEL

Amerikas andere Pilger

55 St. James Place
shearithisrael.org; www.1654society.org
Linien J und Z/Chambers St; Linien 4, 5 und 6/Brooklyn Bridge - City Hall

Dieses simple Stück Land ist nicht nur das älteste koloniale Wahrzeichen in Manhattan, sondern auch der älteste jüdische Friedhof der USA.

Der erste aktenkundige New Yorker Jude ist Jacob Barsimson, der auf der Pereboom (Birnenbaum) aus Holland hier ankam, mit einer Mission, die die Geschichte der Stadt und der Nation prägen sollte: herauszufinden, ob eine größere jüdische Population in New Amsterdam willkommen sei. Die kurze Antwort: Ja. Die lange Antwort war eine altbekannte Schikane. Gouverneur Pieter Stuyvesant (siehe Seite 112) wollte nichts mit den "betrügerischen Geschäften" jüdischer Siedler zu tun haben und der Geistliche Johannes Megapolensis erging sich in Schimpftiraden, die jeden zum Schmunzeln bringen, der die Vielfalt New Yorks schätzt. „Da es Papisten, Mennoniten und Lutheraner bei den Niederländern gibt," schrieb er, „sowie Puritaner, Unabhängige, Atheisten und verschiedene Diener Baals bei den Engländern, gäbe es noch größere Verwirrung, wenn sich jetzt die dickköpfigen Juden hier ansiedelten."

Sie kamen und sie blieben. Zwei Monate nach Barsimson, kamen die ersten aus Recife (jetzt Brasilien) an, deren Geschichte wie ein historischer Thriller klingt: Flucht vor den inquisitionsbesessenen Portugiesen, ein verzweifelter Vorstoß nach Europa, von spanischen Piraten gefangen und schließlich durch einen französischen Privatier gerettet.

Einige reiche jüdische Kaufleute kamen 1655 mit ihren Familien aus Holland: im selben Jahr verlieh die Niederländische Westindien-Kompanie der neuen Gemeinschaft das „Aufenthalts- und Handelsrecht" für die Stadt.

Aus Aufzeichnunen geht hervor, wie sehr sich diese ersten Juden ihren eigenen Friedhof wünschten: der erste Antrag wurde mit der Begründung zurückgewiesen, dass noch niemand gestorben sei.

Der älteste Shearit Israel Friedhof stammt aus 1656 Sein genauer Standort ist nicht bekannt, doch befand er sich wahrscheinlich in der Nähe des Chatham Square, ganz in der Nähe des zweiten, noch heute bestehenden Friedhofs. Für einen so geschichtsträchtigen Ort wirkt er heute sehr unromantisch. Eine Handvoll Grabsteine, die Hälfte unleserlich, hinter einem Zaun. Gegenüber steht das Chinatown Kampfsport- und Fitness-Center. Südlich befinden sich die unschmucken Chatham Green Apartments.Im Norden steht ein Verkehrspolizist an der Ecke St. James Place und Oliver Street und ruft: „Los, weiter! Macht schon weiter es gibt's nicht zum Sehen".

DER UHRTURM AM BROADWAY

Die ultimative Turmuhr

New York Life Insurance Company Building/New York City Offices
346 Broadway
Die Uhr wird jeden Mittwoch um 9:30 gewartet.
Termin mit Forest Markowitz vereinbaren: 212-533-8162
Linien 1 und 2 /Franklin St; Linien 4, 5, 6, A, C, E, N, Q, J und Z / Canal St

Erwähnt man den Uhrturm am Broadway, wissen die meisten nicht, wovon man spricht. Zu Beginn des 20. Jhdt war das anders. Obwohl er kein Anwärter auf das höchste Gebäude war, stand der Marmorpalast würdevoll an seiner Ecke und die Uhr prangte ganz oben, ein großer von Adlern flankierter Steinblock, gekrönt von vier Bronzeatlanten, die eine Weltkugel schulterten. Einst die Zentrale der New York Life Insurance Company, dient das Gebäude heute als Gerichtsgebäude. Man muss also durch einen Metalldetektor, sobald man es betritt. Doch kommt man am Mittwoch frühmorgens, nimmt man als nächstes den Fahrstuhl bis ganz nach oben, und kann die Uhr *von innen* besichtigen.

Man befindet sich sozusagen im Schädel des Gebäudes. Alle vier Wände werden von einem riesigen Ziffernblatt dominiert, die, eingerahmt von Granit und Ziegeln, über die Stadt blicken, während das Morgenlicht sanft durch das Milchglas strömt. In der Mitte sitzt das große Uhrwerk, das über Stangen an der Oberseite mit den vier Ziffernblättern verbunden ist. In den 1890ern von der Bostoner E.Howard Clock Company erbaut, wirkt sie beeindruckend und zugleich zierlich. Die präzise funktionierenden Messingräder sitzen auf einem schweren Gusseisenrahmen, der, ganz dem Zeitgeist entsprechend, schöner gestaltet ist als notwendig: dunkelgrün mit handbemalten Details und geschwungenen Queen Anne-Beinen. „Das Kronjuwel," sagt Forest Markowitz. „E. Howards ultimative Turmuhr."

Markowitz ist die eine Hälfte des Wartungs-Duos, das einmal wöchentlich hier oben die Gewichte ölt und aufzieht.

„Sie ist ein Wahrzeichen. Wenn jemand sie besichtigen möchte, kann er das tun."

Bald kommt die andere Team-Hälfte die Eisentreppe heraufgestapft: Marvin Schneider, offizieller Uhrenbeauftragter der Stadt New York. Marvin Schneider, mit Kappe, Schnurrbart und Brille, ist eher klein und hat eine Statur, die man sich gut in einer Schürze vollgestopft mit altem Werkzeug vorstellen kann. Fragt man ihn, wie er zu den Uhren kam, sagt er, „Lange Geschichte." Er arbeitete mit Autos, bis er die Turmuhr auf dem Broadway bemerkte, die damals kaputt war. „Ich fragte, warum funktioniert die Uhr dort auf dem Broadway nicht? Lass uns nachsehen. Und das taten wir." Das ist die abgespeckte Version. Schneider begann eine neue Laufbahn hoch über den Straßen und rettete ein New Yorker Wahrzeichen.

Die Bronzeatlanten und die Weltkugel verschwanden unerklärlicherweise gegen 1947.

MMUSEUMM

Exponate in einem stillgelegten Lastenaufzug

Cortlandt Alley zwischen Franklin und White Street
mmuseumm.com
Samstag und Sonntag 11-19 Uhr
Eintritt: frei
Linien N, Q, R, J und 6 /Canal St

Das Mmuseumm ist ein etwa 0,5 m² großer Ausstellungsraum, der sich in einem stillgelegten Lastenaufzug in einer kleinen Gasse mitten in Manhattan befindet. Es ist nur am Wochenende geöffnet, doch die Stahltore haben Sichtfenster und über die jeweiligen Nummern kann man Informationen zu den schrägen Objekten abrufen (die alle sichtbar sind). So ist es das einzige 24-Stunden-Museum der Stadt. Aber es gibt hier auch noch etliche andere interessante Besonderheiten.

„Willkommen", sagt Alex Kalman, öffnet das Vorhängeschloss an der Tür und schwingt seinen Arm mit selbstironischer Würde. Der Museumscharakter dieses winzigen Raumes bewegt sich auf einem schmalen Grat. Zierleisten, weiße Regalböden, üppiges Samt, gravierte Messingplatten. Es gibt sogar ein „Café" (eine schmale Espressomaschine) und einen „Shop" (ein 30 cm breites Regal, auf dem Bleistifte mit dem schicken Mmuseumm-Logo liegen). Da die äußere Aufmachung so echt ist, weiß man nicht genau, ob das hier eine Parodie sein soll oder nicht. Kalman bekennt: „Natürlich spielen wir mit der Idee eines Museums". Und das sehr durchdacht. Kalman gründete diesen Raum mit seinen Geschäftspartnern und High-School-Freunden als weiteres Ventil für die Konzepte, denen das Trio bei Red Bucket Films nachgeht (das Büro ist gleich um die Ecke auf dem Broadway). „Wir sagen: Warum kann das hier kein Museum sein? Doch gleichzeitig versuchen wir die Eckpfeiler zu berücksichtigen."

Das ganze Konzept versagt, wenn die Exponate nicht faszinieren. Und das entscheiden Sie. Aber seien Sie auf rätselhafte Objekte gefasst. Warum ist dieser einfache braune Schuh hier? Er wurde 2008 von einem irakischen Reporter auf George W. Bush geschleudert. Auch kunstvolle Seifen gibt es hier, geschnitzt von Neo-Nazis, die im Gefängnis jede Menge Freizeit haben. Oder die wohl einzige Sammlung schusssicherer Kinderrucksäcke mit Disney-Motiven.

„Keine Kunst um der Kunst Willen," ist Kalmans Goldene Regel. „Wir wollen Exponate, die unsere Gesellschaft quasi auf natürliche Weise durchlaufen haben. Und durch sie wollen wir einen Blick auf die Gesellschaft werfen

CORTLANDT ALLEY

Die Hollywood Alley in New York

Die Gasse beginnt südlich der Canal Street zwischen Broadway und Lafayette Street
Linien 4, 6, N, R, Q, J und Z /Canal St

Drehbuchautoren in Hollywood brauchen in der Stadt immer Schlupflöcher: kleine Gassen, wenn möglich dampfig, wo sie ihre Leichen ablegen, Messerkämpfe austragen sowie wehrlosen Frauen in High Heels die perfekte Schallkulisse für sich nähernde Schritte bieten, deren Quelle sie nicht kennen. In New York ist das ein Problem, da es hier nur eine einzige geeignete Gasse gibt: die Cortlandt Alley, die von der Canal Street abzweigt.

Besonders gut kennen dieses Problem Location-Scouts wie Nick Carr, der durch seinen Blog scoutingny.com zum Sprachrohr seiner Branche wurde. „Ich versuche den Regisseuren klarzumachen, dass New York keine verwinkelte Stadt ist," sagt Carr dem Atlantic. „Boston ist verwinkelt. Philadelphia hat kleine Gassen. Ich kenne niemanden in New York, der eine Abkürzung über „die kleinen, alten Gassen" nimmt. Es gibt sie hier einfach nicht." Wenn man nicht hier lebt, macht man sich darüber eher keine Gedanken. Und wenn man hier lebt, ist es einem vielleicht noch gar nicht aufgefallen. Im Kino hat man uns oft genug vorgemacht, dass zu jedem New Yorker Appartment eine Feuerleiter über einem Müllcontainer, ein dampfender Kanaldeckel, eine Katze und ein Penner gehören. Hollywood hat es erfunden. „Es ist diese sich selbst erhaltende fiktive Version von New York, die mich stört," sagt Carr.

Wenn Sie also gerne Opfer eines authentisch anmutenden Überfalls werden möchten (schwierig, da Gewaltverbrechen in New York stark rückläufig sind) oder nur ein an der Westküste beliebtes Film- und TV-Klischee erfüllen wollen - dann ab in die Cortlandt Alley. Sie verläuft von der Canal bis zur Franklin Street und macht einen Knick: drei schmutzige und mit Graffitis übersäte Blocks und ein Dickicht aus Feuerleitern. Hier glaubt man sofort, dass Bewohner gleichgültig dabei zusehen würden, wie man  vor Bösewichten davonläuft. Oder eine Pistole unter der New York Times, versteckt ist, oder die starräugige Leiche des Hauptdarstellers verschwinden lässt.

In der Cortlandt Alley sieht man oft Parkverbotsschilder vom Amt für Film, Theater und Rundunk, um sie für Produktionsfirmen freizuhalten.

HOHLE GEHWEGE

Ein lichtdurchlässiger Gehsteig

Greene Street Ecke Canal Street
Linien N und R /Canal St

Auf der Ostseite der Greene Street, an der Ecke zur Canal Street, werden Fußgänger und Autofahrer lange auf „hohle Gehwege" (*hollow sidewalks*) hingewiesen. Die handgeschriebenen Schilder sind etwas beunruhigend, als ob die Anrainer mit einer Bedrohung zu kämpfen hätten, die hungrig unter dem Straßenbelag lauert. Es handelt sich lediglich um ein architektonisches Merkmal dieses Stadtteils.

SoHo hatte früher jede Menge vornehme Ziegelbauten. Das Viertel verlor mit zunehmendem Reichtum der Stadt Mitte des 19. Jhdt an Anziehungskraft. Einzel- und Großhandelsgeschäfte zogen hierher und das Gebiet südlich der Houston Street mutierte zum Versorgungszentrum: Trockengut, Glaswaren, Pelze, Tabak. Um dieser Entwicklung gerecht zu werden, entstand ein neuer Gebäudetyp: eine Kombination aus Büro-, Produktions- und Verkaufsfläche. Der neue hippe Werkstoff – Gusseisen – ließ einen Kompromiss zwischen günstig und elegant zu. Ein Geschäftsmann konnte oben in seinem Büro sitzen, während unten die Gastarbeiter herumschwirrten und eine bunte Markise auf der Straße die großen Schaufenster beschattete, die das Unternehmen von seiner besten Seite zeigten. Und hier kommen - unterhalb der Straße - hohle Gehwege ins Spiel.

Wenn Sie nach unten schauen, offenbart sich bald ein charakteristisches Muster: Metallgitter mit sechseckigen Öffnungen, die dort, wo sie nicht mit Teer aufgefüllt oder übermalt wurden mit satiniertem Glas versetzt sind. Sie werden als „Gewölbelichter" bezeichnet und sind im Grunde ein lichtdurchlässiger Gehweg. Die Mehrzweckgebäude verfügen über unterirdische Lager, die bis unter die Straße reichen. Die Glassteine lassen das Tageslicht durch und einige dieser Gewölbelichter sind auf der Unterseite abgeschrägt, sodass das Licht, wie bei einem Prisma, bis in die dunkelsten Nischen gelangt.

Das macht die Gehwege aber auch weniger belastbar. Die Hinweisschilder sollen schwere Maschinen fernhalten. Diese Vorsicht kommt nicht von ungefähr: eingestürzte Gehwege gab es bereits. Ein unschöner Aspekt des Brandes in der Triangle Shirtwaist Factory 1911, der dritttödlichsten Katastrophe in der Geschichte New Yorks, war, dass die Menschen aus dem brennenden Gebäude direkt durch den Gehweg bis in den Keller fielen. Ein weiteres Merkmal: in der Greene Street gibt es nichts Grünes. Hohle Gehwege können keine Erde und somit keine Bäume halten.

WAMPUM

Das seltsame Beinahegeld der amerikanischen Ureinwohner

American Numismatic Society - 75 Varick Street, floor 11
212-571-4470 - numismatics.org
Kostenlose Dauerausstellung für Besucher geöffnet, Anmeldung erforderlich; um die Objekte im Tresorraum zu besichtigen, bedarf es einer Sondergenehmigung
Linien 1 und 2 /Canal St

Die American Numismatic Society thront elf Stockwerke über der Varick Street und beherbergt die wichtigste Währungssammlung des Landes. „Sie ist die umfassendste," räumt Kurator Robert W. Hoge ein, „doch sie ist nicht die größte einer bestimmten Region."„Nicht zwangsläufig", ergänzt er.

Herr Hoge, intelligent, mit Brille und grauem Haar, ist ein Mann der leisen Töne und weiß mehr über sein Spezialgebiet, als man in dieser kurzen Zeit aufnehmen kann. Unter anderem ist er hier Experte für die Währungen der Ureinwohner, die zum obskuren Beihnahegeld zählen. Heute wird er die seltene lila Wampum-Kette der Society zeigen.

Wampumperlen wurden aus verschiedene Arten Muscheln gewonnen, die auf Long Island wachsen. Von New England bis hinunter zu den Carolinas verwendeten die amerikanischen Ureinwohnern die Perlen als Tauschmittel. Sie fädelten sie auf und webten sie auf Gürteln zu Mustern. Mit ausreichend Wampum konnte man alles bekommen. Aber man kann es nicht wirklich Geld nennen. „Die Indianer hatten keinen Begriff von Geld", sagt Hoge. „Doch sie hatten eine Vorstellung von Status, Ehre und Symbolik. Und hier konnten die Europäer anknüpfen."

Die Niederländer hatten als Erste den Dreh raus: sie verwendeten die Wampum gerne bei ihren Geschäften mit den Ureinwohnern. Peter Minuit bezahlte bei seinem berüchtigten „Kauf" von Manhattan (siehe Seite 58) wahrscheinlich mit Wampum (sowie Stoffen, Kesseln, Werkzeugen). Die Perlen waren so weit verbreitet, dass die Niederländer in einem Akt beispielloser Gaunerei ihre moderne Porzellantechnik nutzten, um polierte Muscheln in Aussehen und Anfassen zu fälschen.

Herr Hoge geht an den unzähligen flachen Metallladen im Tresorraum vorbei. Die Fremdheit des Beinahegelds kommt durch sein persönliches Lieblingsstück zum Ausdruck. Ein Donut-förmiger Stein von der Insel Yap, in Micronesia (Nordpazifik). Die Steine können einen Durchmesser von 4 Meter haben und wenn ein besonders großes Teil beim Transport in die Bucht fiel, machten die Inselbewohner trotzdem Geschäfte damit, da ja alle wussten, dass der Stein noch da unten lag.

„Das sind echte Wampum", sagt Herr Hoge und schüttelt eine Perlenkette aus einer kleinen Plastiktüte. Die Perlen sind lila und jeweils etwa 2,5 cm lang. „Das hier sind vielleicht die schönsten, die Sie je sehen werden." Und in seiner ausgestreckten Hand hält er ein verschwundenes und rätselhaftes Ordnungssystem.

DIE SALZHALLE IN DER SPRING STREET

Das Salz der Erde

336 Spring Street
Linien 1, 2, A, C und E bis Canal Street

Am Pier 34 auf der Westseite, wo der Holland Tunnel in Manhattan eintaucht, wundern sich Passanten schon lange über die vier identischen Ziegeltürme, die mehrere Stockwerke am Ufer emporragen. Sie sehen wichtig aus, sind aber definitiv keine Wohnbauten: keine Balkone, wenige Fenster, keine Beleuchtung. Die Türme (zwei sieht man auf dem Foto im Hintergrund) sind Lüftungsschächte für den Tunnel, doch kürzlich verloren sie ihren Status als immerwährendes Rätsel. 2015 wurde eben hier ein riesiger, wie ein Kristall geformter Betonklotz errichtet. Das Alte und das Neue zählen zur Grundinfrastruktur - doch was für ein Unterschied. Die Türme sind aus warmem Ziegel mit schlichten Details, die der Eleganz der 1920er entsprechen. Das neue Gebäude sieht aus wie etwas, das vom Planeten X gefallen ist. Doch was ist es?

Ein Salzlager. Etwa 5.000 Tonnen bzw. ein kleiner Berg. Wenn Schnee und Eis über Manhattan hereinbrechen, holen die LKWs - die „Salzstreuer" - hier Nachschub. Was Größe und Form betrifft orientiert sich das Gebäude an der Salzstruktur selbst. Hier wurde das Konzept „Form folgt Funktion" bis ins kleinste Detail umgesetzt. Die Salzhalle ist ein riesiger Kristall. Das Gebäude folgt einer offensichtlichen Logik, doch Komfort oder Emotion scheinen keine Rolle zu spielen. Es ist ein Salzlager. Für Salz gebaut. Es macht, was Salz braucht. Die dem Fluss zugewandte Seite ist höher als die andere und die Mauern fallen schräg ab. So benötigt man weniger Grundfläche und die Fußgänger haben mehr Platz. Die Schräge wurde präzise nach dem Winkel berechnet, mit dem ein Salzberg abfällt, wenn die Kristalle in Ruhe übereinander liegen. Auch hier ist das winzige Korn der bestimmende Faktor.

Die Salzhalle, ein Entwurf von Dattner Architects und WXY Architecture & Urban Planning, verzaubert Architekturfans und hat mehrere Preise gewonnen. Richard Dattner betont die verborgene Kraft der Einfachheit (nächstes Mal, wenn Sie nicht auf der Straße ausrutschen, danken Sie dem Winterdienst) und scheint sich gerade erst an den Gedanken zu gewöhnen, dass sein Gebäude ein Objekt des Staunens ist. „Diese Form ist so abstrakt, dass jeder ihm seine eigene Bedeutung geben kann", meint er. „Ich mag es, wenn verschiedene Interpretationen entstehen."

DREAM HOUSE

Das ewige Summen

275 Church Street, Nr. 3
917-972-3674
melafoundation.org
Besucher sind willkommen: Donnerstag bis Samstag 14-24 Uhr
Eintritt: frei
Linien 1 und 2 /Franklin St; Linien 4, 6, A, C, E, N, R, Q, J und Z/ Canal St

Das Dream House auf der Church Street liefert eine bestimmte Art von New York-Erfahrung in seiner eindrucksvollsten Version: man betritt ein ganz normales, etwas schäbiges Gebäude, in dem sich ein eigenes, bizarres Universum verbirgt. Nr. 275 wird die letzten 20 Jahre vom Vorreiter der Minimal Music, dem Komponisten La Monte Young und seiner Frau und Partnerin Marian Zazeela gemietet. Die Attraktion ist im dritten Stock, doch man spürt sie bereits im Stiegenhaus: ein kräftiges, niederfrequentes Summen, das die Wände zum Vibrieren bringt.

„La Monte Young ist der Urvater der westlichen Minimal Music", sagt Rob Ward, der über das Dream House wacht.

„Es war ursprünglich als Wohnort für Musiker gedacht, an dem 24 Stunden am Tag Musik gemacht werden sollte - rund um die Uhr." Man probierte das Konzept aus, doch das menschliche Durchhaltevermögen stieß bald an seine Grenzen. Dann entdeckte Young Sythesizer und konnte praktisch unendliche Kompositionen erstellen. Seit 1989 spielt das Gebäude in der Church Street Tag und Nacht ein einziges Geräusch - das Summen, das aus 31 Sinuswellen besteht. Und während Ward ruhig davon erzählt, scheint das schlichte, weiße Tor mit zwei Schlössern und einem Guckloch, das in den Raum führt, fast aus den Angeln gerüttelt zu werden. „Die westliche Musik bewegt sich meist horizontal, hat eine Melodie. Während man hier", Ward nickt in Richtung der Bestie jenseits der Tür, „im Klang versinken kann, wie es bei normaler Musik nicht möglich ist."

Man muss nur seine Schuhe ausziehen und durch die Tür gehen. Im Hauptraum, der so groß wie ein geräumiges Schlafzimmer ist, sind Kissen kreisförmig auf einem weißen Teppich ausgelegt und Spots an der Decke tauchen die Wände in ein grelles Pink. Die Fenster sind komplett mit pinker Folie zugeklebt. Die Gebäude auf der anderen Straßenseite sind dadurch zwar sichtbar, verwandeln sich aber in eine dunkle, bonbonfarbene Höllenlandschaft.

Doch das ist nur das Vorspiel für den akustischen Angriff, der aus fast zwei Meter großen Subwoofern in den Ecken dröhnt. Der Klang ist so intensiv, dass er den Schädel ausradiert: das Whoom-Whoom-Whoom scheint so sehr ein Teil des eigenen Gehirns zu sein, wie die umgebende Luft. Bewegt man den Kopf, kann man verschiedene Frequenzen ausmachen - Erdbeben, Fön, Grillen - doch es ist nur ein lautes, tiefes Summen, dass immer weitergeht und nie aufhört.

DAS STRAFGERICHT

Ein echtes Gericht

100 Centre Street
646-386-4511
nycourts.gov/courts/nyc/criminal
Die Gerichtssäle öffnen um 9:30 Uhr; Stravverfahren werden wochentags
abgehalten, Anklageerhebungen am Wochenende
Linien 4, 6, N, Q, J und Z /Canal St; Linien 4, 5 und 6 /Brooklyn Bridge - City
Hall

Das Strafgerichtsgebäude ist hoch, massiv und wirkt bedrohlich. Während man emporschaut, rattert unter der Straße die U-Bahn durch, Tauben umkreisen es endlos und ganz oben befindet sich eine schlichte, uneinnehmbare Steinpyramide. Es sieht ganz nach einem Ort aus, an dem sich das Schicksal der New Yorker entscheidet.

Auf 20 Stockwerken verteilen sich die Gerichtssäle, in denen die menschlichen Dramen des Justizsystems fein säuberlich behandelt werden. Es ist nicht nur erlaubt, den Verhandlungen beizuwohnen, das Recht darauf ist sogar im ersten Verfassungszusatz verankert.

Nach unzähligen in New York spielenden Gerichtsszenen aus Film und Fernsehen, lohnt sich die Besichtigung des Originals. Dennoch würde man es nie mit Unterhaltung verwechseln. In der 10. Etage sitzt der Gerichtsschreiber. Hier stehen auf einem Whiteboard alle laufenden Verfahren, mit Raum, Stockwerk und Straftat. Sozusagen ein Deliktmenü. 59, 16, Körperverletzung. 22, 9, Drogenhandel. 32, 13, Korruption. Mit dieser Liste könnte man stundenlang von einem polierten Korridor zum nächsten wandern. Die Beamten sind höflich und ermutigen die Besucher sogar. „Versuchter Mord," sagt einer. „Gehen Sie einfach rein, aber schalten Sie Ihr Mobiltelefon aus."

Die Räume sind mit Holz getäfelt und auf beiden Seiten des Mittelgangs stehen sechs Bänke. Zwischen einer amerikanischen Flagge und einer des Staates New York thront der Richter. Und links von ihm sitzen vierzehn Geschworene. Anwälte stellen Fragen, in einem Ton, dem alle suggestiven Nuancen abtrainiert wurden. Was aus den Mündern der Beschuldigten im Zeugenstand kommt, ist dagegen äußerst emotional.

„Ich war so high wie ein Flugdrachen." *Wovon waren Sie high?* „Ich hatte Marihuana, Bier und Pulver."

Und Pulver ist... „Angel Dust. PCP."

„Ich bin im Zug irgendwie eingeschlafen und als ich aufwachte, war ich in einer fremden Wohnung und dort war eine nackte Frau, die schrie ‚Tu mir nichts, tu mir nichts!' Ich habe nicht wirklich registriert, was passiert ist."

Und wurden Sie damals wegen Vergewaltigung verurteilt „Ja, wurde ich."

„Ich schlug ihn und sagte ‚Was machst du?' Und dann warf er eine Flasche nach mir.

Also schlug ich ihn noch einmal." *Haben Sie ihn ins Gesicht geschlagen.*

„Ja. So..."

Der Mann im Zeugenstand steht auf, stopft sich sein Hemd in die Hose und tut dann so, als würde er jemanden am Genick festhalten und die Faust in sein Gesicht rammen, immer und immer wieder, sehr präzise, als ob eine perfekte Rekonstruktion der Tat ihm Milde einbringen würde.

Audrey Munson

Auch wer den Namen nicht kennt, hat sie schon gesehen. Sie war von faszinierender Schönheit und avancierte zum Lieblingsmodell aller prominenten New Yorker Bildhauer. In der Stadt gibt es über 20 Statuen, die Munsons Züge tragen, und ihr Ruhm wuchs ins Unermessliche, als man sie 1915 zum Model für die Panama-Pacific International Exposition in San Francisco machte. Überall, wo man hinsah, ob Wandbild oder Statue, stieß man auf Audrey Munson, die amerikanische Venus.

Es überrascht, dass eine Person, die nur still zu stehen und praktisch nichts zu tun hatte, so gehypt wurde.

Doch wie ernst Munson ihren Beruf nahm, zeigen die asketischen Ratschläge, die sie jungen Frauen mit demselben Berufswunsch erteilt: früh schlafen gehen, kein Makup, kein anstrengender Sport („Schwimmerinnen oder Tänzerinnen taugen nicht zur griechischen Göttin"), keine falsche Bescheidenheit. Studiert die Kunst, bis ihr sie versteht, sonst könnt ihr nie zu ihrer Inspiration beitragen. Seid offen. „Ihr trefft kultivierte Köpfe, die fähig und willig sind einen Einblick in die Seele der Musik, Kunst und Literatur zu gewähren. Was auch immer sie tat, es ging auf. „Ich kenne kein anderes Model," sagte Daniel Chester French (siehe

Municipal Building   Firemen's Memorial

Seite 54, 56 und 298) „mit dieser besonderen Art ... Es ist ein großes Vergnügen, so viel Anmut und Feinheit vereint zu sehen." Doch French erwähnt auch „eine gewisse geheimnisvolle Aura" doch dazu konnte Munson keine Tipps geben: entweder du hast es oder nicht. Die Wirkung dieser Frau auf Menschen - oder zumindest Künstler- war fast unheimlich. Sie zog mit ihrer Mutter aus Rochester nach New York City. Eines Tages beim Einkaufen verfolgte mich ein Mann und hörte nicht auf mich zu nerven. Nicht weil er etwas zu mir sagte, sondern weil er mich ständig ansah." Der Mann war Ralph Draper, ein Fotograf. Er entschuldigte sich und sagte Munsons Mutter, dass er ihnen gefolgt sei, weil der das Mädchen unbedingt fotografieren wolle. So begann Munsons Karriere. Sie war erst 15 Jahre alt.

Ihr späteres Leben scheint ebenso von seltsamen Fügungen geprägt worden zu sein. 1915 war sie die erste Frau, die sich in einem Film nackt auszog (Inspiration); 1919 ermordete der liebeskranke (und verrückte) Vermieter ihrer New Yorker Pension seine Frau, damit er für sie frei wäre; in den frühen 20ern zog sie aus New York fort, und wurde nach einem Suizidversuch allmählich paranoid. 1931 wies man sie in eine Heilanstalt ein, wo sie den Rest ihres Lebens verbrachte, unglaubliche 65 Jahre, bis sie mit 104 Jahren starb.

Manhattan Bridge

Plaza Hotel

Zwischen der Houston und 14th

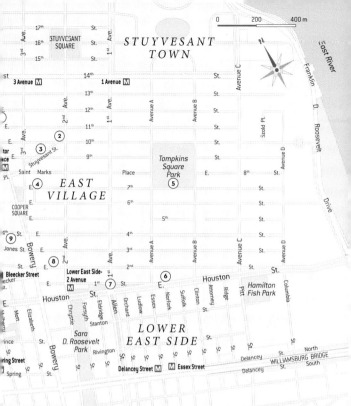

DIE FASSADE DER KATHOLISCHEN ANN'S CHURCH

Die „halbe Kirche"

12th Street zwischen der 3rd und 4th Avenue
Linien N, Q, R, L, 4, 5 und 6 /Union Sq; Linien N und R / 8th St - NYU; Linien
4, 5 und 6 /Astor Pl

Auf der Südseite der 12th Street steht die Fassade einer edlen, alten Kirche. Nur die Fassade. Alles was von St. Ann's übrig ist.

Während der irischen Migrationswelle nach der großen Hungersnot (siehe Seite 28), waren katholische Gotteshäuser Mangelware, vor allem unterhalb des Union Square. St. Ann's eröffnete 1852 auf der 8th Street: ein beeindruckendes Steingebäude, das Stein für Stein von einem weiter südlich gelegenen Standort, hierhergebracht worden war. Doch es war nicht katholisch, sondern Third Presbyterian. Nach dem Wiederaufbau übernahmen die Episkopalisten die Kirche, dann die Presbyterianer, danach wieder die Episkopalisten. Dann bot man sie den Swedenborgianern an, die sie den Katholiken gaben, die sie wieder der Hl. Ann widmeten. Das sind ganze sieben „Neuanfänge". Die Protestanten murrten, dass die alte Kirche an Rom gefallen war, und die Katholiken waren mit der Lösung auch nicht zufrieden. Kurze Zeit später verlegte man St. Ann's an ihren heutigen Standort – bzw. den Standort ihrer heutigen Reste.

Der Grundstein wurde 1870 in der 12th Street gelegt. Doch anstatt neu zu bauen, integrierte man die Kirche in eine alte Struktur: hier stand bereits die Twelfth Street Baptist Church, die, um es besonders verwirrend zu machen, kurz davor in eine Synagoge für die Emanu-El Gemeinde umgewandelt worden war. Die Stirnwand dieses Gebäudes besteht in der Hülle des aktuellen Baus fort. In einem Handbuch aus 1952 zum 100. Jahrestag von St. Ann steht: „Es ist ein Bauwerk, das ohne Glauben keinen Sinn hat und es ist eine Kirche, der durch den Glauben auch in Zukunft Bedeutung zukommen wird." Oder zumindest bis 1983, als daraus die armenisch-katholische Kathedrale St. Ann's wurde, oder 2004, als man sie schließlich entweihte.

Die New York University, die die Immobilie gekauft hatte, beschloss, vielleicht aus Mitleid, einen Teil der Kirche stehen zu lassen. Ihren letzten Neuanfang machte St. Ann's als gotische Fassade eines hohen Studentenwohnheims. Die Studenten, die selten genug die Muße haben, die alten Steine zu betrachten, nennen sie die „halbe Kirche".

DIE ZERBROCHENE GRABPLATTE ②
VON ALEXANDER T. STEWART

Sein Leichnam wurde gestohlen

St. Mark's Church-in-the-Bowery, 131 East 10th Street
212-674-6377
stmarksbowery.org
Linien 4 und 6 /Astor Pl; Linie L /3rd Av

Bei der St. Mark's Church-in-the-Bowery sind flache Steine im Boden versenkt: es sind Grabplatten. Eine von ihnen liegt nahe dem Zentrum der East Side: doch es gibt keine Inschrift und sie ist zertrümmert. Auf der Karte, die in der Kirche aufliegt, ist diese Stelle mit 9D, Alexander T.Stewart, und folgendem Hinweis markiert: *His body was stolen.*

Alexander.T. Stewart, der als „Erfinder des Kaufhauses" gilt, war einer dieser ehrgeizigen New Yorker, die jeden Vorteil, den die Stadt bot, auch nutzte. Der Einwanderer aus Belfast wurde mit Textilien reich. Als er sich dem Luxus-Shopping verschrieb, baute er nahe der City Hall einen Marmorpalast der so schön war, dass der Herald schrieb: „Wir hoffen Mr. Stewart verunstaltet sein herrliches, den Mysterien der Kurzwaren geweihtes Gebäude nicht mit einem Schild." Stewart brauchte kein Schild. Diesem Laden folgte weiter nördlich ein noch grandioseres Kaufhaus aus Eisen und Glas. Und als er 1876 in St. Mark's beerdigt wurde, schätzte man Stewarts Vermögen auf 40 Millionen USD – was heute in etwa 800 Millionen wären.

Eines Nachts im November 1878, wurden Stewarts Überreste aus seiner Krypta geholt. Und das war nicht leicht: die Räuber mussten durch den Stein, eine Zedernholztruhe, eine Bleikiste und einen Kupfersarg, um den verstaubten, alten Millionär in einen Sack stopfen zu können - und das alles, ohne die Nachbarn zu wecken. Es gab keine Verdächtigen.

Die Leichendiebe forderten) 250.000 USD als Lösegeld. Die nächsten zwei Jahre verbrachte der Nachlassverwalter mit Feilschen, während Stewarts Frau schaurige Albträume hatte. Schließlich traf ein Verwandter der Witwe drei maskierte Männer auf einer einsamen Landstraße in Westchester und tauschte 20.000 USD gegen einen Jutesack ein. Darin waren menschliche Knochen und ein Stück Stofffutter aus Stewarts Sarg. Die Knochen, von denen niemand weiß, ob sie wirklich Stewart gehören, liegen jetzt auf Long Island.

Stewarts Marmorpalast füllt auf dem Broadway noch immer den gesamten Block zwischen der Reade und der Chamber Street aus. Fünf elegante Stockwerke im italienischen Stil. Es war Amerikas erstes Handelsunternehmen mit einer luxuriösen Fassade. Die bronzene Uhr an der Ecke, ist ein Relikt der Sun, die den Palast 1917 kaufte.

DIE STUYVESANT STREET ③

Die einzige wirklich von Ost nach West verlaufende Straße in Manhattan

Linien N und R/ 8th– NYU; Linien 4 und 6/AstorPl

Die Stuyvesant Street ist die einzige wirkliche Ost-West-Straße in Manhattan. Peter Stuyvesant, der ordnungsliebende Gouverneur von New Netherland, würde sich freuen. Stuyvesant ist so etwas wie der legendäre Stadtgründer von New York. Von der Niederländischen Westindien-Kompanie 1647 hierher versetzt, um das wirtschaftliche Treiben vor Ort anzukurbeln, schaffte er es in kurzer Zeit das dreckige und schlammige Lower Manhattan in eine profitable Hafenstadt mit Reihenhäusern, Kanälen, einem Schutzwall und einer Steinfestung zu verwandeln. Da ein Bein von einer Kanonenkugel zerstört wurde, humpelte er mit seinem Schwert wie ein Pirat auf einem Holzbein. Aufschluss über das prüde Wesen des Mannes und das Leben in New York damals geben seine ersten Dekrete: kein Alkohol an Sonntagen, keine öffentlichen Messerkämpfe und strenge Strafen für Sex mit Indianern. Sein Anwesen säumte den Großteil der heutigen Bowery Street (bouwerij ist altholländisch für „Bauernhof") und er und seine Familie eigneten sich nach und nach das gesamte Gebiet des heutigen East Village an.

Die nach Stuyvesant benannte Straße hat eine fast kosmische Aura: sie widersetzt sich dem Straßenraster und macht St. Mark's neben Trinity zur einzigen Kirche in Manhattan, zu der eine Seitenstraße führt. Früher stand hier die Kapelle von Stuyvesants Haus, in dem der Gouverneur, nach der Übergabe New Amsterdams (danach New York) an die Engländer 1664, lebte. Betrübt über die Bereitwilligkeit der Stadt sich den Engländern anzupassen, verbrachte Stuyvesant den Rest seines Lebens in der pastoralen Einöde der damaligen Vororte. Er starb 1672.

Anfang des 19 Jhdt. hatte sich rund um Stuyvesants altes Herrenhaus eine kleine Gemeinde mit dem Namen Bowery Village gebildet. Petrus Stuyvesant III, der Ururenkel des Gouverneurs, richtete das Straßennetz des Viertels streng nach Kompass aus. Als der Commissioners' Plan von 1811 umgesetzt wurde, verzichtete man auf eine exakte Nordausrichtung, damit die Straßen der natürlichen Neigung der Insel folgen konnten: 29 Grad. Da die Stuyvesant Street damals schon stark befahren war, blieben die Straßen wie sie waren.

IN DER UMGEBUNG

Stuyvesants Grab findet man in der St. Mark's Church-in-the-Bowery, in die Ostseite des Fundaments integriert. Auf dem Stein steht, er starb mit 80, doch das liegt 20 Jahre daneben: Stuyvesant wurde 1612 geboren. Er war erst 35, als er begann New Amsterdam zuverwalten..

DAS KOPFGELDPLAKAT
FÜR JOHN WILKES BOOTH

100.000 Dollar Belohnung

McSorley's Old Ale House
15 East 7th Street
212-474-9148
mcsorleysoldalehouse.nyc
Montag bis Samstag 11-1 Uhr, Sonntag 13-1 Uhr
Linie 6 /Astor Place; Linien N und R /8th St - NYU

Der Legende nach wurde im McSorley's Old Ale House seit dem Tod des Gründers John McSorley 1910 nichts von den Wänden entfernt. Das glaubt man gern. Die älteste Bar New Yorks ist mit jeder Menge herrlichem Trödel vollgestopft.

Sogar der Staub darf hier liegen bleiben. „Das Gesundheitsamt erlaubte uns Diese letztes Jahr zu putzen," sagt eine junge Dame hinter der Bar und deutet in Richtung einer alten Gaslaterne, die mit einer Wünschelrute dekoriert ist. Dieselbe, die John Sloans in seinem Gemälde im frühen 20 Jhdt gemalt hat. Dahinter hängt an der Wand ein vergilbtes Plakat, wie es sie seit 100 Jahren nicht mehr gibt. „100.000 Dollar Belohnung" steht darauf. „DER MÖRDER unseres geliebten Präsidenten Abraham Lincoln LÄUFT NOCH IMMER FREI HERUM." Das Datum am oberen Rand: 20. April 1865, fünf Tage, nach der Ermordung des Präsidenten.

Flugblatt und Schenke untermauern eine erstaunliche Verbindung zwischen Lincoln und New York City. Bäuerliche Einfachheit machten den Präsidenten beliebt, doch er ließ sich erst als Kandidat aufstellen, nachdem diese Qualität in der größten und schmutzigsten Stadt Amerikas bestätigt worden war. Ende Februar 1860 stand ein bartloser Lincoln bei der Cooper Union vor einer Menge und schwang eine hochfliegende Rede, die sein Schicksal besiegelte. „Kein Mann hat je zuvor bei seinem ersten Auftritt ein New Yorker Publikum dermaßen beeindruckt," schrieb die New-York Tribune. Danach begleitete Cooper Union-Gründer Peter Cooper Lincoln in die Bar, die es damals noch nicht lange gab. Der Stuhl, auf dem Lincoln saß, ist heute, verkeilt in einem spinnwebenbedeckten Konvolut, ebenfalls Teil der ständigen Einrichtung.

Fünf Jahre nach Lincolns Besuch hier, wurde er von John Wilkes Booth erschossen. Kriegsminister Edwin Stanton erstellte Berschreibungen des Mörders und seiner Komplizen und legte die beispiellose Belohnung fest, mit der eine Menschenjagd begann, die zehn Tage dauerte. Ist das Flugblatt im McSorley's echt? Das ist nebensächlich, denn die Bar besitzt Charakter genug. Das Plakat unterscheidet sich leicht von anderen Exemplaren, doch es wurden verschiedene Versionen gedruckt und der Text, inklusive Rechtschreibfehlern, liest sich genau wie das Telegramm des Kriegsministers. Ein Flugblatt in der Ohio Historical Society sieht dem im McSorleys verdächtig ähnlich: sogar die Falten und Tintenflecke sind gleich. Doch welches der beiden ist eine Kopie? Bei einer Bar, die sich ihre Geschichte derart auf die Fahnen heftet, ist das eine legitime Frage.

DER HARE KRISHNA-BAUM

Wo die Sekte ihren Anfang nahm

Tompkins Square Park
Morgengrauen bis 1 Uhr
Linie L /1st Av

Die Hare Krishna-Bewegung basiert auf einer 5.000 Jahre alten Hindu-Schrift, doch ihren Anfang nahm sie im East Village. Der Gründer, Srila Prabhupada (geborener Abhay Charan De in Calcutta), ein Gelehrter und Übersetzer von Vedanta-Schriften, kam 1965 wie so viele in New York an. Mit wenig Geld und großen Ideen. Er mietete ein Verkaufslokal in der Second Avenue 26 und begann, vor allem auf sein Charisma setzend, für seine spirituelle Revolution um sich zu scharen. Im Sommer 1966 gründete er die Bewegung mit dem Namen International Society for Krishna Consciousness und rief so die geheimnisvolle Tradition des „Würden Sie gerne eines unserer Bücher kaufen?" ins Leben.

Die amerikanische Ulme im Tompkins Square Park, schon um ihrer selbst willen verehrungswürdig (die Ulmen hier stammen aus 1873, dem offiziellen Gründungsjahr des Parks), war die Kulisse für dieses prägende Ereignis. Am 9. Oktober 1966 führte Swami Prabhupada, umringt von seinen Anhängern, den ersten kollektiven Krishna Mantra-Gesang außerhalb Indiens an. Das sehr alte Mantra lautet: *Hare Krishna, Hare Krishna, Krishna Krishna, Hare Hare, Hare Rama, Hare Rama, Rama Rama, Hare Hare*. Prabhupada nannte es "die Klangwerdung des höchsten Gottes." Der Swami starb 1977, doch das Verkaufslokal auf der Second Avenue, jetzt der Hare Krishna-Tempel, gibt es noch.

Andere bemerkenswerte Bäume in New York

New York besitzt einige bemerkenswerte Bäume. Eine englische, 1770 gepflanzte Ulme im Washington Square Park, die aufgrund ihres (falschen) Rufs als Exekutionsort „The Hanging Tree" genannt wird - das älteste Lebewesen Manhattans. 1936 zum 100. Jahrestag der Eröffnung der Madison Avenue, wurde ein Baum aus dem Anwesen des ehemaligen Präsidenten James Madison in Virginia auf der Ostseite des Madison Square Parks gepflanzt, der noch immer dort steht. Seit Jahren hält sich hartnäckig die Legende, dass ein Maulbeerbaum im Shakespeare Garden des Central Park ein Ableger des vom Barden selbst gepflanzten Baumes in Stratford-upon-Avon ist. Der Baum stürzte nicht nur 2006 um, Untersuchungen ergaben, dass die Shakespeare-Geschichte Unsinn ist. Der von Peter Stuyvesant 1674 aus Holland mitgebrachte Birnenbaum, stand 200 Jahre an der Ecke 13th Street und Third Avenue, bevor ihn ein Pferdewagen umnietete. Jetzt findet man dort einen Ersatz-Birnenbaum und ein Schild.

LENIN AUF DER HOUSTON STREET

Kommunismus à la New York

178 Norfolk Street
Linie F /2nd Av

Die bronzene Leninstatue, 5,5 Meter hoch, den Arm zum Gruß an die Arbeiter der Welt erhoben, ziert das Dach eines Luxusappartment-Gebäudes auf der Houston Street. Der Vater des Kommunismus schaut nach Süden und wenn man zu ihm hochblickt, ist schwer zu übersehen, dass innerhalb der Reichweite dieses zuversichtlichen Grußes, auf der Wall Street, der Kapitalismus ungebremst seinen Lauf nimmt. Tatsächlich ist eine Leninstatue, die nicht auf dem Kopf steht, nur schwer mit New York zu vereinbaren. Die Statue muss also eine Art Scherz sein.

Nicht ganz. Man brachte Lenin erst später auf dem 1988 erbauten Gebäude an, als die Houston Street die Grenze zwischen dem hippen East Village und der viel ärmeren Lower East Side bildete. Die 70er waren für schwarze und puertoricanische Gemeinden schwer hier. Durch den heißen Immobilienmarkt in den 80ern war das Geld auf dem Vormarsch und die Straßen wurden Schauplatz von Klassenkämpfen. M&CO, das Design-Büro, das für die „Identität" des Gebäudes zuständig war, wollte einen furchteinflößenden Namen dafür, um diese magischen New Yorker Geschöpfe anzulocken. „Leute mit Geld, die in einer hippen, krassen und sogar gefährlichen Gegend leben wollten." Sie einigten sich auf: Red Square (Roter Platz). Die Lenin-Statue ist also ein cleverer Marketing-Gag.

Auch das stimmt nicht ganz. Der Entwickler des Red Square, Michael Rosen, war früher NYU-Professor für radikale Soziologie mit einer Vorlesung, die sich „Macht und Politik" nannte. Er kannte sich also mit Lenin aus. Auch Rosens Arbeiten nach diesem Projekt – Sozialwohnungen für Arme, Personen mit AIDS und misshandelte Frauen – zeugen nicht von einem Zyniker. Die 5,5 Meter große Statue ist eher die Krönung eines Publicity-Gags für Luxusappartments, von jemandem, der soziale Verantwortung als langfristiges Ziel sieht.

Doch wo kam sie her? 1994 fand ein Kollege von Rosen Lenin im Hinterhof einer Moskauer Datscha. Ursprünglich vom sowjetischen Staat beauftragt, war sie kaum fertiggestellt, als es mit dem Kommunismus bergab ging. Und wenn man schon ein schräges Luxusgebäude in Manhattan, hat, das Red Square heißt, sind die Transportkosten nur mehr ein Klax.

2016 wurde die Statue vom Red Square auf das Dach der 178 Norfolk Street gleich gegenüber verlegt.

DACHHÄUSER

Ein luftiges Zuhause

Ecke First Avenue und East 1st Street
Linie F /2nd Av

Es gibt privilegierte New Yorker, die beim Penthouse einen Schritt weiter gehen und ein Haus bauen - ein hübsches, kleines Haus, wie man es in einem Vorort erwarten würde - aber auf dem Dach. Die höchstgelegenen sind von der Straße aus unsichtbar. Doch zwei niedrigere befinden sich nah beieinander im East Village und eines auf einem zehnstöckigen Gebäude auf der Upper West Side.

Das erste, hoch oben an der Ecke East 13th Street und Third Avenue, hat eine berühmte Adresse: den ursprünglichen Standort der Kiehls Apotheke („Seit 1851") und des Birnenbaums von Peter Stuyvesant (siehe Seite 112). Das erhöhte Heim, mit seinem Schornstein, den Fenstern und den Schindeln an der Seite ist nicht echt: laut Time Out, findet man in dem „Haus" keine exzentrische Familie, sondern nur Heizräume und Dachtreppen.

Das zweite (siehe Foto) sieht aus, als hätte es in einem Walfängerdorf oben im Norden ein Tornado erfasst und an die Ecke First Avenue und East 1st Street geweht. Schindelfassade, efeubewachsen, mit angesetztem achteckigen Leuchtturm, den eine Wetterfahne ziert: alles Merkmale für ein bewohntes Haus. Was noch fehlt, ist ein bärtiger Mann im Ölzeug, der beim Elfenbeinschnitzen Späne auf die Taxis unten rieseln lässt. Ob das kleine Haus zur Zeit bewohnt ist, weiß man nicht.

Das dritte Dachhaus befindet sich weiter nördlich, auf dem Gebäude 210 West 78th Street (am besten zu sehen von der Ecke Broadway und 77th). Es wurde zweifellos als Wohnhaus errichtet: 1997 interviewte die *Times* den Bauherrn/Bewohner. Andrew Tesoro verwandelte ein winziges 37m² Penthouse in ein dreistöckiges „Chalet" mit einem 60° geneigten Kupferdach. Von seiner Veranda geht es zehn Stockwerke tief nach unten. „Ich liebe die Aussicht," sagte Tesoro. „Es fühlt sich an, als würdest du über allem schweben, aber gleichzeitig bist du mitten drin."

Dachleben

Das Ansonia Gebäude, 2109 Broadway, hatte auf dem Dach eine Farm mit einem „kleinen Bären", den man für Feste mieten konnte. Die Helikopter-Flüge auf dem Pan Am-Gebäude (vom Zentrum nach JFK in 7 Minuten) gab es 1977, bis bei einem Unfall fünf Menschen starben. Zugleich beste und schlechteste Dach-Idee: an der Nadel des Empire State Building sollten ursprünglich Luftschiffe andocken. Das wurde nur einmal versucht: niemand hatte den starken Wind bedacht.

DER NEW YORKER MARMORFRIEDHOF

Ein Ort zwischen den Welten

41 1/2 Second Avenue
marblecemetery.org
Jeweils am vierten Sonntag eines Monats geöffnet, April bis Oktober von
12-16 Uhr; für Besuch außerhalb der Saison, Öffnungszeiten online nachlesen

Zwei unbekannte Friedhöfe im East Village, nur ein paar Blocks voneinander entfernt. Der eine wird in der Regel übersehen, der andere könnte genauso gut gar nicht existieren. Wenn man nicht daneben wohnt oder regelmäßig den Stadtplan studiert, wird man überrascht sein, dass man durch ein Eisentor in einem Block der Second Avenue über eine enge Passage auf ein 2.000 m² großes, grünes Feld gelangt, das von alten Ziegelmauern umgeben ist. Sogar die Adresse, 41 1/2, legt nahe, dass es sich hier um einen Ort zwischen den Welten handelt.

Der New York Marble Cemetery, gegründet 1831, ist die älteste konfessionslose Begräbnisstätte in New York. Auf der nahen 2nd Street liegt der ähnlich klingende New York City Marble Cemetery, der etwas später im selben Jahr gegründet wurde. „Es ist verwirrend," gibt Caroline DuBois, Geschäftsführerin des NYMC, zu. Sie zählt die Unterschiede zwischen den beiden auf. „Hier hat es seit 75 Jahren kein Begräbnis mehr gegeben. Drüben war es eines pro Jahr. Er ist doppelt so groß, es gibt doppelt so viele Gräber und man sieht sie alle. Sie sind nicht in Vergessenheit geraten. Wir sind praktisch verschwunden." Und das nicht nur vom Stadtplan - es gibt hier keinen einzigen Grabstein. Die etwas über 2.000 Leichname, liegen in unterirdischen Marmorgräbern. In 6 Gruppen und 26 Reihen, mit Abdeckungen, die nur ein paar Zentimeter unter dem Gras liegen. Der Friedhofsrasen wird nur durch Büsche oder Bäume unterbrochen. Die Namen der Toten stehen auf in die Ziegelmauern eingelassenen Tafeln. Ein ehemaliger Bürgermeister New Yorks, die Gründer der New York University und Namen, die mit der Stadt verbunden sind oder auf dem Stadtplan aufscheinen: Varick, Scribner, Olmsted.

Heute ist der Friedhof nur einmal im Monat geöffnet, in der Regel am vierten Sonntag und nur im Sommer. Es lohnt sich darauf zu warten, um ein paar Minuten auf diesem geheimen Fleckchen umherzuwandern, das nur knapp dem völligen Vergessen entkommen ist. „Sie hätten ihn vor zehn Jahren sehen sollen," sagt DuBois und verdreht die Augen. „Eine braches Grundstück voller toter Katzen." Sie dreht sich im Kreis und zeigt auf die benachbarten Gebäude: „Das ist eine Obdachlosenunterkunft. Das ist eine Methadon-Klinik. Das ist ein Hotel. Sie kommen in der Nacht durch ein Loch in unserer Mauer. Früher, wenn ich hier eine Veranstaltung abhalten wollte, musste ich zuerst Injektionsnadeln, Whiskeyflaschen und Unterwäsche einsammeln.

DAS MERCHANT'S HOUSE UND DER GEIST DER GERTRUDE TREDWELL

Dieser Herd hat sich damals bewegt. Denken Sie ich mache Scherze?

29 East 4th Street
212-777-1089 - merchantshouse.org
Freitag bis Montag 12-17 Uhr
Linien 4 und 6 /Bleecker St oder Astor Pl

Im Merchant's House spukt es. Die Damen am Schalter tun so, als wüssten sie von nichts, die Schulkinder, die hier zu Besuch sind, tun so, als würden sie sich fürchten und das Haus selbst scheint Lampenfieber zu haben. In einer am Schalter erhältlichen Broschüre steht, was einen erwartet, wenn man es schafft, den Geist zu verärgern: ein eiskalter Luftzug, geisterhafte Schritte, schepperndes Porzellan. Vielleicht der Duft nach Veilchen-Parfüm oder getoastetem Brot. Die Anwesenheit des Geistes manifestiert sich in schwingenden Kronleuchtern, schwebenden Lichtkugeln oder (der Jackpot) einer kleinen, alten Frau im geblümten Reifrock mit wildem Blick, die ruft: *Raus hier*.

Die gruselige alte Frau ist Gertrude Tredwell und ihre Verbindung zu diesem Ort ist so persönlich, dass es die Geistergeschichten geben wird, solange das Haus steht. Als jüngstes Kind eines reichen Importeurs, wurde Gertrude in einem Himmelbett des vorderen Schlafzimmers im zweiten Stock geboren und verbrachte ihr ganzes Leben in diesem Haus. Als der Rest der Familie starb und die New Yorker Society nach Norden zog, wurde sie immer einsamer. Am Ende öffnete sie nur mehr selten die Tür, stopfte die Fenster gegen die Zugluft mit Zeitungspapier aus und ließ die Möbel langsam verstauben. Knapp 93 Jahre alt, starb sie 1933 - im vorderen Schlafzimmer und im selben Bett, in dem sie geboren wurde.

Das Gebäude stammt aus einer Zeit, als das Waschwasser noch aus einem nahegelegenen Brunnen geschöpft werden musste. Da Gertrude nie anderswo gelebt hatte, ist das Merchant's House heute eine historische Goldgrube. Alles hier - Möbel, Teppiche, Vorhänge, Gläser, Porzellan, Kleider- ist original. Nach dem Tod der alten Frau wurde nichts verändert. Nur Elektroinsallationen und Wasserleitungen wurden verlegt und in der Küche ein gusseiserner Herd installiert.

Dieser neue Herd ist eines der Dinge, die Gertrude ärgern. Clarice, eine Frau aus Jamaika, die zwanzig Jahre lang als Hausmeisterin hier arbeitete, erzählt ihre Geschichte: „Ich war allein in der Küche, als der Herd anfing, sich zu bewegen. Ich hatte Angst, bin nach oben gelaufen und habe draußen 40 Minuten in Morgenmantel und Pantoffeln gewartet. Dieser Herd hat sich damals wirklich bewegt. Denken Sie ich mache Scherze?"

SYLVETTE

Monumentaler Picasso

Silver Towers/University Village
Zwischen Bleecker und West Houston Street beim LaGuardia Place
Linien B, D, F und M /Broadway - Lafayette St; Linien 4 und 6 / Bleecker St

Großformatige Picasso-Skulpturen sind selten. In Amerika wurde die erste auf der Daley Plaza in Chicago errichtet: 15 Meter hoch, ist sie schwer zu übersehen. Die zweite wurde nur ein Jahr später 1968 eingeweiht, im Village zwischen drei schmucklosen 30-stöckigen Wohntürmen versteckt.

Eigentlich ist es nur *fast* ein Picasso: der Meister beaufsichtigte das Projekt, doch Konzept und Ausführung sind das Werk des nordischen Künstlers Carl Nesjar. „Ich bin wie der Dirigent eines Orchesters," sagte Nesjar. „Der Komponist gibt mir ein Musikstück und dann schaue ich, was ich daraus machen kann. "Nesjar hielt Picasso mittels Zeichnungen, Fotos und Betonmustern auf dem Laufenden. Der schwarze, norwegische Basalt wurde mit hellem Beton beschichtet und von Nesjar sandgestrahlt, um dunkle Linien zu erzeugen. Die 30 Tonnen schwere Skulptur steht auf einem versteckten Betonsockel („Picasso mag keine Podeste"), damit sie nicht in der darunterliegenden Tiefgarage versinkt.

Man erkennt hier Picassos Markenzeichen: irritierende Perspektiven. Die Skulptur besteht aus einer zweidimensionalen Ebene, die geknickt eine dritte ergibt, aber am besten von allen vier Seiten betrachtet wird: das doppelseitige Porträt lädt dazu ein, umrundet zu werden. Durch die wechselnde Perspektive verändern sich die Züge der Frau und ergeben mit jedem Schritt ein neues Porträt. Die hier kopierte Originalskulptur war nur etwa 60 cm groß. Picasso hat sie aus Papier gefaltet und dann eine robustere Version aus Blech ausgeschnitten und bemalt. Sie trägt den Namen *Sylvette*, nach Sylvette David, Picassos Muse im Jahr 1954. David war erst 17, als Picasso sie zum ersten Mal sah. Der verzauberte Künstler überredete sie, ihm Modell zu stehen, indem er ihr ein aus dem Gedächtnis gezeichnetes Porträt schenkte. Später selbst Malerin, soll David mit ihrem Pferdezopf, den sie auf den herrlichen Portraits von Picasso trägt, Inspiration für Brigitte Bardot gewesen sein.

Die Gebäude, in denen die Fakultät der NYU sowie Studentenheime untergebracht sind, schließen Nesjars 9 Meter hohe *Sylvette* ringsherum ein und werfen ihren Schatten auf sie. An einem warmen Nachmittag beäugt ein kleiner Junge misstrauisch eine Gruppe lärmender Kinder auf dem Rasen. Als seine Mutter ihn fragt, ob die Kinder „zu groß" seien, um mit ihnen zu spielen, schüttelt er sie ab und verbringt die nächsten 15 Minuten damit *Sylvettes* riesiges Gesicht mit einem Fußball zu umkreisen.

TIME LANDSCAPE

Eine lebende Nachbildung des alten Manhattans

Ecke West Houston und LaGuardia Place
Linien B, D, F und M /Broadway - Lafayette St; Linien 4 und 6 / Bleecker St;
Linien A, C und E /Spring St

Es gibt in New York drei Orte, die Besuchern die verschwundenen Landschaften New Yorks vor den Europäern näherbringen möchten. Einer ist wild (Urwald des New York Botanical Garden, Seite 362); einer ist gut erhalten (Inwood Hill Park, Seite 346) und der dritte ist künstlich. *Time Landscape* am LaGuardia Place ist teils Garten, teils öffentliches Kunstprojekt. Die eingezäunten Bäume erinnern an die kleinen, hübschen Parks, die man im Village findet, doch dieser Ort ist anders: die Pflanzen hier wurden sorgfältig ausgewählt, um das Manhattan von vor 500 Jahren nachzustellen. Er ist eine Oase der idellen Vergangenheit. Deshalb müssen Besucher draußen bleiben: es gibt keine Bänke und keinen Eingang.

Der in der Bronx geborene Künstler und Designer Alan Sonfist konzipierte das Projekt 1965, zu Beginn der Land Art Bewegung der 60er und 70er. Um inmitten der vom Menschen am stärksten konstruierten Stadt der Welt, ein Stück exakter Ökologie zu schaffen, musste er zuerst die Botanik und Geologie des unberührten Marschlands von Manhattan recherchieren. Ein Greenwich Village mit sandigen Hügeln und Flüssen, so wie die Lenape Indianer es kannten. Sonfist ließ die Bewohner antreten, um Wildgräser, Büsche, Blumen und Bäume zu pflanzen und, der ursprünglichen Mission folgend, an „die verborgene Geschichte der Erde," zu erinnern. Man wollte eine lebende Nachbildung der Vergangenheit erschaffen: die unter anderem 1978 gepflanzten Buchensetzlinge sind heute ausgewachsene Bäume, unter denen noch immer Wildblumen, Astern und Wolfsmilch blühen.

Time Landscape ist zu klein, um sich ein naturbelassenes Manhattan im größeren Stil vorstellen zu können.

Es ist ein 24 x 12 Meter großes Rechteck, das für sich bleibt. Bedrängt von Asphalt, Architektur und ständigem Lärm. Es ist wie ein Zoo für Pflanzen: die Bäume wachsen in ihrem künstlichen Habitat, inmitten einer Umgebung, zu der sie keine organische Beziehung haben. Der Besucher wird die Ironie spüren: um alles wieder in seinen ursprünglichen Zustand zu bringen, bedurfte es jeder Menge Arbeit. Wenn die Time Landscape eine Botschaft hat, dann diese. Und die Mühe, die es kostete, sie zu errichten und zu pflegen unterstreicht, wie endgültig diese unberührte Landschaft zerstört wurde.

Die Lenape Indianer nannten Greenwich Village Sapokanikan, „Tabakfelder", entweder weil sie hier Tabak anpflanzten oder den Holländern beim Anpflanzen zusahen. Mehr über Tabak erfahren Sie auf Seite 364.

DIE WAPPEN AUF DER AVENUE OF THE AMERICAS

Eine Avenue gegen eine Hemisphäre

6th Avenue von der Canal Street bis zum Washington Place
Mehrere Optionen, günstig sind die Linien A, C und E bis Spring Street

Sie kennen das vielleicht: Sie warten darauf, die Sixth Avenue überqueren zu können, schauen nach oben und sehen plötzlich das Wappen von Honduras über Ihrem Kopf hängen. Oder das Wappen Kubas. Oder Venezuelas, oder Grenadas (von dem Sie gar nicht wussten, dass es ein souveräner Staat ist), oder Dominicas (von dem Sie nie gehört haben). Oder sogar von Kanada, was gar nicht hierher passt. Die Schilder an den Straßenlaternen prägen den gesamten unteren Teil der Straße. Wenn Sie sich noch immer wundern, müssen Sie wissen, dass Sie gar nicht auf der Sixth Avenue sind. Offiziell befinden Sie sich auf der Avenue of the Americas. Nachdem sie 1940 diesen Namen erhalten hatte, schien die „Sixth Avenue" auf den Schildern jahrzehntelang nicht auf, bis das Verkehrsministerium nachgab und beide Versionen zuließ. Die Länderwappen halfen nicht dabei, die Avenue of the Americas in den Köpfen zu verankern. Hier ist die Geschichte:

„Es war schon immer die gute, alte Sixth Avenue, seit die Stadtväter an jenem denkwürdigen Tag 1811 den Namen der West Road änderten." So beginnt ein Artikel in der *Times* von 1945. Der verbitterte Ton war auf die große Ablehnung gegenüber der Avenue of the Americas zurückzuführen. Der neue Name war verwirrend, schwierig und teuer. So mussten z.B. 1.700 U-Bahn-Waggons anders gekennzeichnet werden. Zudem war es ein Affront für die betreffenden Nationen, da die Gebäude auf der Sixth Avenue großteils „Schandflecke" waren.

Bürgermeister Fiorello La Guardia, der die Namensänderung unterzeichnete, ließ keine Diskussionen zu und bekräftigte, dass die Idee allgemeine Zustimmung fand...in dieser Stadt, in diesem Land und in der gesamten Hemisphäre." Was bezweckte er damit? Kurz gesagt: Geschäfte. Die USA wollten Waren an Kanada und Lateinamerika verkaufen und mussten im Gegenzug auch als Abnehmer fungieren. Man dachte, mit der Änderung des Namens, würden die Geschäfte schon folgen.

Zusätzlich zu den Konsulaten entlang der Avenue wollte die Sixth Avenue Association eine Art offenen Markt für die gesamte Hemisphäre schaffen, mit Gebäuden, die „physisch und psychologisch für diesen Zweck konzipiert waren."

Die Schilder wurden in den 1950ern, im Zuge der Errichung neuer Straßenlaternen aus Aluminium, angebracht. Es gibt nicht mehr viele davon (sorry Argentinien; Barbados hält sich noch). Jene, die überlebt haben, sind rostig und von der Sonne ausgebleicht. Also nicht mehr als nette und rätselhafte Relikte.

DER *BETENDE ENGEL* IN DER JUDSON MEMORIAL CHURCH

Die Geliebte des Künstlers

55 Washington Square South
212-477-0351
judson.org
Telefonisch einen Termin vereinbaren, oder nach dem 11 Uhr Gottesdienst am
Sonntag vorbeikommen. Das Fenster im Bogen direkt über dem Eingang ist auch
von der Straße aus sichtbar.
Linien A, C, E, B, D, F und M /West 4th St; Linien N und R / 8th St - NYU

In der Judson Memorial Church gibt es einige Buntglasfenster des Malers und Innenarchitekten John La Farge: 4,5 Meter hohe Spitzbogenfenster mit Evangelisten, Heiligen und anderen religiösen Figuren aus „opalisierendem Glas". Ein Seitenfenster, ein einzelnes Rundbild, nur 90 cm im Durchmesser gewährt einen Einblick in LaFarges Privatleben. Der *Betende Engel*, die schöne Gestalt mit Flügeln, Heiligenschein und über dem Herzen gekreuzten Händen, trägt das Gesicht von Mary Whitney, der Geliebten von LaFarge.

Der Künstler und seine Geliebte: Das war nichts Neues. Sogar innerhalb der Judson Memorial Church stößt man auf das Thema: Augustus Saint-Gaudens, der das Marmorrelief für das Baptisterium zeichnete, ging mit seinen Modellen ins Bett und Stanford White, einer der Kirchenarchitekten, war schutzlosen jungen Mädchen so zugetan, dass er als eine Art sexbesessener Dämon in die Geschichte einging. Wenn also LaFarge hier hervorsticht, dann nicht wegen einer harmlosen Affäre, sondern weil er sie zu wichtig nahm. Als Whitney 1880 in sein Atelier kam, verlor der Künstler den Kopf. „Er war verrückt nach ihr," sagt Julie Sloan, die in den 1990ern die Aufsicht über die Restaurierung der Glasfenster in der Kirche hatte. „Er ging nicht zu den Girlie-Parties von Stanford White und hatte nebenher nicht viele Frauen. Seine Beziehung zu Whitney war offenbar einzigartig."

1892 wurden sie ein Liebespaar: LaFarge entfremdete sich immer mehr von seiner Frau, mit der er sieben Kinder hatte. Zur selben Zeit tragen seine Engel Whitneys Gesicht. James Yarnall, führender LaFarge-Experte, hielt es für eine unglaubliche Ironie, Engel nach dem Abbild der Geliebten zu gestalten. In einem Bild verwendete der Künstler Whitneys Gesicht sogar für die Figur der Keuschheit.

LaFarge war angesehener Künstler und Kunsthistoriker, doch sein schlechtes Urteilsvermögen prägte den Großteil seines Lebens. Er zerstörte seine berufliche Beziehung zu Louis Comfort Tiffany, Kollegen brachten ihn wegen schweren Diebstahls vor Gericht, seine eigenen Kinder weigerten sich, mit ihm zu arbeiten und er starb mit 13 Dollar auf dem Bankkonto. „Ihm fehlte der Geschäftssinn," meinte sein Sohn später.

Die größte Sammlung an von Mary Whitney inspirierten Gesichtern und Figuren finden Sie auf LaFarges Wandbild in der Himmelfahrtskirche auf der 10th Street. „Die meisten der Engel sehen aus wie sie," sagt Julie Sloan.

AUF DEN SPUREN
DES MINETTA BROOK

Ein unterirdischer Bach fließt durch das Village

Rund um den Washington Square Park
Website von Steve Duncan: undercity.org
Linien A, B, C, D, E, F und M /W 4 St; Linien N und R /8 St - NYU

Einer der eindrucksvollsten, schaurigsten und scheinbar fiktiven Aspekte des Village ist Minetta Brook, ein Bach der unbemerkt unter der Erde fließt. Es gibt Geschichten von überschwemmten Restaurants, Männern, die mit ihren Angeln rund um Löcher im Kellerboden sitzen und Brunnen, die im Garten schwarzes Wasser aus den Tiefen holen. Doch den Minetta gibt es wirklich. Der Bach war früher voll mit Forellen. Irgendwann Anfang des 19. Jhdts wurde eine brummende Metropole darübergebaut. Heute kann man dem seinem Verlauf von der Fifth Avenue bis hinaus zum Hudson River folgen. Man braucht nur eine Taschenlampe, um ihn zu sehen und den Tour-Plan von Steve Duncan, Internet-Berühmtheit und Experte für alles Unterirdische. „Die hohen Brücken und tiefen Abwasserkanäle dieser Erkundungstouren im urbanen Umfeld helfen mir, die mehrdimensionalen Zusammenhänge in der Geschichte und Komplexität der großen Metropolen dieser Welt zu verstehen", meint Duncan. Der verborgene Bach ist das Thema seiner Doktorarbeit. Und offensichtlich auch seine Leidenschaft: wenn er mit zerkratzten Händen gestikulierend und einer selbstgerollten Zigarette im Mundwinkel darüber spricht, erkennt man den Experten. Hier die Highlights seiner aktuellen Tour zum verborgenen Fluss des Village.

45 West 12th Street
Dieses Haus ist ein Relikt des alten Bachverlaufs. Es überschneidet sich seltsam mit dem Nachbarhaus und hat einen keilförmigen Grundriss. Der Bach verlief diagonal über das Grundstück und der Bau wurde daran angepasst.

60 West 9th Street
Die Adresse ist nicht wichtig: doch der Kanaldeckel in der Straße davor sehr wohl. Er ist ein DPW (Department of Public Works)-Deckel mit zwei großen Löchern. Durch das eine schaut man durch und durch das andere leuchet man. Das Wasser, das man sieht, ist, laut Duncan, eine Mischung aus „einem natürlichen Wasserfluss und Wasser, das von den Bewohnern hier verbraucht wird." Der Minetta wurde also in die Stadtinfrastruktur eingeleitet.

Minetta Street
Hier sind wir, wie der Name schon sagt, mitten im Brook-Gebiet. Der Knick in der Straße (einzigartig in Manhattan) folgt angeblich dem Verlauf des alten Gewässers. Durch den Kanaldeckel - ein DPW „Hexagon"-Modell wie oben - sieht man einen stetigen Wasserfluss. Näher kommt man dem Original-Bach nur mit Brechstange und Gummistiefel.

WASHINGTONS LEITSPRUCH AUF DEM TRIUMPHBOGEN

Der Zweck heiligt die Mittel?

Washington Square Park
nycgovparks.org/parks/washingtonsquarepark
Linien A, C, E, B, D, F und M /West 4th St; Linien N und R / 8th St - NYU

Der Triumphbogen auf dem Washington Square ist voll mit Symbolen. Einige findet man auch anderswo in der Stadt, z.B. die Biber und Mehlfässer auf dem Schild des New Yorker Siegels (siehe Seite 16) sowie die aufgehende Sonne auf dem Siegel des Staates New York. Auf der Nordseite des Bogens, über den Washington-Statuen - eine im Krieg, eine im Frieden- sieht man das Siegel der USA und das Wappen der Washington-Familie. Über beiden Statuen ist der Leitspruch des ersten Präsidenten eingraviert: EXITUS ACTA PROBAT.

Dieser lateinische Spruch wird für gewöhnlich mit „Der Zweck heiligt die Mittel" übersetzt. Was moralisch gesehen so viel heißt wie „Tötet sie alle, Gott wird die Seinen schon erkennen." Das Wappen der Washington-Familie stammt aus dem 12. Jhdt, doch das Motto wurde von George Washington selbst ergänzt. Was meinte er damit?

Ein Latinist der Fakultät für klassische Philologie an der Columbia University bringt Licht in die Sache. Ein Teil des Problems ist die moderne Auslegung des Wortes „rechtfertigen". „„Rechtfertigen' bedeutet für die Leute sofort, dass es um eine böse Handlung mit gutem Resultat geht," meint er. Im Lateinischen dagegen hat das Wort „probo" diesen Beigeschmack nicht unbedingt. Es wird eher im Sinne von ‚begrüßen' oder ‚billigen' verwendet.

Der Satz taucht zum ersten Mal in den Heroides von Ovid auf (2,85) und bedeutet hier etwa „das Resultat zeugte von der Weisheit der Tat." Er wurde Machiavelli und der Inquisition als Leitspruch nachgesagt und galt seit dem 17. Jhdt als ethisch schwierig. Als Washington ihn gebrauchte, war er zu einer Redensart geworden, die im besten Fall bedeutete: „Die Qualität der Tat spiegelt sich im Ergebnis wider". Wenn Ihnen ein brutalerer Washington lieber ist, werden Sie die Alternativansicht mögen, dass der General die dunkle Seite des Zitats guthieß und er die Revolution als ausreichend edlen Anlass sah, um die vielen Toten, die es dabei geben würde, zu rechtfertigen. So ist das mit Übersetzungen: manchmal bringen sie das eigene Innere zum Vorschein.

Washingtons Wappen enthält ein weiteres erstaunliches Detail, eines von nationaler Bedeutung. Auf dem Stein erkennt man es nicht, doch die drei Sterne über den zwei Streifen sollten rot und weiß sein. Das Motiv gilt als erster Anwärter auf die Idee hinter der amerikanischen Flagge.

DAS DE FOREST HOUSE

Einzigartig in New York

7 East 10th Street
Linien L, 4, 5 und 6 /Union Sq - 14th St; Linien N und R /8th St - NYU

Sogar jene, die das Wort „pittoresk" nicht mögen, müssen zugeben, dass die 10th Street in Greenwich Village es ist und das im Übermaß. Und vielfältig ist sie noch dazu. Der *American Institute of Architects Guide to New York (AIA)* ordnet der Straße mehrere Stileinflüsse zu: neoklassisch, italienisch, neugotisch, gotisch-venezianisch, bayrisch, viktorianisch. Doch das ist nur eine Vorübung für das fünfstöckige Haus östlich der Fifth Avenue. „Einzigartig in New York", steht im AIA, „ist das exotische, unbemalte und kunstvoll geschnitzte Erkerfenster aus Teak-Holz, das die Nr. 7 ziert.

„Einzigartig" hört man nicht oft in dieser Stadt. Wenn Sie sich mit ostindischer Architektur auskennen, wissen Sie, was Sie hier betrachten. Wenn nicht, könnte man meinen, das Haus sei von einem anderen Planeten. Der Balkon besteht zur Gänze aus Holz und ist über und über mit filigranen Schnitzereien bedeckt. Das Dekor beginnt bei der Eingangstür, zieht sich über den gesamten Erker und darüber hinaus. Es setzt sich wie von Zauberhand sogar bis zum angrenzenden Gebäude fort: Ranken, Blätter und Schuppen, Monde, Vögel, Elefanten, Blumen.

Lockwood de Forest, der Mann hinter diesem Wunder, war einer der Gründer der bekannten Inneneinrichtungsfirma Associated Artists (siehe Seite 278). Sein Interesse an ostindischen Schnitzereien war sowohl beruflicher als auch persönlicher Natur. Nach einer Hochzeitsreise auf den Subkontinent 1873, war er von diesem Stil so beeindruckt, dass er in Ahmedabad einen Holzverarbeitungsbetrieb gründete, um handgeschnitzte Objekte für den Export zu erzeugen. 1887, nachdem er die Nr. 7 und die Nr. 9 auf der 10th Street gekauft hatte, ließ er ein simples Backsteingebäude errichten, das er mit diesen einzigartigen Verzierungen versah.

Das Gebäude wurde mittlerweile in mehrere Einheiten unterteilt, doch als die de Forests dort lebten, passte das Interieur zur Fassade: Panele und Paravents aus Holz, exotische Möbel, bunte Wandverzierungen aus Agra Sandstein und blauen Damaskus-Fliesen. Auf der mit Bronze verkleideten Decke tanzten die Lichtreflexionen.

Eines der beeindruckendsten Merkmale des Balkons hat nichts mit Kunsthandwerk oder dem Orienttrend im späten 19. Jhdt zu tun. Es ist etwas, das die Natur erfunden hat. Obwohl der Balkon vor mehr als hundert Jahren geschnitzt wurde, sind die Details gestochen scharf. Teak-Holz, das sehr hart ist, enthält Öle, die es vor Schädlingen und den Elementen schützt.

18 WEST 11TH STREET

Die Bombenfabrik von Weather Underground

Linie L /6th Av; Linien N, Q, R, L, 4, 5 und 6 /Union Sq

Die Reihenhäuser auf der 11th Street von Nr. 14 bis 24 ähneln den anderen Herrenhäusern im Block und sind praktisch identisch - mit einer unübersehbaren Ausnahme. Die Fassade von Nr. 18 springt keilförmig nach vorne, alsob das Haus im Uhrzeigersinn verdreht worden wäre. Dies ist keine Modeerscheinung eines Architekten.

Im Frühling 1970 machte der Eigentümer von Nr. 18, James Wilkerson, Urlaub in St. Kitts. Er wusste nicht, dass seine Tochter Cathlyn das Untergeschoss als Versammlungsort für Weather Underground, eine linksradikale Gruppierung, die aus Studentenprotesten gegen den Vietnamkrieg entstanden war, nutzen würde. Am 6. März stellten Wilkerson und vier andere Weathermen Bomben aus Nägeln und Dynamit her. Kurz vor Mittag wurde die Bombenfabrik selbst zur Bombe. Nr. 18 explodierte.

Wilkerson stolperte nackt aus dem brennenden Haus: die Explosion hatte ihr die Kleider vom Leib gerissen.

Drei weitere Bombenbauer wurden getötet und dermaßen verstümmelt, dass ein Nachbar, der sie später identifizieren sollte (kurioserweise Dustin Hoffman), Mühe hatte zu erkennen, welchen Körperteil er betrachtete.

Das eigentliche Ziel der Bombe war wahrscheinlich die Columbia University. Als James Wilkerson später gefragt wurde, ob er mit seiner Tochter je darüber gesprochen habe, sagte er offenbar: „Niemals," und fügte hinzu: „Sie hat es auch nie angeboten."

Was macht man mit einem zerstörten historischen Reihenhaus? Alles, was man einen machen lässt. Das kantige Design des Hauses, wurde von Architekt Huhg Hardy entworfen, der die Liegenschaft kurz darauf an Nora und David Langworthy verkaufte. Die Langworthys mussten das Denkmalamt von ihrem Bau erst überzeugen. „Hugh brachte vor, dass es sich hier um ein neues Gebäude handelte, nicht um den Umbau eines alten, und so war es dann", sagt Norma. Nr. 18 fällt auch noch aus einem anderen Grund auf: seit 32 Jahre sitzt ein Paddington Bär im Straßenfenster und passt seine Garderobe an die Jahreszeit und das Wetter an. „Das hat nichts mit den Weathermen zu tun", sagt sie. „Mein Mann ist tot, Gott hab ihn selig. Aber er liebte Bären. Wir haben viele verschiedene im Haus."

Nach der Explosion verschwanden Cathlyn Wilkerson und ihre Bombenmacherfreundin Kathy Boudin für zehn Jahre.
Wilkerson saß 1980 eine kurze Gefängnisstrafe ab. Boudin, die auch wegen anderer Verbrechen verurteilt wurde, kam erst 2003 frei.

DIE LETZTE GASLATERNE

Ein Relikt aus dem Zeitalter des Feuers

Patchin Place
Zweigt von der 10th Street zwischen der 3rd und 6th Avenue ab
Linien A, C, E, B, D, F und M /West 4th St; Linien 1, 2 und 3 / 14th St; Linie L/
6th Av

Der Patchin Place, eine Sackgasse mit winzigem Eingangstor, die von der West 10th Street abzweigt, ist von der Stadtentwicklung vergessen worden. Hier sieht es mehr oder weniger wie vor 150 Jahren aus. Am Ende der Straße, vor einer bemalten Ziegelwand, steht ein lebendes Fossil: eine schwarze, schmiedeeiserne Laterne mit Querstrebe (zum Anlehnen einer Leiter) und Kandelaber, den ein Adler ziert. Es ist eine alte Gaslaterne.

Früher war New York voll davon. Jetzt gibt es nur mehr eine.

Die Entwicklung der New Yorker Straßenbeleuchtung spiegelt die Entwicklung der Lichttechnologie gut wieder. Am Anfang flackerten die Straßen im Schein von Fackeln. 1697 befahl der Stadtrat, der „genug von den Unannehmlichkeiten in mondlosen Nächten" hatte, den Bewohnern belebter Straßen, Lampen in die Fenster zu stellen. Kurz vor der Revolution kamen Öllampen auf Holzmasten und Gaslaternen folgten ein halbes Jahrhundert später. Der schmiedeeiserne Laternenmast am Patchin Place - flötenförmig, 2,5 m hoher Mast mit achteckigem Kandelaber - wurde 1860 eingeführt und fand schnell Verbreitung.

Die Herrschaft des Feuers endete 1880 als die Elektrizität die Nacht zu prägen begann: in Form von schwach orangen Natriumdampf-Hochdrucklampen. Zeitgenössische Berichte schildern eindrücklich, welchen Effekt die Elektrizität auf die an Feuer gewöhnte Bevölkerung hatte. 1883 verglich der britische Journalist W.E. Adams das elektrische Licht auf dem Broadway mit dem Mond, Feenlicht und Rauhreif. Er beschrieb die akkuraten Schatten der Äste auf den Gehsteigen. „Das Licht in dieser Weltstadt ist unbeschreiblich", schrieb er, „so sonderbar und doch so schön."

Heute ist die einsame Gaslaterne am Patchin Place mit einer Leuchtstofflampe versehen: eine Mischung aus alt und neu. Moderne Nachbildungen dieser Laternen, die Glühbirnen nutzen, wurden während der letzten Sanierung in der Nähe des Washington Square aufgestellt. „Einfach bezaubernd", meint ein Kritiker, der auf der Lehne einer Bank sitzt und kurz beim Rollen seiner Zigarette innehält, um diesen spöttischen Kommentar loszuwerden. „Ich wohne hier seit meiner Geburt. Dieser Platz hatte Charakter. Aber schauen Sie ihn sich jetzt an."

MARIE'S CRISIS

Pianobar für einen Patrioten

59 Grove Street
212-243-9323
Die Bar ist täglich von 16:30-3 Uhr geöffnet
Linie 1 /Christopher St - Sheridan Sq

Für Thomas Paine gibt es in New York kein Denkmal, nur einen Teil des Foley Square, den niemand je Thomas Paine Park nennt und auch nie nennen wird. Doch es gibt den Ort, an dem er seine letzten Tage verbracht hat und gestorben ist. Nehmen Sie die Linie 1 bis Christopher Street, biegen Sie in die Grove Street und folgen Sie dem Gesang.

Marie's Crisis ist eine kleine, uralte Bar, wo Möchtegernkünstler und alle, die die Nähe zu Alkohol und einem Piano schätzen, zu Broadway- und Popklassikern mitgrölen können. Die Bar war lange in der Gay-Szene beliebt. Mittlerweile hat auch die Musiktheater-Szene hier Einzug gehalten. Hier erinnert man sich an Paine: Der Name der Bar bezieht sich auf sein Pamphlet zum Unabhängigkeitskrieg (The Crisis; „Marie" hieß die erste Besitzerin, Marie Dupont), und sein Porträt sowie ein Zitat zieren eine Bronzetafel draußen an der Wand: „Die ganze Welt ist meine Heimat. Alle Menschen sind meine Brüder. Und der Wille zum Guten ist mein Glaube." Über diese schönen Worte kann man sinnieren, während Freunde und Fremde gemeinsam um ein Piano schunkeln und die Bodendielen mit dem Refrain von „The Age of Aquarius" zum Beben bringen.

Paine wurde in England geboren. Er scheiterte in mehreren Jobs, landete beinahe im Schuldgefängnis, zog in seinen späten Dreißigern nach Amerika, wo ihm das Schicksal gewogen war. Sein Pamphlet *Common Sense* (1776) gilt als das einflussreichste in der Geschichte der Nation. Paine schrieb, das Ziel müsse sein, „die Menschen vor Tyrannei und falschen Systemen zu schützen." Die Kirche zählte er dabei zur zweiten Kategorie, wie sein späteres Werk *The Age of Reason* zeigt, eine vernichtende Analyse der Widersprüche und Unlogik in der Bibel. Amerika war dafür noch nicht bereit.

Zunächst als die Stimme des Volkes verehrt, endete er als Bettler in New York City: betrunken, blank, von der Regierung misstrauisch beäugt und von seinen Freunden im Stich gelassen. Mit Hilfe der Wohlfahrt zog er nach Greenwich Village, damals wirklich ein Dorf und starb dort 1809 im Alter von 72 Jahren. Nur sechs Personen kamen zu seinem Begräbnis.

„Hey, Joe", ruft der Kellner, um sich während „Bohemian Rhapsody" von Queen Gehör zu verschaffen, „wissen wir, wo genau Thomas Paine gestorben ist?" Joe, der Barkeeper, sieht von seinem Sudoku-Rätsel hoch und deutet mit beiden Daumen auf seine Füße, als ob er sagen wollte: „Genau hier." Nach Bar-Legende ist der Bereich neben der Kasse der Ort, an dem sich Paines altes Mietzimmer befand.

DER PALAZZO CHUPI

Ein Palazzo auf einem ehemaligen Pferdestall

360 West 11th Street
palazzochupi.com
Linien 1 und 2 /Christopher St - Sheridan Sq

Würde man den Durchschnitts-New Yorker bitten, seine eigene Wohnung ohne Budgetvorgaben zu entwerfen, würde wahrscheinlich etwas nicht annähernd so Fantastisches wie Julian Schnabels Schuppen im West Village herauskommen. Man liebt oder man hasst ihn, doch der Palazzo Chupi strahlt aus, was man in der Stadt kaum findet: übertriebene Extravaganz.

Man kann Schnabel, der eine Oscar-Nominierung für die Regie von „Schmetterling und Taucherglocke" erhielt und schon davor für seine Gemälde und Skulpturen berühmt war, nicht zum Vorwurf machen, dass er weiß, was er will. Mit dem Palazzo Chupi setzte er im West Village einen riesigen venezianischen Palazzo auf einen ehemaligen Pferdestall und bemalte ihn leuchtend rosa. Dann füllte er das Gebäude mit schönen Dingen: gemeißelte Kamine, marokkanische Fliesen, Holzdecken, unzählige Kunstwerke und einen 12 Meter langen Pool im Keller. Die ausschließliche ästhetische Funktion wurde zum Verkaufsargument. „Jedes Element und Detail in diesem außergewöhnlichen, neuen Gebäude wurde von Mr. Schnabel gestaltet und entworfen", heißt es im Werbevideo des Maklers. Es ist nicht nur eine Wohnung. Es ist ein „Wohnungs-Kunstwerk."

Für viele Nachbarn ist es eher ein optischer Albtraum. Sie hassen die Farbe, sie hassen den Stilbruch und den Namen. „Ich weiß nicht was „Chupi" heißt", gesteht Andrew Berman dem *Villager*, „es sei denn, es bedeutet ‚großes, häßliches Gebäude, das nie gebaut werden hätte sollen'". Berman ist der Direktor der Gesellschaft für Denkmalpflege in Greenwich Village, und sein Streit mit Schnabel geht über Persönliches hinaus: es ist eine Frage des Geschmacks. „Er glaubt, das wäre irgendwie florentinisch oder venezianisch, aber in Wirklichkeit sieht es aus wie ein Malibu-Barbie Haus, das explodiert ist." Auch wenn Berman nicht gewohnt zu sein scheint, vom Leben das zu bekommen, was er gerne hätte, ist er nur einer von Vielen: nach Baubeginn 2005 versammelten sich Demonstranten vor dem Gebäude, um zu protestieren. Schnabel, der den Palazzo zurzeit bewohnt, begegnet der Aufregung mit Selbsbewusstsein. „Grundsätzlich haben die Demonstranten recht", wird er in der *Vanity Fair* zitiert, „aber sie haben nicht recht, was mich und dieses Gebäude angeht."

DER WESTBETH WOHNKOMPLEX ㉑
IN DEN ALTEN BELL LABORATORIES

Eine Künstlerkommune im West Village

55 Pearl Street
212-691-1500
westbeth.org
Linien 1 und 2 /Christopher St - Sheridan Sq; Linien A, C, E und L /8th Av

Wenn Sie Hochbahnen mögen, sollten Sie die Westbeth Residence besuchen, wo Sie der bizarre Anblick von Schienen, die geradewegs durch ein Gebäude verlaufen, erwartet. Dieses Ungetüm, das den gesamten Block zwischen der West, Washington, Bank und Bethune Street einnimmt, besteht eigentlich aus mehreren miteinander verbundenen Bauten. Die Büros, die einst bei jedem vorbeifahrenden Zug ezitterten, gehörten zu den 1898 hier gegründeten Bell Laboratories. Das Labor war bis in die 1960er führend in der Informations- und Kommunikationstechnologie, war Wegbereiter bei Elektronenröhren, Radio, beim Schwarzweiß- und Farbfernsehen, binären Computern und Radar – lieferten zahlreiche Innovationen.

Als die weltweit größte Einrichtung für industrielle Forschung seine Pforten schloss, wurde Westbeth zur größten Künstlerresidenz der Welt. Mit Unterstützung vom J.M. Kaplan Fund und der nationalen Stiftung für die Künste (National Endowment for the Arts), zogen schlecht oder mittelmäßig verdienende Künstler oft mit ihren Familien in die Hunderten Loft-Appartments, für eine Miete, die noch immer einen Bruchteil des Marktpreises im Viertel ausmacht. Damals war das West Village ein raues Pflaster. „Man musste sich Sorgen machen, wenn die Kinder draußen unterwegs waren", sagt Susan Binet, die von Beginn an hier wohnte. „Überall gab es Obdachlose und Dirnen...." Binet, eine Frau mit grauem Haar und wachen, grünen Augen zog hier drei Kinger groß. Eigentlich Künstlerin und Tänzerin, machte sie eine Ausbildung zur Krankenschwester. Jetzt gehört sie zum Verwaltungsrat des Westbeth. „Der Plan war eigentlich, dass wir alle Erfolg haben und weiterziehen sollten. Doch das taten wir nicht. Wir blieben." Wenn Sie auch gerne hier einziehen möchten, vergessen Sie es: die Warteliste mit Wartezeiten von über 10 Jahren, wurde 2007 offiziell geschlossen.

Binets Tochter Lauren spricht über das Westbeth wie über ein schräges Familienmitglied, das alle lieben.

„Die Leute nennen es liebevoll Irrenhaus, weil man sich so leicht verirrt. Auf dem Dach gibte es ein Tanzstudio, es gibt Galerien, die die Kunst der Bewohner ausstellen, Musikstudios im Keller, Töpfer- und Grafikwerkstätten - es ist unglaublich."

Inzwischen bereitet die Westbeth Galerie im Erdgeschoß eine ihrer regulären Ausstellungen vor.

An den Wänden hängen unzählige bunte Blumenstilllleben, die den vornehmen Realismus vergangener Zeiten ausstrahlen. Die betagte Malerin schiebt ihre Gehhilfe über den Boden, nickt und lächelt den Gratulanten zu.

„MONEYBAGS"

Der Boss unter der Erde

U-Bahn-Station 14th St/8th Av, die Treppe, die zum Bahnsteig der Linie L führt

Die „Moneybags"-Figur in der U-Bahnstation 14th Street-Eighth Avenue ist Teil des großen öffentlichen Kunstprojekts Life Underground und wird seit 2001 hier ausgestellt. „Moneybags" ziert das Geländer eines Treppenabsatzes zwischen den Linien A-C-E und L und wenn die Legende stimmt, macht es Sie reich, wenn Sie beim Vorbeigehen an der Figur reiben. Oder Sie treffen zumindest in Zukunft weise Entscheidungen im Hinblick auf Geld. Oder er würzt Ihre Armut mit paradoxer Wunscherfüllung. Oder blamiert Sie nur vor Ihrer Verabredung. Welchen Grund die Leute auch immer haben: „Moneybags" ist immer auf Hochglanz poliert.

Trifft man zum ersten Mal auf Life Underground, kann das etwas irritierend sein. Gerade hastet man noch den Bahnsteig entlang, nur ein weiterer U-Bahnfahrer, der lieber anderswo wäreund plötzlich ist man von surrealen, untersetzten Bronzefiguren umgeben, die zielstrebig ihren Geschäften nachgehen. Tom Otterness, der Schöpfer der Kunstwerke, wollte damit „das Unmögliche am Leben in New York" zeigen. Unmöglich, aber immer am Laufen. Es gibt unzählige Charaktere: Polizisten, Putzfrauen, Familien, Geschäftsmänner, Gentlemen, Gauner sowie rätselhafte Tiere und geheimnisvolle Objekte (Platz eins: eine enorme Glocke mit einer Zunge anstelle eines Klöppels). Das Faszinierende an den Werken ist, wie unerwünscht die Aufmerksamkeit menschlicher Betrachter zu sein scheint. Die Bronzefiguren wollen uns nichts lehren: sie sind viel zu sehr in ihre eigenen Macht-, Autoritäts- und Arbeitsdramen vertieft, um uns überhaupt zu bemerken. Mit Ausnahme von „Moneybags".

Er hat die Hände hinter dem Rücken verschränkt und scheint das hektische Treiben versonnen zu beobachten. Er wirkt zugleich arrogant, bedrohlich, verletzlich, stolz und seltsam liebenswert. Er hat auch ein Vorbild: Seine Figur basiert auf den Zeichnungen des genialen Karikaturisten Thomas Nast vom korrupten Tammany-Anführer William „Boss" Tweed. Tweed veruntreute zig Millionen Dollar an Steuergeld und sein öffentlicher Zwist mit Nast, der die politische Karikatur in Amerika praktisch erfand, sorgte in den 1870ern für hohe Auflagezahlen.

THE "BRAINS"

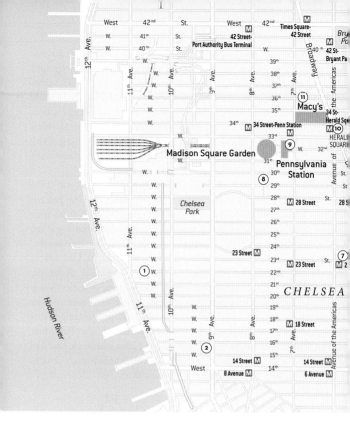

Zwischen der 14th und 42nd Street

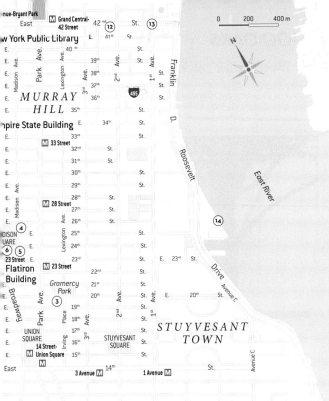

7000 OAKS

Der Wandel allen Lebens auf der 22nd Street

22nd Street zwischen der 10th und 11th Avenue
Linien A, C und E /23rd St

D as Kunstwerk *7000 Oaks* („7000 Eichen") von Joseph Beuys besteht aus Basaltsteinen, die jeweils neben einem neu eingepflanzten Baum aufgestellt wurden und einen ganzen Block in der 22th Street säumen. Das Werk ist mit Absicht dezent, fast geheimnisvoll. Es war Beuys künstlerisches Ziel, eine geistige Resonanz in den Menschen zu erzeugen, die Welt als großen Wald neu zu gestalten. Sein Denken war langfristig: es wurden Setzlinge gepflanzt, doch der Künstler meinte, sie würden „in 300 Jahren ein starkes sichtbares Ergebnis" liefern.

Die Bäume und Steine säumen beide Straßenseiten. Sie wurden nicht von Beuys selbst dort platziert: *7000 Oaks*, das erst nach seinem Tod installiert wurde, ist eine Fortsetzung eines ambitionierteren Projekts mit demselben Namen in der deutschen Stadt Kassel. Den 1. Baum pflanzte der Künstler dort 1982, den 7000. pflanzte sein Sohn Wenzel fünf Jahre später. Die meisten der Bäume sind Eichen, die Beuys besonders mochte („sie haben etwas von einer Skulptur, sind quasi ein Symbol für diesen Planeten"), doch es gibt auch Kastanien, Ginkgos, Eschen, Ahorn- und Walnussbäume. Jeder Baum erhielt eine rätselhafte Kennzeichnung: einen etwa ein Meter hohen Basaltstein. Basalt entsteht in Vulkanen und kann spontan eine Säulenform annehmen, die manchmal verblüffend regelmäßig ist, wie „perfekte, wunderschöne Orgelpfeifen", meinte Beuys. Jede Pflanzung ist ein Ereignis, das für die sich wandelnde Beziehung zwischen Ökologie, Gesellschaft und dem Leben im Allgemeinen steht. Der Baum wächst. Der Stein kann, wenn überhaupt, aufgrund der Witterung nur kleiner werden. Die Beziehung zwischen Baum und Stein entwickelt sich also ständig weiter und der Wandel ist das eigentliche Thema des Werks.

Diese Interpretation ist für die Bewohner Chelseas vielleicht nicht ganz offensichtlich.

Ein einprägsamer Aspekt von *7000 Oaks* ist, dass man es nicht in einen Rahmen stecken, sammeln oder verkaufen kann. Die Dia Art Foundation, die das Projekt in Kassel finanzierte, begann 1988 mit dieser Erweiterung auf der 22nd Street, wo sie ihren Hauptsitz hat. Heute ist das Werk ein prägender Bestandteil des Viertels.

DIE ALTE NABISCO-FABRIK

Der Geburtsort der Oreo-Kekse

75 Ninth Avenue
Linien A, C und E /14th St; Linie L /8th Av

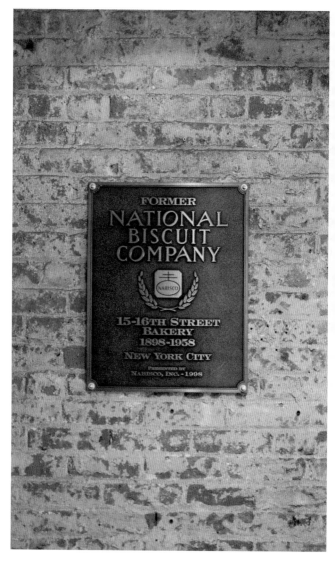

Das große Industriegebäude auf der Ninth Avenue, in dem sich der Chelsea Market befindet, war früher eine Fabrik.

Was hier produziert wurde? Ein kleiner Tipp: 2002 benannte man die 15th Street auf Höhe der Ninth Avenue in Oreo Way um. Anlass war der 90. Jahrestag der Erfindung Amerikas beliebtester Kekse.

Das Gebäude wurde 1898 für die Industriebäckereien eines Konzerns errichtet, der National Biscuit Company - kurz Nabisco. Ihr erster Erfolg war Barnum's Animal Crackers, doch die 1912 erfundenen Oreos sollten auf der ganzen Welt zum Hit werden. Ihr unglaublicher Erfolg (bis jetzt 490 Milliarden verkaufte Kekse) wird ihrer „Interaktiviät" zugeschrieben. Jeder ist sie auf seine eigene Art - sie werden getunkt, eingeweicht, abgedreht, gebrochen und ein paar Freaks kratzen die Cremefüllung mit ihren Zähnen herunter und werfen den Schokoladenkeks weg. Wenn es Sie interessiert: über 490 Milliarden Oreos ergeben etwa 35 Billionen Kalorien und noch viel mehr, wenn man jene mit doppelter Füllung dazuzählt. Das reicht um alle Menschen in Norwegen zehn Jahre lang – ohne Vitamine zu ernähren.

Heute werden Oreos auf der ganzen Welt hergestellt, doch bis 1958 passierte das in der Ninth Avenue.

Mit seinen vielen Einwohnern und dem unschlagbaren Zusammenspiel von Herstellung und Vertrieb, brachte New York unzählige Food-Innovationen hervor. Hier sind ein paar davon.

Le Tootsie Roll: Der arme Österreicher Leo Hirshfield begann in den 1890ern in Brooklyn mit der Produktion handgemachter Bonbons. Er vertraute auf die simple Formel: Kaubonbon + Schokolade = jede Menge Geld und nannte die Bonbons nach seiner Tochter Clara, alias „Tootsie."

Häagen-Dazs Eis: Das Branding der von den polnischen Einwanderern Reuben und Rose Mattus in der Bronx erfundenen, überaus üppigen Eiscreme ist genial. Der Name, weder polnisch noch dänisch, ungarisch oder Ähnliches, ist ein Wortsalat: Reuben dachte ihn sich am Küchentisch aus.

Graham Crackers: Das in New Jersey optimierte Rezept dieser „verdauungsfördernden Kekse" hatte erst Erfolg, als ihr Erfinder, Reverend Sylvester Graham, sie Gästen seiner Pension in der Greenwich Street in Manhattan vorsetzte.

Jujubes: Diese Bonbons, mit der Konsistenz von zähem Teer, sind ein Segen für die Zahnärzte, seit sie der deutsche Immigrant Henry Heide 1920 in New York herzustellen begann. Heide produzierte auch Jujyfruits, Red Hot Dollars und 11 Kinder.

DAS PLAYERS

Wo Hamlet lebte und starb

16 Gramercy Park South
theplayersnyc.org
Führungen nach telefonischer Anmeldung: 212-475-6116
Linien 4, 6, N und R /23rd St; Linien 4, 5, 6, N, Q, R und L / Union Sq

Im Gramercy Park steht eine Bronzestatue von Edwin Booth, dem berühmtesten Shakespeare-Darsteller New Yorks.

Um sie zu sehen, muss man jemanden mit einem Schlüssel kennen, durch den Eisenzaun spähen, oder darüberklettern. Der Gramercy ist Manhattans einziger Privatpark. Doch es gibt einen besseren Weg, mehr über den Schauspieler zu erfahren: eine Führung im The Players, dem nahegelegenen und von Booth gegründeten Herrenclub.

„Im 19. Jhdt. dachte man bei Hamlet sofort an Edwin Booth," sagt der Bibliothekar des Players Ray Wemmlinger. „Und bei Edwin Booth dachte man sofort an Hamlet." Heute denkt man bei Edwin Booth an den Bruder von John Wilkes Booth, den Mörder Abraham Lincolns (siehe Seite 114). Diese dramatische Verbindung ist einer der seltsamsten Aspekte der Tragödie. John Wilkes war Schauspieler, so wie seine Brüder Junius und Edwin. John Wilkes erschoss den Präsident in einem Theater und nach dem Mord sprang er auf die Bühne und rief die Worte: *"Sic semper tyrannis!"* ("So immer den Tyrannen.")

Doch Edwin war so hoch angesehen, dass seine Karriere das Verbrechen seines verrückten Bruders überlebte. Der Respekt vor Edwin war so groß, dass er zu einer besseren Stellung der Schauspieler im Allgemeinen beitrug. „1888 versammelte Booth eine Gruppe von Herren, die sich nicht nur im Theater, sondern auch in anderen Berufen einen Namen gemacht hatten," sagt Wemmlinger. „Diese Männer waren die Gründer des Players."

So half Booth dabei, die Schauspieler vom Ruf der „Gauner und Vagabunden" zu befreien und schuf gleichzeitig so etwas wie Amerikas einziges Theatermuseum. Im Untergeschoss des The Players gibt es elegante Salons und oben findet man die landesweit beste Sammlung an Dramen, Tagebüchern, Briefen, Regieanweisungen und Kabinettfotos. Hier befindet sich auch das praktisch originale Schlafzimmer, in dem Edwin Booth lebte (und starb).

Eine Fundgrube an Erinnerungsstücken: ein Schwert aus *Macbeth*, ein Lederbeutel aus dem *Kaufmann von Venedig*, sogar der echte, menschliche Schädel, den der Schauspieler als Hamlet benutzte. „Jeder, der eine enge Beziehung zum Theater hat, ist von diesem Zimmer unglaublich beeindruckt," meint Wemminger und untertreibt dabei.

Booth hatte drei Hamlet-Schädel - alle echt. Jener im Players gehörte einst, im engsten Sinne, einem verurteilten Pferdedieb.

Die Booth Brüder traten nur einmal gemeinsam auf, in Julius Caesar. Die Vorstellung war eine Spendenaktion für die Shakespeare-Statue im Central Park (siehe Seite 248).

DAS HOLOCAUST-MAHNMAHL AM BERUFUNGSGERICHT

④

Das Tor zur Hölle am Madison Square

New Yorker Berufungsgericht
27 Madison Avenue
Linien N und R /23rd St

Obwohl 11 Meter hoch und mit eingravierten Flammen bedeckt, bleibt dieses Holocaust-Mahnmal an der Westseite des Berufungsgerichts meist unbemerkt. Die Tarnung ist in vielerlei Hinsicht beabsichtigt. Der von Harriet Feigenbaum, der Urheberin des Denkmals, ausgewählte Marmor, sollte sich in die Architektur einfügen. Sie meinte auch, dass das starke Thema keine Symbolik brauchte, sondern harte, einfache Fakten. Diesem Denkmal muss man sich nähern und es lesen, um es zu verstehen.

Der Fokus des Werks liegt auf einem laut Feigenbaum „in Stein gemeißelten Foto". Während sie die Fotosammlung der Zentrale der New York Public Library durchging, stieß sie auf eine Luftaufnahme von Auschwitz, die während eines Bombenangriffs der Alliierten am 25. August 1944 aufgenommen worden war – fünf ganze Monate bevor Auschwitz schließlich befreit wurde. „Ich sah das Bild und wusste sofort – das ist es", erzählt sie.

Sie war verblüfft von der kalten Präzision, der distanzierten Vogelperspektive gegenüber der Grausamkeit. Die Inschrift für die Skulptur, war schon vom Denkmalausschuss festgelegt worden: *Gleichgültigkeit gegenüber Unrecht ist das Tor zur Hölle.* Das Foto unterstreicht nicht so sehr das Unrecht gegenüber den in Nazi-Konzentrationslagern getöteten 11 Millionen Menschen, als die Folgen des nicht Einhaltgebietens. Feigenbaum verbrachte sechs Monate in Italien, verfeinerte ihre Schnitztechnik und wählte den Marmor für das Steinfoto und die darüberliegende hohe Säule aus. Verstärkt wird das Thema durch die Flammen auf der Säule, die Richtung Gerichtsgebäude züngeln – den Sitz der Gerechtigkeit – und drohen, es zu verschlingen.

Das Mahnmal wurde im Mai 1990 enthüllt. Interessant ist, dass der ehemalige Senator und Präsidentschaftskandidat von 1972 George McGovern zwölf Jahre später öffentlich zum Versäumnis der Amerikaner die Bahngleise und Gaskammern von Auschwitz zu bombardieren Stellung nahm. Über deren Schrecken wussten die Alliierten von Geflüchteten. Dieses Versäumnis betraf McGovern direkt: er war im Krieg Pilot der Air Force und bombardierte Ziele, die nur 8 km vom Lager entfernt waren. „Gott möge uns diese tragische Fehlkalkulation vergeben," sagte er.

DER METROPOLITAN LIFE TOWER

Die Venedig-Connection

1 Madison Avenue
Linien N und R /23rd St

Es gibt eine nachhaltige, doch kaum bekannte Verbindung zwischen Manhattan und Venedig. Beides sind Inselstädte, mit Korridoren als Straßen und dicht gedrängten Gebäuden, die sich eher nach oben als nach außen ausdehnen. Sowohl in Venedig als auch in Manhattan gibt es ein Guggenheim Museum und eine Harry's Bar (hier heißt es Harry Cipriani und ist, wie der Besitzer beider Lokale versichert, „eine beinahe exakte Kopie des Originals"). Gondeln, mit Gondolieres in Strohhüten und Streifen, gleiten schon immer zwischen den Ruderbooten auf dem See im Central Park dahin. Vor kurzem hat Künstler Julian Schnabel mit dem Bau seines grell rosafarbenen Palazzos mitten in Greenwich Village diese Verbindung noch vertieft (siehe Seite 140).

Der sichtbarste Hinweis auf Venedig in New York ist der elegante Metropolitan Life Tower. Mit seinen 50 Stockwerken auf dem Madison Square war das Gebäude bei seiner Fertigstellung 1909 das höchste der Welt. Hochhäuser steckten noch in den Kinderschuhen. Das zeigt die schwammige Sprache in einem Artikel der *Times*, der den Bau des Turms ankündigte. „Es wird sich über 150 Meter in die Lüfte erheben," verspricht der Schreiber und „über Büros sowie Aufzüge verfügen, die bis ganz nach oben fahren."

Die Architekten Napoleon Le Brun & Son ließen sich von bestehenden Türmen inspirieren. Letztendlich wurde der Campanile am Markusplatz von Venedig als Vorbild für den MetLife gewählt. Ebenfalls das höchste Gebäude seiner Stadt, thronte der Campanile hunderte Jahre über der venezianischen Lagune, bis er 1902 spektakulär in sich zusammenstürzte. Originalgetreu während der folgenden zehn Jahre wiederaufgebaut, thront der Campanile nun wieder. Hier ist die Verbrüderung von New York und Venedig nicht nur eine symbolische: Konturen und Proportionen sind gleich, Venedigs Campanile und sein New Yorker Ebenbild wurden zur selben Zeit erbaut.

Doch warum suchte man in der verstaubten Vergangenheit nach Bau Ideen, vor allem bei einsturzgefährdeten Türmen? „Bei einem Gebäude dieser Art ist für die Architekten nicht nur die Bautechnik ein Problem," erklärt der alte *Times*-Artikel. „Es ist nicht leicht, vor allem bei einer quadratischen Grundfläche, so ein Gebäude nicht wie eine große, aufgestellte Schuhschachtel aussehen zu lassen."

DAS ROSCOE CONKLING-DENKMAL

Der große Schneesturm von 1888

Madison Square Park, südliches Ende
nycgovparks.org
Linien N und R /23rd St

Das südlichste Denkmal im Madison Square Park ist ein Muster an Einfachheit: ein Mann aus Bronze, der mit seinem rechten Arm eine vage Bewegung macht. Darunter steht ROSCOE CONKLING, ein nicht sehr geläufiger Name. Als US-Kongressmitglied und Senator leitete er die Republikanische Partei während der Grant-Präsidentschaft. Heute erinnert man sich weniger an seine Leistungen als an seinen skurrilen Tod. Conkling kämpfte 1888 vergebens gegen den großen Schneesturm.

Der Schneesturm ist der berühmteste in der Geschichte Amerikas. In der Nacht des 11. März legte sich eine Kaltfront über die verregnete Stadt. Aus dem Regen wurden Graupel und dann Schneeböen, die an Gebäuden rüttelten und Fenster zerbersten ließen. Am Montag fuhren keine Züge mehr nach und aus New York. Roscoe Conkling brach, so wie immer, von einer Wohnung auf der 29th Street auf zu seinem Büro in der Wall Street.

Das Wetter spielte verrückt: „Eine Million Furien schienen sich in der Luft zu tummeln," berichtete der *Herald*. Fußgänger wurden umgeworfen und gegen Gebäude geschleudert. Die Sun schrieb: „Der Wind war stärker, dann wieder schwächer, bäumte sich auf, verlief im Zickzack und spielte mit allem, was er bewegen, forttragen oder an dem er rütteln konnte, ein Spiel der Verwüstung." Die Schneeverwehungen waren teilweise 9 Meter hoch. Das erwartete den 58-jährigen Conkling, der den ganzen Tag allein in seinem Büro verbracht hatte, als er schließlich seinen Mantel zuknöpfte und wieder nach Norden Richtung New York Club auf der 25th Street eilte. Der Politiker schleppte sich die heulenden Straßen entlang bis zum Union Square, wo er plötzlich geblendet  wurde und die Orientierung verlor. Er brauchte eine Stunde, um den Norden zu finden und sich einen Weg durch den Schnee zu bahnen. Schließlich erreichte er die Schwelle des Clubs, wo er prompt zusammenbrach. Conkling erholte sich nicht mehr und starb ein Monat später an einer Lungenentzündung. Freunde finanzierten seine Statue von John Quincy Adams Ward. Eigentlich sollte sie am Union Square stehen, doch die Park Commissioners hielten Madison für angebrachter. Das Denkmal steht seit 1893 hier.

IN DER UMGEBUNG

Den Worth Square, der Keil zwischen Broadway und Fifth Avenue, ziert ein Obelisk für General William J. Worth. Dass ein Denkmal gleichzeitig als Grabstein dient, ist in New York sehr selten: Worth wurde hier nicht nur verewigt: er liegt hier.

DIE FREIMAURER-GROẞLOGE

Ein sehr offener Geheimbund

71 West 23rd Street
212-337-6602
nymasons.org
Kostenlose öffentliche Führungen Montag bis Samstag 10:30 - 14:15 Uhr
Linien F und M / 23rd St; Linien N und R / 23rd St – Broadway

Die Großloge von New York war einst die größte Freimaurerloge der Welt. 1782 gegründet (die Freimaurerei im kolonialen Amerika geht noch weiter zurück), ist ihr aktueller Standort erstaunlicherweise ein 19-stöckiges Gebäude auf der belebten 23rd Street.

So viele große Persönlichkeiten waren Freimaurer, dass dem Bund nachgesagt wird, die Weltherrschaft übernehmen zu wollen, was sie entgegenkommender als die meisten Einrichtungen macht. Im 14. Stock befindet sich die Bibliothek der Freimaurer. Neben einem Modell des salomonischen Tempels (wesentlich für die Zeremonien der Loge) sowie Büsten und Portraits berühmter Freimaurer (14 US-Präsidenten, auch George Washington) besitzt die Bibliothek eine schöne Kopie des *Processus Contra Templarios*, eine Aufzeichnung der Templerprozesse im Vatikan im 14. Jhdt. Es gibt keinen Beweis für die Verbindung zwischen den Rittern und den Freimaurern, doch „Wir haben die Prozesse hier, weil so viele Leute daran glauben.", sagt der Direktor Thomas Savini. Es ist als wäre Gottes Finger im Naturkundemuseum ausgestellt. Savini ist klug genug, um sich nicht von den Spinnern ärgern zu lassen. „Es kommen alle möglichen Leute," sagt er.

„Es kommen Leute, die denken, wir wollen die Weltherrschaft übernehmen und wissen wollen, wo der Schatz ist.

Solange sie mit den Büchern vorsichtig umgehen und sich an unsere Hausordnung halten, sind sie herzlich willkommen." Die Bibliothek ist ein wertvolles Gut: über 60.000 Bücher, eine der weltweit größten Sammlungen an Freimaurerschriften.

Um die New Yorker Freimaurer noch besser kennenzulernen, sollten sie die Logen in den unteren Etagen besichtigen. Die Führung ist äußerst – wie manche misstrauisch sagen würden – offen für Besucher. Kurz, nachdem man der Hektik der 23rd Street entkommen ist, befindet man sich in einem der hohen, plüschigen Zeremoniensäle - dem ionischen Saal, dem Renaissance Saal - und hört den abgedroschenen Witzen des Guides zu. Die Räume , die in den 1980ern neu eingerichtet wurden, strahlen eine Pracht aus, die etwas beliebig wirkt, vor allem deshalb, weil alle, abgesehen von den für die Epochen typischen Details, genau gleich aussehen. Der Grundtenor scheint folgender zu sein: „Freimaurer sind in keinster Weise bedrohlich!" Die meisten Räume kann man besichtigen, doch das lässt einen bestimmten Besuchertyp nur noch stärker vermuten, dass sich hinter den versperrten Türen dunkle, mit Opferblut besudelte Räume verbergen.

DIE STEINFÜCHSE
UND DER PELZHANDEL

Wächter, außer Dienst

242 West 30th Street
Linie 1 bis 28th Street

27. Juli 1933: drei Männer betraten die 242 West 30th Street, fuhren in den 10. Stock, gingen zu den Büros und zogen ihre Pistolen. Sie trieben den Buchhalter und die Eigentümer in eine große Fabrikhalle, wo mehrere Arbeiter Fuchspelze zuschnitten. Zwei Männer fesselten die Angestellten, während der dritte, der „etwas von Pelzen zu verstehen schien," die besten Stücke in Kartons packte. Die Diebe nahmen den Lastenaufzug nach unten und flohen mit Pelzen im Wert von 15.000 Dollar.

21. November 1935: zwei Kredithaie, Samuel Mintz und Maxwell „Kitty" Nathan, wurden wegen des Betreibens von Kreditgeschäften ohne Lizenz verurteilt. Sie spezialisierten sich auf das Pelzgewerbe und das mit Erfolg. Pro Monat verdienten sie bis zu 100.000 Dollar. Die zwei waren schwer zu belangen, da Mintz bei den Kürschnern sehr beliebt war. Einer von ihnen, Joseph Fund, gab die Aufnahme von drei 100 Dollar Krediten zu 5 Prozent Zinsen zu. Er arbeitete bei der Knickerbocker Fur Company, in der 242 West 30th Street.

22. Februar 1936: eine Frau kam auf der West 30th Street an der Nummer 242 vorbei und wurde fast von einem großen Objekt getötet, das neben ihr am Gehsteig aufschlug. Das Objekt war Andrew Turkchensky, 39, der „entweder aus dem 6. Stock in den Tod fiel oder sprang." Er war Pelzarbeiter und arbeitete in dem Gebäude.

31. Dezember 1936: Im Büro der Kürschnerei Cutler & Ostrowsky im 6. Stock der Nr. 242 feierte man Silvester. Vier Banditen sperrten die feiernden Arbeiter in einen Lagerraum, bevor sie den Schauraum nach „Nerzmänteln und persischen Lammfellen" im Wert von über 10.000 Dollar durchsuchten.

Sehen Sie den roten Faden? Innerhalb weniger Jahre passierten all diese Vorfälle im selben Gebäude. Über alle berichtete die *New York Times*. Banditen, Tragödien, Unfälle, Gangster, Bewaffnete: es ist nur ein kleiner Einblick in das wilde Pelzgeschäft, das in den 1920ern und 30ern das Viertel prägte. Das 1927 erbaute Gebäude 242 West 30th zieren zwei ernste und symbolhafte Steinfüchse, zu Ehren der vielen Tiere, die hier aufgrund ihres Fells ausgebeutet wurden. Die Füchse waren, wie man sieht, lausige Aufpasser.

Ein schrägeres Architekturrelikt des Pelzhandels findet man einen Block weiter südlich in der 214 West 29th, wo steingnome Eichhörnchen und Pelze mit einer fast anstößigen Begierde liebkosen.

DIE ADLER VOR
DER ALTEN PENN STATION

Man kam in die Stadt wie ein Gott

7th Avenue auf Höhe der West 33rd und West 31st Street
Linien 1, 2 und 3 /34th St - Penn Station

Zwei 3 Tonnen schwere Marmoradler stehen auf der Seventh Avenue vor der Penn Station, einer an der 33rd und einer an der 31st Street.

Sie krallen sich mit breiter Brust und gespreizten Flügeln an ihre Granitsockel und starren verwirrt auf den vorbeiziehenden Verkehr. Wirken die Adler etwas fehl am Platz, dann deshalb, weil sie zwar am richtigen Ort, aber in der falschen Zeit sind. Früher Teil der majestätischen Fassade der geliebten, alten Penn Station, sind sie jetzt vor der verhassten, neuen gestrandet und ihre Anwesenheit ist mehr Affront als Würdigung. Architekten und Historiker sprechen über die alte Penn Station wie über einen ermordeten Verwandten. „Wie traurig, dass so viele Amerikaner nie wissen werden, wie es war, zum ersten Mal in New York zu sein und an der Penn Station anzukommen," meinte der Historiker David McCullough in der Dokumentation *New York*. Die Wartehalle war der größte Innenraum der Stadt, mit Kassettendecken und korinthischen Säulen im Stil der römischen Caracalla Thermen. Davor erhob sich ein 11 Meter hoher Säulengang. Eingänge gab es auf allen vier Seiten – ein Novum für einen Bahnhof – und über jedem hing eine große, in Stein gefasste Uhr, flankiert von den Allegorien für Tag und Nacht. Bei der Fertigstellung 1910, dachten die Architekten McKim Mead & White, sie hätten einen Stadttempel für die Ewigkeit erbaut. Die alte Penn Station stand nur 53 Jahre. Flugzeuge und Autobahnen läuteten das Ende des Bahnzeitalters ein. 1962 kündigte die der Betriebskosten überdrüssige Pennsylvania Railroad an, die Beaux-Arts Kostbarkeit abreißen und durch den Madison Square Garden ersetzen zu wollen, der an seinen guten Tagen wie eine sowjetische Urananreicherungsanlage aussieht. Die Bahn wurde in ein unterirdisches Labyrinth am selben Standort verbannt. Vincent Scully, Professor an der Yale University, fasst zusammen: „Man kam in die Stadt wie ein Gott. Jetzt huscht man wie eine Ratte herein."

Es dauerte mehr als drei Jahre, um die Unmengen an Granit und Travertin abzureißen. Die Arbeiten des Bildhauers Adolph Weinman - Kapitele, Engel, Allegorien - wurden in einem Sumpf in New Jersey deponiert. Keine Tafel erklärt die Geschichte der Adler, die heute auf die Seventh Avenue starren, und befragt man auf dem Areal der Penn Station Sicherheitsleute, Hotel- und Büroangestellte, freundliche Betrunkene oder Ticketverkäufer, zeigt sich, dass niemand sie jemals bemerkt hat.

DIE UHR AM HERALD SQUARE

Hier herrscht Minerva, die Göttin der Weisheit

An der Kreuzung 6th Avenue, 34th Street und Broadway
Linien B, D, F und M /34th St - Herald Sq; Linien 1, 2 und 3 / 34th St - Penn Station

Lange Zeit war der dreieckige Herald Square eine der betriebsamsten Kreuzungen Manhattans.. Heute nehmen sich nur Wenige die Zeit, einem Relikt aus seinen Tagen als Zeitungszentrale zuzuhören: dem Läuten der mechanischen Uhr. Uhren, die zur Unterhaltung dienen, gibt es nur wenige in New York. Und mechanische Uhren auf Straßenniveau sind überall eine Seltenheit. Nicht ohne Grund: sobald die bronzenen Hämmer auf die Glocke schlagen, stieben Tauben davon und Gespräche stocken.

Die Uhr sollte eigentlich nicht so tief stehen: früher beherrschte sie den Platz von der Spitze des New York Herald-Gebäudes aus. Die muskulöse Schmiede aus Bronze (nur Show: die Glocke hat einen eigenen Schlagmechanismus) haben Namen: Stuff und Guff. Hinter ihnen steht die Göttin Minerva, mit Schild und Speer. Ihr Haustier, die Eule Glaucus (siehe Seite 298) sitzt auf dem Scheitel der Glocke. Üblicherweise steht Minerva für Weisheit, doch das ist nicht die Eigenschaft die Historikern als erstes zum Herald einfällt. „Gerissen" trifft es besser. Die von James Gordon Bennett 1835 gegründete Zeitung war anspruchslos und reißerisch: Bennett meinte, eine Zeitung müsse den Leser wachrütteln. Misst man Erfolg in Verkaufszahlen, dann hatte er recht: Mitte des 19. Jhdt. war der Herald das meistgelesene Blatt der USA und vielleicht der Welt.

Die Uhr am Herald Square ertönte von 1895 bis 1921 vom Zeitungsgebäude. 1940 wurde sie an ihrem heutigen Standort angebracht, als Teil eines Verschönerungsversuches nach dem Abriss der Hochbahn. „Die Sixth Avenue wurde von der rußenden und ratternden Bürde der Hochbahn erlöst", steht in einem euphorischen Artikel der *Times*, der die neue Regelung ankündigt. „Minerva, Göttin der Weisheit, die über die Glocke wacht, wird zum Herald Square zurückkehren."

Über den Platz verstreut gibt es weitere Eulen. Zwei neben dem Aufsatz, in dem sich die Uhr befindet, erschrecken mit ihren Augen, die von Zeit zu Zeit grün aufleuchten, die Passanten.

Die Uhr ist auch ein Denkmal für James Gordon Bennett selbst. Sein Prinzipen treuer Rivale, Tribune-Herausgeber Horyce Greeley war mit zwei Statuen erfolgreicher: eine steht auf dem Greeley Square, südlich der Uhr und eine bei der City Hall.

URBANE FOSSILIEN

Mauern voller uralter Kreaturen

New York ist ein Hot Spot für Fossilien. Das Museum of Natural History besitzt eine der weltweit größten Sammlungen. Wer die Natur bevorzugt, kann an den Stadtstränden im angeschwemmten Geröll selbst Fossilien suchen. Und noch ein dritter, sehr großstädtischer Weg, lässt einen Blick in die Urgeschichte zu: die Suche nach längst toten

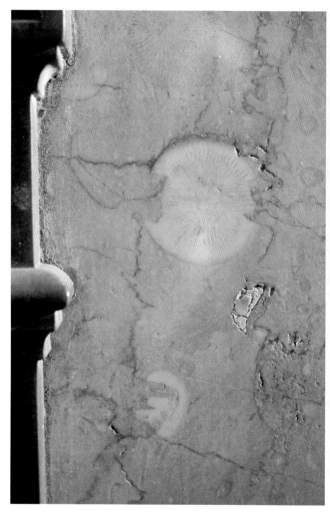

Tieren, eistam im Stein der Gebäude – zufällige Schaustücke, die bei den Bauarbeiten nicht auffielen. Fossilien in der Architektur haben einen besonderen Charme: das Gebäude ist nur ein öffentlicher Raum, bis Sie es mit scharfem Blick und einer Portion Neugier zu einem Museum machen.

Macy's

Der Stein, der die Säulen im Untergeschoß umgibt, ist dem oben beschriebenen sehr ähnlich. Bei den Handtaschen findet man die besten Fossilien. Die leicht zu beeindruckende Dame neben Ihnen, überlegt 1.000 Dollar für eine Louis Vuiton auszugeben und Sie untersuchen Meerestiere, die lebten, bevor es auf der Erde Landtiere, Blätter oder Insekten gab.

Tiffany's

Der rote Kalkstein, der die Schaufenster umrahmt, enthält unzählige Seelilien, pflanzenartige, mit dem Seestern verwandte Tiere. Durch das architektonische Gestein, wird deutlich, wie die Stadt Material aus der ganzen Welt aufgenommen hat: dieser Stein entstand vor etwa 100 Millionen Jahren dort, wo später Spanien liegen sollte.

Saks Fifth Avenue

Der Stein der Gesimse hat den schönen Namen „Sainte Genevieve goldgeaderter Marmor", kommt aber aus Missouri. Er ist mit devonischen Korallen übersät (Foto), die vor 360 Millionen Jahren lebten.

Rockefeller Center

Vielleicht der erstaunlichste Fossilienfund. Der Indiana-Kalkstein, der die gesamte Fassade des hohen G.E. Buildings, sowie aller anderen Gebäude in diesem Komplex ziert, wurde schön rau belassen: man sieht noch immer die Schleif- und Sägespuren. Aus der Entfernung ist es nur Stein. Tritt man näher heran, entdeckt man Reste winziger Lebewesen: hunderte verschiedene Arten, die sich auf dem Boden des tropischen Meeres absetzten, das einst den Mittelwesten bedeckte. (Auch die Fassaden des Empire State Building und des Metropolitan Museum of Art bestehen aus diesem Stein).

Der Sockel der Nadel der Kleopatra, Central Park

Für den Geologen des American Museum of Natural History, Sidney Horenstein, auf dessen faszinierender Arbeit dieser Eintrag basiert, ist der weiße Kalkstein unter dem ägyptischen Obelisken ein „massives Fossil". Jeder Zentimeter ist mit kreisrunden Nummuliten durchsetzt (lateinisch für „Münze"). Es gibt hier einen thematischen Bezug: die Pyramiden von Gizeh sind aus demselben Material.

DIE LOBBY DES DAILY NEWS BUILDING

Ein 2 Tonnen schwerer Globus im Zentrum der Welt

220 East 42nd Street
Linien 4, 5, 6, 7 und S /Grand Central - 42nd St

D ie großen Art Deco-Gebäude der Stadt haben etwas Heldenhaftes an sich, das seither schwer zu finden ist. Das Rockefeller Center, das Empire State, das Chrysler. Sie besitzen so etwas wie ungenierte Größe. Hier reiht sich auch ein Gebäude ein, das weniger besucht ist, aber eine Attraktion aufzuweisen hat, die dem Mindset der 1930er entspricht: das Daily News Building und die gigantische 1,8 Tonnen schwere Weltkugel in seiner Lobby. Der Globus ist im Boden versenkt und von unten durch Milchglasstufen beleuchtet. Er vermittelt den Eindruck ruhiger, ungezwungener Kraft: sollte die leuchtende Kugel eine geheimnisvolle Energie ausstrahlen, die das gesamte Gebäude durchdringt, wäre das nicht überraschend. Auf dem polierten Messing- und Terrazzo-Boden rund um das Objekt breiten sich dunkle Zacken wie die Windpfeile auf einer alten Kompassrose aus. Darüber schwebt eine Kuppel aus eckigen, schwarzen Glaspanelen. Die Adresse war von 1929 bis 1995 die Zentrale der Daily News und dem Idealismus Paroli zu bieten, gehört zur Hektik und zum Rummel einer großen internationalen Zeitung. Falls jemand es nicht verstanden hat: aus Messing im Boden eingelassen sind Ortsnamen, gefolgt von einer Zahl: Johannesburg: 7988, Bermuda: 768 - die Entfernung von New York, dem Zentrum der Welt, in Meilen. Doch auch andere hier verewigte Fakten sollen den Geist erweitern: „Wenn die Sonne SO GROSS wie dieser GLOBUS wäre," steht hier, „wäre die ERDE so groß wie eine WALNUSS und würde sich am Haupteingang der Grand Central Station befinden." Im Sinne derselben kosmischen Präzision wurde der riesige Planet mit unglaublichem Aufwand in der richtigen Erdneigung montiert. Und er bewegt sich. Stetig, wie eine tickende Uhr, dreht sich die Kugel ein paar Grad um ihre Achse. Vernon, der Mann hinter dem Lobbyschalter arbeite schon lange neben dem Erdball, scheint aber noch immer davon beeindruckt. „Wenn Sie ganz nah herangehen, werden Sie sehen, dass er handbemalt ist. Hier hat man keine Mätzchen gemacht, wie sonst überall," er macht eine Handbewegung, um die Modernisierung allgemein in Zweifel zu ziehen. „Jemand hat das tatsächlich *bemalt*."

Die Zeitung von Superman

Superman-Fans werden das Dailiy News Building als Kulisse für den Daily Planet erkennen, die Zeitung von Clark Kent und Lois Lane im Richard Donner Film aus 1978. Das Daily Planet Building erscheint zum ersten Mal 1942 in Cartoons von DC Comic: vielleicht inspiriert vom Paramount Building am Times Square mit seiner Erdkugel.

SONNENWENDE IN MANHATTAN ⑬

Wenn das Sonnensystem sich mit dem Straßenraster deckt

Zu sehen in jeder Querstraße des Rasters oberhalb der 14th Street, für gewöhnlich am 28. Mai und 12. Juli

Laut dem Commissioners Plan von 1811 sollten der Straßenraster der natürlichen Neigung Manhattans folgen. Die Insel weicht 29° vom Lot ab, etwas, das New Yorker oft erstaunt, wenn sie nach den U-Bahn- und Stadtplänen, die sich am Raster orientieren, Manhattan auf einer Karte sehen, auf der New York nicht das Zentrum des Universums ist. Es ist eine der Ironien dieser Stadt, dass das so streng von den Himmelsrichtungen vorgegebene Straßennetz dann doch derart daneben liegt.

22 Tage vor und nach der Sommersonnwende (normal am 21. Juni), werden die New Yorker auf wunderbare Weise daran erinnert, dass Manhattan nur ein Punkt auf einer sich rund um einen Stern drehenden Kugel ist, die auf ihrer Umlaufbahn feststeckt. An diesen Tagen geht die Sonne in einer Linie mit den Querstraßen unter. Das Ereignis wird *Manhattanhenge* genannt und spielt auf alte Mysterien an. Doch ein Teil der Schönheit ist das fehlende Konzept – oder besser die Tatsache, dass das Sonnensystem sich scheinbar ein Konzept zu eigen macht, das zu einen anderen Zweck entworfen wurde. Überall gibt es Sonnenuntergänge und Straßen, doch nur New York ist eine Inselstadt aus genau vermessenen Schluchten und riesigen Gebäuden.

Das Spektakel, das in jeder Querstraße zu sehen ist, wirkt vor der Kulisse riesiger Gebäude am beeindruckendsten. Aktuell ist die 42nd Street am beliebtesten. Und man muss bis an den Ostrand der Insel gehen, um die volle Wirkung der Sonne im Nadelöhr zu erleben. Die Tudor City Bridge, die sich über die 42nd Street spannt, ist der einzige Ort, an dem man freie Sicht hat und nicht dem Verkehr ausweichen muss.

Gegen 20 Uhr hat sich eine kleine, aber motivierte Gruppe hier versammelt. „Es geht los," sagt jemand, als die Sonne von links in den glitzernden Korridor schwenkt und das Fleckchen Himmel, das bereits Orange geleuchtet hat, plötzlich in Gold taucht. Auf der Brücke zwitschern die Kameras, während sich die Sonne, seltsam vergrößert, in der Lücke zentimeterweise nach unten bewegt. Dann ist sie weg: der Himmel verblasst von Pfirsich bis Violett, wo er auf die verschwommene Silhouette von New Jersey trifft. Weiter unten krächzt ein Polizeiauto einer Gruppe, die in die letzten Farbstreifen blinzelt, entgegen: „Runter von der Straße!"

Auch im Winter gibt es ein *Manhattanhenge*, doch umgekehrt: vor und nach der Wintersonnwende (normal am 21. Dezember), geht die Sonne am östlichen Ende der Querstraßen auf.

DAS BRISTOL BASIN

Solange es Menschen gibt, die an die Freiheit glauben

Waterside Plaza, Waterside
FDR Drive auf Höhe der 25th Street
Überqueren Sie die Fußgängerbrücke über dem Drive und gehen Sie dann links hinauf, um zur Plaza innerhalb des Appartementkomplexes zu gelangen.
Linien N, Q, R, W bis 23rd St; Linien 4 und 6 bis 28th St; Linie L bis 1st Avenue

Es gibt in der Stadt Plätze mit einer starken Verbindung zu fernen Orten. Ein in Schweden erbautes Holzhaus steht seit 1877 im Central Park. Das islamische Kulturzentrum auf der Upper East Side, steht schräg zum Raster, damit es nach Mekka schaut. Im Battery Park hat das irische Hungerdenkmal (siehe Seite 28) - mit irischen Pflanzen und Steinen - quasi ein Fleckchen Eire in die Großstadt gebracht. Auf der anderen Seite des FDR Drive auf Höhe der 25th Street gibt es einen ganzen Wohnkomplex, der auf ausländischem Boden steht. Im Guide des American Institute of Architects wird dies folgendermaßen beschrieben: „Braune Türme, wie behauene Blöcke, auf einer Plattform in eine Einbuchtung des East River gebaut." Man erfährt nicht, worauf die Plattform steht. Die Antwort: Bristol, England.

Wie es dazu kam, ist eine traurige, aber beeindruckende Geschichte. Dieser Teil der Waterfront wurde während des Zweiten Weltkriegs weiterentwickelt. Die auslaufenden Schiffe, vollbeladen mit Lebensmitteln und Material zur Versorgung der Briten, waren auf der Rückfahrt zu leicht. So wurden sie in England mit dem Schutt zerbombter Städte gefüllt. Den Schutt sieht man nicht (die Waterside Plaza sollte genau über dem Fluss eine Terrasse bilden), doch es gibt eine schwer entzifferbare Tafel aus dem Jahr 1942, die die Geschichte mit glühenden Worten erzählt.

„Unter dem East River Drive in New York City liegen Steine, Ziegel und Schutt der zerbombten Stadt Bristol in England. Als Ballast aus Übersee hierhergebracht, sollen diese Trümmer, die einst Wohnhäuser waren, solange es Menschen gibt, die an die Freiheit glauben, als Zeugen für die Entschlossenheit und Tapferkeit des britischen Volkes dienen. Sie mussten zusehen, wie ihre Häuser ohne Vorwarnung zerstört wurden. Nicht ihre Mauern, sondern ihr Mut ließen sie frei sein."

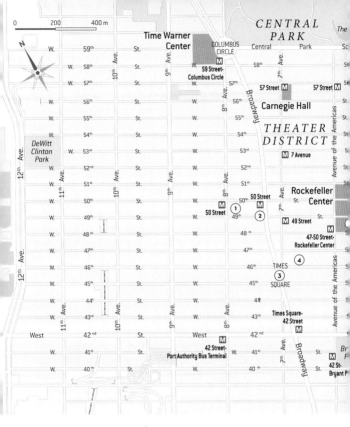

Zwischen 42nd und 59th Street

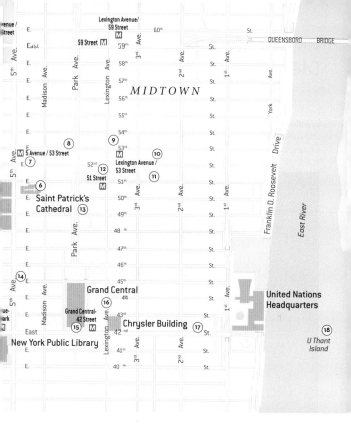

ST. MALACHY'S,
DIE SCHAUSPIELERKAPELLE

Die Broadway-Kirche

239 West 49th Street
212-489-1340 - actorschapel.org
Linien A, C, E, 1 und 2 /50th St; Linien N, Q und R /49th St; Linien B, D und E /7th Av

Schauspieler, die für den Durchbruch am Broadway oder ganz allgemein beten, werden sich freuen, dass es in New York einen dafür vorgesehenen Ort gibt. St. Malachy's auf der 49th Street - nur einen Steinwurf von mehreren großen Broadway-Theatern entfernt - galt lange Zeit als „Schauspielerkapelle".

Der Heilige Malachy war kein Schauspieler, nur ein einfacher Erzbischof im 12. Jhdt. Die den Theaterkünsten gewidmete Kapelle hat einen eigenen Raum: Holzbögen umrahmen eine hell beleuchtete Nische und kreieren eine Art Miniatur-Bühne mit fünf gemalten Porträts. Links befindet sich Dina Bélanger, Schutzpatronin der Konzertpianisten. Bevor sie Nonne wurde, studierte Bélanger am New Yorker Musikkonservatorium. Neben ihr hängt die Heilige Cecilia, Schutzpatronin der Musiker. Rechts davon der Heilige Vitus, Schutzpatron der Tänzer und Fra Angelico, ein Maler der Frührenaissance, der sich auf religiöse Themen konzentrierte. In der Mitte der Kapelle, hängt der Star der Show, der in seinem massiven Goldrahmen recht klein wirkt: Der Heilige Genesius, Schutzpatron der Schauspieler.

Seine Geschichte ist bizarr genug, um wahr zu sein. Er war ein beliebter heidnischer Schauspieler unter dem römischen Kaiser Diocletian, der unglaublich gerne Christen abschlachtete. Der Schauspieler kam mit dem frühen Christentum in Berührung, als er für eine Rolle in einem Stück, das Christus und seine Anhänger verspottete, undercover recherchierte. Während einer Vorstellung, bei der Diocletian zugegen war, verschmolz er so sehr mit seiner Rolle, dass er spontan konvertierte. „Als die Taufsprüche gesprochen wurden und das Wasser seinen Kopf benetzte, erkannte der Schauspieler seinen Glauben", schrieb der National Catholic Register. Dafür erhielt er die strengste aller Kritiken: Folter und Enthauptung.

Alles schön und gut, aber St. Malachy's wird vor allem aufgrund der Öffnungszeiten zu einem Ort für Schauspieler. Die Kirche bietet an Wochenenden Gottesdienste an, die den seltsamen Arbeitszeiten der Broadway-Leute entgegenkommen. Etwa eine Messe nach der Samstagsvorstellung um 23Uhr für Schauspieler und Bühnenarbeiter, die, nachdem der Vorhang gefallen ist, hierherkommen.

DAS BRILL BUILDING

Tragische Kehrtwende auf dem Times Square

1619 Broadway auf Höhe 49th Street
Linien 1, 2, A und C /50th St; Linien N, Q und R /49th St

Rund um den Time Square ist alles in ein ständig blinkendes buntes Licht getaucht: dass hinter all dem Glanz auch noch beeindruckende Gebäude warten, ist eher Nebensache. Im relativen Dunkel des oberen Broadway-Endes auf Höhe der 49th Street steht ein großartiges Bauwerk: das Brill Building. Es besitzt als einziges hier eine Art Deco Fassade und einen sonderbaren Zusatz: über dem Eingang und noch eindrucksvoller, zehn Etagen über der Straße, findet man große, lebensechte Porträts eines jungen Mannes mit leerem Blick. Sollte sich jemand schon einmal gefragt haben, warum Porträts nicht öfter an Gebäuden zu sehen sind, dann deshalb: es sieht seltsam aus.

Der junge Mann ist Alan E. Lefcourt, Sohn des Bauherrn. Eigentlich sollte es Alan E. Lefcourt Building heißen. Doch aufgrund einer tragischen Kehrtwende kam alles anders. Alans Vater, Abraham Lefcourt, begann als Schuhputzer und arbeitete sich, in echter Weltstadt-Manier, an die Spitze eines Immobilien-Imperiums hoch. Seinen einzigen Sohn liebte er abgöttisch. An seinem 13. Geburtstag schenkte er ihm einen Wolkenkratzer und benannte das Gebäude auf der 49th nach ihm. Den Namen sollte man bald auf der ganzen Welt kennen: 1929 errichtet, als Lefcourt etwa 100 Millionen Dollar besaß, war das Times Square Gebäude auf dem Papier das höchste der Welt. Dann starb Lefcourts Sohn innerhalb weniger Jahre an Anämie. Der Börsenmarkt brach zusammen, das Gebäude wurde verkleinert, Investoren reichten Klage ein, das Imperium zerbröckelte und Lefcourt selbst starb, vielleicht von eigener Hand. Die Brill Brüder, die die Liegenschaft vermieteten, kündigten den Pachtvertrag und ließen ihren eigenen Namen anbringen. Das Brill Building sollte zu einem Grundpfeiler der amerikanischen Musikindustrie werden.

IN DER UMGEBUNG
Big Apple Corner

Fünf Blocks weiter nördlich, auf Höhe der 54th Street, befindet sich das vielleicht einzige Denkmal zu Ehren eines Beinamens. Die Kreuzung heißt offiziell Big Apple Corner. Der Ursprung des Beinamens „Big Apple" für New York ist nicht ganz klar, doch scheint er aus der afroamerikanischen Kultur der 1930er zu stammen. Big Apple war der Name eines beliebten Jazzclubs in Harlem. Dort aufzutreten, bedeutete den Durchbruch. Der Ausdruck wurde auch von afroamerikanischen Stallburschen auf der Rennstrecke verwendet, wo der Sportkolumnist John FitzGerald ihn aufschnappte und ihn in der Presse populär machte. Der Big Apple Corner liegt in der Nähe des Hotels, in dem FitzGerald lebte und auch starb.

TIMES SQUARE

„Die Leute sind nicht aufmerksam genug"

Südwestliche Ecke 46th Street und Seventh Avenue, auf der Verkehrsinsel östlich des Broadways
Linien 1, 2, 3, 7, N, R, Q, S, W /42nd Street - Times Square; Linie 1 50th Street;
Linien N, R und W /49th Street

E s hört sich wie eine Art Außerirdischer an," lächelt John und blickt mit Staunen auf seine Füße. John kommt aus Ghana und trägt die rote Jacke der Straßenverkäufer, die Tickets für die Tourbusse verkaufen. Am Times Square kennt er sich aus und er arbeitet „täglich, den ganzen Tag" an derselben Ecke. Er neigt seinen Kopf, um durch den Tumult eines der weltweit meistbesuchten Orte besser zu hören. Aus den umliegenden Straßen erklingt das Rattern der Autos und LKWs, die Lüftungskanäle des Gebäudes gegenüber stöhnen und die unzähligen Touristen plappern in tausend verschiedenen Sprachen. Doch nur John bemerkt, dass, genau hier, von unten kommend, ein deutliches aber überirdisches Brummen unaufhörlich anschwillt.

Diese Klanginstallation, mit dem einfachen Namen *Times Square*, ist das Werk des Künstlers Max Neumann und singt hier seit 1977. Was hier singt, ist allerdings unklar. Wenn man sich zum Metallgitter am Boden hinunterbeugt und durchblickt, sieht man bloß schmutzige Querträger und den zu erwartenden urbanen Abfall: Papierfetzen, Flaschendeckel, die eine oder andere Münze. Es scheint, als ob die Straße selbst singen würde und klingt wie eine große Glocke, ein paar Sekunden nach dem sie geschlagen hat. Und obwohl er sich nicht groß verändert, überlagern sich in diesem Klang viele verschiedene Töne: ein Wrumm, das die ständige Bereitschaft zum Aufbruch andeutet.

„Es klingt wie ein Glockenspiel", sagt Guy, der kurz davor mit gesenktem Kopf über die Verkehrsinsel geeilt ist, wie alle New Yorker, die den Times Square überqueren müssen. „Es ist cool, lange Zeit in einer Stadt zu leben und doch immer wieder Neues zu entdecken. Wie auf einer Schatzkarte." Was möchte der Klang uns sagen? „Vielleicht, dass die Leute nicht aufmerksam genug sind."

Oder das überall irgendwo ist. Dieses Kunstwerk hisst eine kuriose Flagge an einer unscheinbaren Ecke, an der es Ablenkung in Hülle und Fülle gibt. Bemerkt man es, wird man eindrucksvoll an die eigene Anwesenheit im Hier und Jetzt erinnert.

DIE KIRCHE ST. MARY THE VIRGIN ④

Die überraschendste Kirche der Stadt

145 West 46th Street
212.869.5830 - stmvirgin.org
Linien N, Q, R, 7 und S /Times Sq

rgendwann landet jeder auf dem Times Square. Es ist unvermeidbar.
Bevor Sie aufgrund der unheilvollen Mischung aus Menschenmassen,

visueller Tyrranei und Firmenschildern verzweifeln, begeben Sie sich auf der 46th Street zur verblüffendsten Kirche der Stadt. Freunde, die sie später hierher bringen, werden staunen. Die schon von außen schöne *Church of Saint Mary the Virgin* ist eine gotische Kirche aus dem 19. Jhdt. mit einem unglaublichen Innenraum. Wie diese dunkle Höhle der Baukunst, deren Glasfenster bernsteinfarbenes Licht ins Innere lassen, hierher passt, ist ein Rätsel. „Du hast das Rockefeller auf der einen Seite," sagt Stefan, der Wachmann, „den Times Square auf der anderen und rundherum die ganzen Theater." Die Leute, die hier vorbeikommen, machen auf sprachloser Einheimischer. „Alle sind überrascht, dieses Juwel inmitten des ganzen Trubels zu finden."

Am beeindruckendsten ist sie von der 47th Straße aus, wo der Eingang nur eine Kalksteineinfassung in einer gelben Ziegelmauer ist. Man ist umgeben von einem Café, einer Parkgarage, einem Diner, einem mediterranen Restaurant und der Tristesse des News Corporation Building auf der Sixth Avenue. Schon auf dem Gehsteig spürt man die kühle Luft der dunklen Kirche und riecht den Weihrauch. Tritt man durch das Tor, steht man schnell vor einem großen Pfeiler in der Apsis. Wenn Sie sich fragen, wie das hohe Schiff konstruiert wurde, gehen Sie weiter zu den Seitenkapellen, wo sich die Kirche so weit emporhebt, dass es alles, was Sie über Physik gelernt haben in den Schatten stellt.

Es gibt noch eine zusätzliche Attraktion. Das Gebäude erstaunt nicht nur, es ist auch ein Vorreiter (in echter New York-Manier): St. Mary the Virgin ist die erste Kirche der Welt mit einem Stahlskelett. Wenn Sie Glück haben, macht der freundliche Archivar Dick Leitsch mit Ihnen eine Führung durch das Untergeschoß. „Das war die erste Kirche dieser Art, daher wussten sie nicht, wie viel Eisen sie brauchen. Sie haben es etwas übertrieben," lacht er und betätigt einen Lichtschalter um ein Labyrinth aus Stahlträgern zu enthüllen. „Einstürzen kann sie zumindest nicht."

AUKTIONEN BEI CHRISTIE'S

Die öffentlich zugängliche Welt der Sammler

Christie's New York
20 Rockefeller Plaza
212.636.2000
christies.com/locations/salesrooms/new-york
Linien B, D, F und M /47-50 Streets - Rockefeller Centre

Christie's in New York kennen die meisten als Marktplatz für alles, was schön und selten ist. Kaum jemand weiß, dass die Auktionen öffentlich zugänglich sind. Ob Sie ein betuchter Sammler sind oder nicht: es gibt mehrere gute Gründe, hinzugehen. Da wären die Exponate, die an sich schon sehr interessant sind. Und dann die Leute, die danach jagen, die sie begehren und von ihnen besessen sind – und schließlich auch dafür kämpfen, sie zu besitzen. Außerdem legt Christie's die bittere Wahrheit offen, dass Kunst und Geschäft zwei Seiten derselben Medaille sind: „unbezahlbar" definiert man hier über den entsprechenden Dollarbetrag. Was unter den Hammer kommt, wird zuerst in Schauräumen ausgestellt, mit dem Ausrufungspreis auf dem Rufzettel. Doch man weiß nie, was etwas wirklich kostet, bis der Staub sich legt. Sehen Sie im Kalender nach, suchen Sie ein Gebiet, das Sie interessiert – seltene Weine, chinesisches Porzellan, Postimpressionisten – und genießen Sie das Schauspiel in all seinen Formen: teils Galerie, teils Boxring.

„Fünfundsiebzigtausend", sagt der Auktionator. „Ein wirklich außergewöhnliches Gemälde! „Fünfundsiebzigtausend", wiederholt er „Und jetzt achtundsiebzigtausend - Danke Sir! Achtzigtausend?" Der Auktionsraum ist schlicht: graue Wände, Stuhlreihen mit einem Gang in der Mitte. Große Monitore zeigen auf der einen Seite ein Bild des begehrten Objekts und auf der anderen den steigenden Betrag in Dollar. Darunter klettern andere wichtigen Weltwährungen nach oben. Diese Zahlen haben eine hypnotische Wirkung: hier regiert das menschliche Chaos, behutsam vom Auktionator gesteigert, dessen gut einstudierter Auftritt eine Attraktion für sich ist. In der einen Hand hält er einen Stift, in der anderen einen kleinen Hammer und wenn die Gebote ins Stocken geraten, lehnt er sich eifrig nach vorne und lugt über seine Brille: freundschaftlich und respekteinflößend zugleich. Er legt seine Hände aneinander wie zum Gebet. „Sind Sie sicher?", fragt er. „Sebastian?", spricht er einen der Telefonbieter an, die an der Wand aufstellung genommen haben. „Online-Bieter," sagt er und schaut nach oben, wo eine Kamera den Auktionsraum mit der ganzen Welt verbindet, „Sind Sie sicher? Letzte Chance!" Dann sinken die Hände: der Hammer fällt und alle Eventualitäten verpuffen. Der finale Betrag auf dem Bildschirm wird zum Schicksal.

Als wir später den Christie's Auktionator James Hastie fragen, wie es dort oben denn so sei, sagt er: „Im Grunde ist es sehr befriedigend und unterhaltsam. Man darf aber nie vergessen: Hier geht es um große Geldsummen! Und wenn man die Leute mag, richtig in Gang kommt und einen vollen Saal hat, ist es eine sehr schöne Erfahrung."

DAS SCHWEIN VON ST. PATRICK'S ⑥

Komisch und wenig furchterregend

Marienkapelle der Saint Patrick's Cathedral (Fassade)
Ecke Madison Avenue und 51st Street
212-753-2261
saintpatrickscathedral.org
Linien E und M /5th Av-53rd St; Linien B, D, F und M /Rockefeller Ctr; Linien
4 und 6 /51st St

Auf die Frage, ob die Kathedrale interessante Geheimnisse habe, schütteln die Damen am Empfang von St. Patrick's den Kopf. „Nein", sagt Eileen. „Nein", sagt Marianne. Doch dann deutet sie zum hinteren Ende der Kirche. „Es sei denn, Sie möchten das Schwein sehen?".

Das „Schwein" ist ein Steindämon, der an der Fassade der Marienkapelle, am hinteren Kathedralenende, emporklettert. Über Jahre war die Skulptur ein Insider-Witz unter den Priestern von St. Patrick's, die aus ihren Wohnungen im 2. Stock des angrenzenden Parrhauses eine gute Aussicht darauf haben. Sie ist das erste, was sie am Morgen sehen, wenn sie aus dem Fenster schauen und niemand kennt ihre Bedeutung.

Fünf Minuten später zeigt Marianne auf die Skulpur, während der Verkehr auf der Madison Avenue vorbeirauscht. Die Figur sieht einem Schwein nicht sehr ähnlich. Oder irgendeinem anderen irdischen Wesen: es ist ein Monster mit Stummelarmen, das sich an den Fensterbögen hochzieht, mit drei Zehen an den Füßen, einem Kugelbauch und kammbesetztem Hals, der in einem Spalt des Mauerwerks verschwindet.

„Jemand dachte, es wäre ein Nilpferd," sagt Monsignor Ritchie. Er und Vater Joe haben sich ans offene Fenster des Pfarrhauses über dem Gehsteig gestellt, ihre Füße etwa auf Augenhöhe. Die beiden wohnen dort. „Bischof Sullivan meinte, es hätte einen Entenfuß." Sie sagen, dass das Schwein keine besondere Rolle im Priesteralltag spielt, sondern nur der Belustigung dient. „Aber wenn ich anderen die Kathedrale zeige, ermuntere ich sie, hier nach oben zu schauen," sagt Vater Joe. Niemand hat es je bemerkt. Es ist eine dieser kleinen Kuriositäten."

Ungeheuer sind langjährige Gefährten von Kirchen. Einige sind Besucher aus der Hölle. Haben die Priester je daran gedacht, dass der eigentliche Zweck nicht scherzhafter Natur sein und das Schwein dort oben ein finsteres Vorhaben verfolgen könnte? „Spaßig," sagen Vater Joe und Monsignor Ritchie gleichzeitig und lächeln während sie nicken.

Sie haben recht. Die Marienkapelle wurde später und nicht von Chefarchitekt James Renwick, sondern von Charles T. Mathews erbaut. Einer alten Broschüre zufolge lebte Mathews einige Zeit in Frankreich und entwickelte „eine Vorliebe für Wasserspeier." Ursprünglich plante er hässliche Fratzen, doch die Treuhänder verlangten, „etwas Komisches und weniger Furchterregendes". Die Wasserspeier wurden 1940 aufgrund ihrer Instabilität entfernt. Das in seiner Ecke versteckte „Schwein" ließ man in Ruhe.

DAS ÖSTERREICHISCHE KULTURFORUM

⑦

24 Stockwerke hoch und nur 8 Meter breit

11 East 52nd Street
212-319-5300 - acfny.org
Führungen jeden Mittwoch um 16 Uhr
Linien E und M /5th Av-53rd St

Die Straßen von Manhattan bergen, was das Design betrifft, viele Chancen und Herausforderungen. Einer der Vorzüge dieser Stadt ist es zu sehen, wie kluge Menschen die starre Einteilung der Straßen und Blocks in Kunst verwandelt haben. Das österreichische Kulturforum auf der 52nd Street hat ein seltenes Kunststück geschafft: der 24-stöckige Turm in der Mitte eines Blocks ist nur 8 Meter breit. Es gibt Stadthäuser, die breiter sind. Tatsächlich befand sich die ehemalige Zentrale der Institution in einem *brownstone* Stadthaus an derselben Adresse. Die Lösung machte Raimund Abraham, den in Österreich geborenen Architekten des Gebäudes, zum Star und brachte den Kritiker und Historiker Kenneth Frampton dazu, das Forum als „bedeutendstes Stück moderner Architektur in Manhattan seit dem Seagram Building und dem Guggenheim Museum," zu bezeichnen. Es ist seltsam, dass praktisch niemand, der nicht entweder Österreicher ist oder im Architekturbereich arbeitet, es kennt.

„Es kommen viele Studenten von Raimund Abraham", sagt der Mann hinter dem Schalter. „Aber nur wenige Passanten." Man muss hineingehen, denn dort findet die Magie statt. Die straßenseitige Fassade aus Glas, Stahl und Aluminium suggeriert eine Maske oder Maschine (der Architekt nannte es „eine Mischung zwischen *Blade Runner* und einer Figur der Osterinsel") doch im Inneren ist es behaglich, sogar geräumig, mit viel hellem Holz und klaren Linien.

Einige von Abrahams großartigsten Ideen verstecken sich hier. Ein großer Teil der Fläche wurde einer (vorgeschriebenen) Notfallstiege geopfert, die sich über die gesamte Höhe zieht, sich aber auf die rückwärtige Gebäudeseite beschränkt und den vorderen Bereich komplett offenlässt. Während der Führung, verweilen wir im Konzertsaal (es finden hier über 150 Film- und Musikevents jährlich statt), um zu würdigen, wie gut die Akustikpanele zum hellen Holz der Stühle passen und dass die Größe (etwa 75 Stühle) einen Rekord an kultureller Intimität darstellt. „Das Bösendorfer Klavier wurde in Österreich hergestellt," sagt unser Begleiter. Normalerweise sind die Verzierungen goldfarben, doch für uns wurde eine Sonderanfertigung in Silber gemacht, die zur Einrichtung passt. Klavier? „Einen Moment," sagt er und drückt einen Knopf an der Wand: sofort ertönt ein Warnsignal, als sich ein Rechteck aus der Decke löst und langsam Richtung Boden schwebt. Es handelt sich um ein unsichtbares, in der Decke integriertes Klavierfach. „Der Teil gefällt den Leuten", lächelt er.

DIE LEVER HOUSE PLAZA

Große Kunst für Otto Normalverbraucher

390 Park Avenue
212-421-7027
Montag bis Freitag 7-19 Uhr, Samstag 7-13 Uhr
Linien E und M /5th Av-53rd St

D as Lever House war schon immer ein Wahrzeichen: es ist das erste Hochhaus mit einer „Vorhangfassade", bei der die äußere Hülle an einer tragenden Struktur im Inneren hängt. Seit kurzem ist das Gebäude aus einem anderen Grund bekannt: als unerwartetes zeitgenössisches Kunstmuseum.

1950-52 erbaut, war das Gebäude zuerst die Zentrale des britischen Waschmittelherstellers Lever Brothers. Wegen dieser 24-stöckigen Glasfront waren Vorhangfassaden plötzlich der letzte Schrei: innerhalb von zehn Jahren glänzte der Abschnitt der Park Avenue zwischen Grand Central und 59th Street. Seit 1982 denkmalgeschützt und von der Immobiliengesellschaft RHR Holding renoviert, sieht das Lever House heute so aus wie vor einem halben Jahrhundert. Mit einem Unterschied: die Plaza davor zieren nun große bis riesige Skulpturen und Installationen prominenter Künstler.

Das ist Richard Marshall zu verdanken, einem Freund der Eigentümer und seit zwanzig Jahren Kurator des Whitney Museums. Zuerst plante die RHR Holding eine kommerzielle Nutzung des Platzes, doch der Denkmalschutz schränkte die Möglichkeiten ein. Marshall warb für eine Nutzung als ständig wechselnde Ausstellungsfläche, wo Künstler auf der Plaza große Skulpturen präsentieren konnten, ergänzt durch Werke verschiedenster Art in der verglasten Lobby. Jetzt gehört das Projekt zur Strategie des Lever House.

Große Skulpturen von (unter anderem) Damien Hirst, Keith Harring und Jeff Koons wurden hier ausgestellt. Künstler finden es reizvoll, ihre Werke in einem Stadtteil auszustellen, den niemand jemals als trendy bezeichnen würde und der RHR Holding bringt es Prestige. Doch eigentlich ist es ein öffentlicher Service. „Galerien stellen aus, um etwas zu verkaufen und Museen verlangen Eintritt", bemerkt Marshall. „Wir machen keines von beiden. Wir verkaufen nichts. Wir verlangen nichts. Und wir haben jeden Tag geöffnet." Auf die Frage, ob die Kunst für die Büroangestellten nicht ein bisschen heftig sei (so ist z.B. Hirsts 10 Meter hohe Bronze-Skulptur *Virgin Mother* eine schwangere Frau, deren Haut auf einer Körperhälfte abgezogen ist) antwortet Marshall: „Ich bekomme sowohl Beschwerden als auch Lob."

Gegenüber auf der Park Avenue 375 steht ein weiteres Sinnbild funktionalistischer Architektur: Mies van der Rohes 38-stöckiges Seagram Building, das fünf Jahre nach dem Lever House errichtet wurde.

DAS GEHEIMNIS
DES CITIGROUP CENTERS

Der Wolkenkratzer, der umfallen hätte können

601 Lexington Avenue
Linien E und M /53rd Av - Lexington; Linien 4 und 6 /51st St

Der Citigroup Turm bewahrte fast zwei Jahrzehnte lang ein Konstruktionsgeheimnis. Anstatt sich des für Wolkenkratzer üblichen Käfigsytems zu bedienen, steht das 59-stöckige Gebäude dank vier riesiger Säulen in der Mitte der einzelnen Fassaden. Die optische Wirkung ist verblüffend: der Wolkenkratzer scheint zu schweben. Doch das ist nicht das Geheimnis. Nach der Errichtung 1977 zeigte sich, dass starker Wind das gesamte Ding zum Einsturz bringen konnte. Die Geschichte jagt jenen, die in der Gegend leben oder arbeiten noch immer einen Schauer über den Rücken.

Die Gefahr schwante dem brillanten Statiker des Turms, William LeMessurier, als ihn ein neugieriger Student zum Verhalten des Citigroup Centers bei starkem schräg oder im 45° Winkel einfallendem Wind befragte. LeMessurier fand die Frage interessant genug, um sie zum Thema einer Statik-Klasse zu machen. Langsam kristallisierte sich aus den Berechnungen eine Schwachstelle heraus: die Konstrukiton war für geschweißte Verbindungen geeignet, aber nicht für die Bolzenverbindungen des Turms. LeMessurier stellte fest, dass das Ganze bei seltenen, aber nicht unmöglichen Hurricane-Bedingungen und Windböen von 112 km/h in einer gewaltigen Katastrophe enden konnte.

Rasch - und in der Nacht - erfolgte die Umrüstung. Zwei Monate lang leuchtete das Gebäude im Schein der Schweißarbeiten. Die Flammen waren so hell, dass LeMessurier sie bei seinem Anflug auf La Guardia von seinem Flugzeugfenster aus sehen konnte. „Niemand weiß, was hier passiert, aber wir wissen es und sehen, wie es den Himmel erleuchtet", sagte er zu seiner Frau. Die Maßnahme blieb bis1995 ein Geheimnis, als ein Artikel im New Yorker allen Beteiligten gratulierte. „Die Krisensituation am Citigroup Center [...] brachte Helden hervor, aber keine Bösewichte", heißt es hier. Die Alternative wäre ein unter einem Wolkenkratzer komplett begrabenes Stadtviertel.

Einige Büroarbeiter im Gebäude kennen die Geschichte und obwohl sie sich sicher fühlen, achten sie genauer als sonst auf den Wind, der bedrohlich am Gebäude zerrt. „Wenn er wirklich stark weht, kann man spüren, wie der Aufzug am sich bewegenden Gebäude entlangschrammt", sagt ein Mann, der im 52. Stock arbeitet. Doch man gewöhnt sich daran. Aber da ist eine Sache..." Bei böigem Wind schwingt die Tür seines Büros manchmal auf. Nicht aufgrund der Zugluft (die Fenster sind versiegelt): es ist das gesamte Gebäude, das leicht nach vorne kippt.

DIE BIBLIOTHEK DER THEOSOPHISCHEN GEMEINSCHAFT ⑩

Das okkulte Zentrum von New York City

240 East 53rd Street
212-753-3835
theosophy-ny.org
Bibliothek geöffnet Montag, Mittwoch und Freitag 11-18 Uhr
Linien E und M / Lexington - 53rd Str; Linien 4 und 6 /51st St

Die 53rd Street ist zwischen Third und Second Avenue etwas schmuddelig. Ein paar billige Restaurants (Thai, italienisch, spanisch, chinesisch, indisch), ein Rahmengeschäft, ein Friseur, ein nicht ugendfreier DVD-Laden. Auf der Südseite, dazwischen verborgen, liegt ein beiges Reihenhaus - oben Bibliothek, unten Buchhandlung - das eine Art okkultes Zentrum von New York ist - die Zentrale der theosophischen Geschellschaft. Erklärtes Ziel der Gesellschaft ist es, „zeitlose Weisheit" zu bewahren und zu verwirklichen. Sie wurde 1875 von einer der kuriosesten Persönlichkeiten in der Geschichte der Stadt gegründet. Helena Blavatsky – Autorin, Reisende, Musikerin, Mystikerin – begab sich auf eine spirituelle Suche schon ein Jahrhundert, bevor man den Begriff New Age in den Mund nahm. Sie hörte Stimmen und wurde von Visionen geleitet und wenn sie nicht eine reiche Adelige gewesen wäre, hätte man sie wahrscheinlich weggesperrt. Als Teenager provozierte sie in England einen Skandal, als sie im Herrensitz auf ihrem Pferd ritt. Genau wie bei Ihrer Hochzeit mit einem russischen General: als man im Gelöbnis zum Wort „gehorchen" kam, soll sie errötend gemurmelt haben „Ganz sicher nicht." Stattdessen verschwand sie und tauschte das traute Heim gegen die ganze Welt, überlebte die Explosion eines Passagierschiffs auf dem Weg nach Ägypten, kämpfte in den italienischen Unabhängigkeitskriegen und überquerte die Rocky Mountains in einem Planwagen. Sie lebte in New York, wo sie auf der West 47th Street spiritistische Abende abhielt, die als „Die Lamasery" bekannt wurden. Später ließ sie sich in Indien nieder. Im Reihenhaus auf der 53rd hängt ein Poster von Blavatsky im schmalen Treppenhaus, das von der

Weihrauch-vernebelten Buchhandlung in die Bibliothek der theosopischen Gesellschaft führt. Es ist ein bekanntes Bild: das Kinn ruht in ihrer offenen Hand, ein Blick, so tief, dass er bis in die 5. Dimension reicht. Die Bibliothek besteht nur aus einem Raum, doch ihr Inhalt missachtet die Vorstellung von „Raum": Es gibt Abteilungen für Philosophie, Wiedergeburt, Tod, Bewusstsein, Ketzer, Meditation, Mystizismus. Jeder darf hier lesen und auf die erste Seite jedes Buches ist ein Hinweis gedruckt, der Mystiker und Skeptiker gleichermaßen ansprechen soll: „Die theosophische Gesellschaft hat kein Dogma... Wir bitten den Leser, selbst zu entscheiden, was realistisch, wissenschaftlich und unbestimmt ist.

DER GREENACRE PARK

Die Essenz Manhattans

217 East 51st Street
212-649-5895
Öffnungszeiten: täglich 8-18 Uhr
Linien E und M /53rd St; Linien 4 und 6 /51st St

In New York gibt es jede Menge Oasen: Orte, an denen man kurz aus dem Treiben der Stadt aussteigen und etwas Frieden genießen kann. Viele davon entstehen ganz natürlich und sind höchst individuell: eine Treppe oder ein paar Bäume reichen vielleicht schon. Andere wurden extra dafür entworfen und der Greenacre Park auf der 51st Street ist der Star unter ihnen. Am auffälligsten ist der komplette Verzicht auf Natur. Greenacre will kein *Rus in urbe* sein „ein Land in der Stadt". Man hat hier nicht das Gefühl Manhattan zu verlassen, sondern eher einen Raum zu betreten, an dem das Wesen Manhattans auf das Wesentliche heruntergebrochen wurde. Es gibt Geometrie, öffentliches Leben sowie ein unaufhörliches Rauschen und der hier gebotene Friede ist ein Friede im Stile Manhattans: geschäftig und selbstbewusst. Das Herzstück ist ein 8 Meter hoher Wasserfall, der die Ebenen der urbanen Landschaft imiticrt: tausende Liter Wasser stürzen tosend über aufsteigende Granitblöcke und auf beiden Seiten schlingt sich der Efeu über den Stein. Das Tosen ist Absicht. Sitzt man mit einem Buch im feinen Nebel der unteren Terrasse, verstummt die nur einige Schritte entfernte Straße: das konstante Rauschen des Wasserfalls erzeugt eine Art Stille. Die Luft in dem kleinen Park verströmt einen angenehm künstlichen Geruch: ein Hauch von Chlor. Die Notwendigkeit urbaner Oasen wurde offiziell unter Bürgermeiser Lindsay mit seiner Vest-Pocket-Park-Initiative erkannt (siehe Seite 226). Geräusche sind in einigen davon ein Thema. Das Übertönen des Hupens und Brummens der Stadt durch tosendes Wasser hat einen Namen „Graues Rauschen". 1971 erbaut, wurde Greenacre von einer privaten Institution finanziert. Man vertraut hier auf viele und eindeutige Regeln: Die Stühle nicht zwischen den Terrassenebenen bewegen, kein Sport, kein Anfassen der Pflanzen, keine Haustiere. Der Wachmann, der vielleicht sonst hypnotisiert auf das fallende Wasser starren würde, wacht penibel über ihre Einhaltung.

Paley Park

Greenacre hat drei Straßen weiter eine konzeptionelle Schwester: Paley Park auf der 53rd Street. Paley bietet einen Minimalismus, der ebenfalls ein wesentliche Merkmal Manhattans ist: er ist schick - mit einer schlichten, Wasserwand und symmetrisch angeordneten schlanken Johannisbrotbäume. Gehen Sie abends hin, wenn der Wasserfall von hinten beleuchtet wird und das Wasser golden glänzt.

DAS U-BAHN-GITTER
VON MARYLIN MONROE

Wo „das Mädchen" zur Legende wurde

Südwesliche Ecke der Lexington Avenue und der East 52nd Street
Linien 4 und 6 / 51st St

Die U-Bahn fährt vorbei, ein Luftzug steigt durch das Gitter im Gehsteig und weht Marilyn Monroes Rock hoch.

Wenn es nicht die berühmteste Szene des amerikanischen Kinos ist, dann fehlt dazu auf jeden Fall nicht viel. Sie spielte sich an der Ecke Lexington und East 52nd ab.

Mariliyn Monroe war von Anfang an Hauptdarstellerin in „Das verflixte 7. Jahr". sein. Im Film (sowie im gleichnamigen Broadway-Schlager) heißt die Rolle Monroes im Manuskript einfach „das Mädchen". Die Geschichte ist simpel: braver Ehemann ist allein zu Hause, Mädchen treibt ihn in den Wahnsinn. Regisseur Billy Wilder dachte, der Film würde es nie durch den prüden Produktionskodex Hollywoods schaffen. Schließlich gab er bei einem wichtigen Punkt nach: Im Stück landen die beiden am Ende im Bett, während die Spannung im Film bestehen bleibt. Monroe wird dadurch noch begehrenswerter.

Die legendäre „U-Bahn-Szene" scheint heute harmlos, doch ihr Ruhm dauert an. Der brave Ehemann (Tom Ewell) und Monroe schlendern an einem heißen Sommerabend aus dem Kino. „Ach, hier kommt der Luftzug aus dem U-Bahnschacht!" Monroe juchzt „Ist das nicht himmlisch?" New Yorker kennen die Antwort („Nein"), aber wen kümmert's? Wir sind im Movieland. Die Dreharbeiten fanden am 9.September 1954 statt und wurden groß angekündigt: als Monroe in ihrem Neckholder-Kleid ankam, hatten sich vor Ort tausende Zuschauer und ein Rudel Pressefotografen eingefunden.

So wie die über ihm lebende Nachbarin des Ehemanns nur auf „das Mädchen" reduziert wird, so wurde Monroes gesamte Filmkarriere, ihre gesamte Person, auf diesen einen Moment reduziert: die durch die vorbeifahrende U-Bahn entblößten Beine. U-Bahn Marilyn Poster, U-Bahn Marilyn-Tassen, T-Shirts, Schlüsselanhänger, Maus-Pads, Sparschweine: all das findet man in Souvenierläden auf der Fifth Avenue. Doch nur wenige pilgern zur Ecke Lexington und East 52nd Street. Der Manager des Restaurants, vor dem sich das legendäre Gitter befindet, meint, dass jene, die sich hierherbemühen, etwas enttäuscht sind. „Es gibt hier keine Tafel, kein Schild oder Ähnliches." Steve McClendon, ein Müllmann, der das Gitter „zwanzig, dreißig Mal pro Tag" kehrt, kennt den Film nicht und auch Marilyn Monroe nur entfernt. Nachdem er die legendäre Pose vorgezeigt bekommt, lächelt er. „Ach das", sagt er, „Ja, das kenne ich."

DAS COLE PORTER KLAVIER

Es gibt kein schöneres Liebeslied

Waldorf Astoria
301 Park Avenue
212-355-3000
waldorfastoria.com
Linien 4 und 6 / 51st St

Im Mezzanin des Waldorf Astoria auf der Park Avenue steht ein Steinway-Klavier. Der Deckel hat einen Sprung, der Lack ist abgenutzt, das Instrument ist still: die Klaviaturklappe ist versperrt. Doch das Klavier strahlt, wie eine auf Nostalgie gepolte Antenne, die Eleganz des alten New York aus: Smokings, Abendkleider, Zigarettenschachteln, Cocktail-Partys. Es gehörte einst Cole Porter.

Porter zog 1934 in die Waldorf Towers, doch schon lange davor begann er New York durch seine Musik zu prägen. Einige seiner Lieder schöpfte er direkt aus der Stadt - "Washington Square," "Take Me Back to Manhattan," "I Happen to Like New York" - doch seine Kompositionen scheinen das auszudrücken, was am urbanen Leben romantisch, elegant und schick ist. Es ist der Gedanke von New York ohne all seine Schnörkel.

Das Klavier wurde 1907 gebaut. Es ist ein mittelgroßer Mahagoni-Flügel in der Farbe von dunklem Honig, mit Doppelbeinen im Empirestil sowie handbemalten Girlanden und Hoffiguren. 1939 schenkte Porter ihn dem Hotel, doch er blieb dicht an dicht mit einem anderen Klavier in seiner Suite stehen, bis er 1964 starb. In gewisser Weise steht das Instrument für das Schicksal der Klaviermusik. Schöne Worte in Akkorde zu gießen machte Porter zu einem Salonlöwen. Nach seinem Tod, wurde das Klavier in die Royal Suite gebracht, ein fürstliches Luxusappartment, dass sich über die gesamte Länge des Blocks in der 50th Street im obersten Stockwerk des Hotels erstreckt. Später verströmte es in der zentralen Lobby des Waldorf Astoria einen klassischen Luxus in der Peacock Alley Lounge, bis es schließlich auf seinem Platz im Mezzanin, direkt über dem Haupteingang des Hotels auf der Park Avenue, landete. Irgenwann wurde das Klavier zum „Cole Porter Klavier" - also zu einem Museumsstück. Im Mezzanin wurde es über 15 Jahre von Daryl Sherman gespielt, einer der besten Interpretinnen dieser sterbenden Liedform. „Das bin nicht ich, die spielt," pflegte sie vor der Darbietung von „Night and Day" zu sagen - „Das ist Cole Porters Geist, der auf dem Hexenbrett spielt."Als das Waldorf Astoria 2007 von der Blackstone Group gekauft wurde, optimierte man den Betrieb und Sherman wurde vor die Tür gesetzt. Jetzt bleibt das Klavier meistens versperrt.

Steinway & Sons bieten einen Nachbau des Cole Porter Flügels an. Er heißt „High Society".

Porters Suite 33A in den Waldorf Towers wird seit 2010 vermietet. Der Preis: 140.000 Dollar/Monat.

DAS FRED F. FRENCH BUILDING

Babylon auf der Fifth Avenue

551 Fifth Avenue auf Höhe der 45th Street
Linie 7 /5th Av; Linie S /Grand Central - 42nd St

Viele der Art Deco-Gebäude in New York weisen wunderschöne mesopotamische Elemente auf. Dieser Design-Trend soll D.W. Griffiths Film *Intoleranz* aus 1916 und seinen verführerischen Kulissen zu verdanken sein. Doch einige hohe New Yorker Gebäude - die „rückgestuften" Riesen, die sich in immer kleineren Stufen zum Himmel strecken - sehen aufgrund einer Bauvorschrift wie Stufenpyramiden aus der Bronzezeit aus. Das Wechselspiel zwischen Design und Regelwerk können Sie in einem Meisterwerk des modernen Babylon, im Fred F. French Building auf der Fifth Avenue, bewundern.

Die Bauregelung in Manhattan war die erste in Amerika. Ab einer bestimmten Höhe, musste sich ein Gebäude nach oben hin verjüngen. Für die ersten hohen Gebäude war dieses Design eine statische Notwendigkeit, doch mit dem Aufkommen der Stahlrahmen, hatte man aus gutem Grund Angst, dass die Straßen kein Sonnenlicht mehr sehen würden. Das French Building demonstriert die Bauregelung: es springt nach der 12. Etage immer weiter zurück, bis der Turm auf 25% seiner Grundfläche geschrumpft ist. Ab hier durfte er bis zum Himmel reichen. Das tempelartige Aussehen ist teils Zufall, doch die Fassade ist babylonisches Art Deco vom Feinsten: mit ockerfarbenen, schwarz umrandeten Verzierungen und einem leuchtenden Fries aus bunten Fayence-Kacheln auf dem Turm: Greifvögel, die eine stilisierte Sonne flankieren.

Doch am besten kann man in der Lobby in die Atmospäre von einst eintauchen. Der Eingang ist eine bronze-glänzende Hommage an das Ishtar-Tor mit Verzierungen, die „Manhattan als neues Babylon und die Wolkenkratzer als Nebuchadnezzars hängende Gärten heraufbeschwören" (*New York* 1930; Stern, Gilmartin und Mellins). Die Lobby mit ihrer goldverzierten Gewölbedecke führt zum verblüffendsten Aufzug der Stadt. Die beiden polierten Bronzetüren mit den stilisierten Allegorien glänzen, als ob sie direkt aus dem Thronsaal eines Gotteskönigs hierher gebracht worden wären.

Die Bauregelung zur Rückstufung galt in New York von 1916 bis 1961.

Sloan & Robertson wurden 1926 zum Bau des French Building herangezogen. Ein weiteres Beispiel ihrer Babylon-Architektur aus derselben Zeit finden Sie auf Seite 214.

DAS ATRIUM
DER FORD FOUNDATION

Ein Kasten voller Wald auf der 42nd Street

320 East 43rd Street (Zugang zum Atrium auf der 42nd Street)
212-573-5000 - fordfoundation.org
Dienstag bis Sonntag 9:30-17:15 Uhr (März bis Oktober); 9:30-16:45 Uhr
(November bis Februar)
Eintritt: frei
Linien 4, 5, 6 und 7 /Grand Central - 42nd St

Keinem anderen Gebäude in New York ist ein grünes Kunststück wie jenes in der Ford Foundation gelungen. Der Hintereingang umfasst ein Atrium, das so hoch wie der Bau selbst ist: ein 12-stöckiger, auf zwei Seiten mit Glas eingefasster Lichthof. Auf der Erde – es wäre seltsam hier Boden zu sagen – erheben sich terassenförmige Ebenen mit Dschungelpflanzen. Beim Öffnen der Tür schlägt einem Sauerstoff und der Duft nach feuchtem Holz entgegen und eine innere Stimme flüstert: *Das habe ich auf der 42nd Street nicht erwartet.*

Korrekterweise sind nicht alle Pflanzen Dschungelgewächse. Laut Lal, einem Gärtner hier, gibt es hier „Pflanzen der tropischen und gemäßigten Zone." Zur gemäßigten Zone gehören die Kiefer. Tropisch ist fast alles andere: Viele der Pflanzenarten gibt es auch in Lals Heimat Guyana. Es wirkt tatsächlich, als wäre hier ein Stück aus einem fernen Regenwald abgeladen worden. Gleichzeitig ist alles sehr ordentlich: saubere Fliesenwege ziehen sich durch die Pflanzen und laufen an einem Wunschbrunnen zusammen. „Wir spenden die Münzen an UNICEF," sagt Eddie, ein Wachmann, der seit 30 Jahren hier arbeitet. Er findet es hier gegen 10 Uhr morgens am schönsten, wenn die Sonne im Osten durch die Fenster scheint - und er muss es ja wissen.

Das Atrium ist ein wirklicher Hingucker, doch das Motiv hinter dem Entwurf ist nicht nur die Schönheit. Die Ford Foundation, ein Vermächtnis der Autohersteller Henry Ford und seines Sohns Edsel, ist eine private Stiftung, die sich auf Themen wie Armut, Bildung und soziale Gerechtigkeit konzentriert. Die Architekten Kevin Roche und John Dinkeloo erkannten, dass Transparenz für eine solche Organisation unverzichtbar war. Roche stellte sich vor, wie Mitarbeiter der Foundation ihren Blick über das offene Atrium schweifen lassen und sich ihren Kollegen dadurch näher fühlen, alle verbunden durch ein gemeinsames Verantwortungsbewusstsein. Die Idee mag erdrückend klingen, die Realität ist es nicht - oder zumindest nicht nach außen hin. Die Büros mit ihren hellen Fenstern, die von rostigen Eisenträgern in Stockwerke unterteilt werden, scheinen einen gemeinsamen Zweck zu haben, zusammen mit den duftenden Gewächsen im Erdgeschoß.

DIE RATTEN
DES GRAYBAR BUILDING

Art Deco-Plagen

Lexington Avenue zwischen der 43rd und 44th Street
Linien 4, 5, 6, 7 und S /Grand Central - 42nd St

Zu Unrecht oft für eine östliche Erweiterung der Grand Central Station gehalten, hat das Graybar Building auf der Lexington Avenue seine eigene bahnbrechende Identität. Nach der Fertigstellung 1927 war die Zentrale der Graybar Electric Company aus Ziegeln und Kalkstein der größte Büroturm der Welt. Die Fassade orientiert sich an den geometrischen Formen des Art Deco aus den 1920ern (siehe Seite 210) und während auf der Ostfassade die riesigen Allegorien für Transport und Kommunikation mit lockigem Bart einen besonderen Akzent setzen, erkennt man die Einzigartigkeit des Gebäudes am besten weiter unten, auf den Verstrebungen, die das Vordach stützen. Hier findet man die einzigen architektonischen Ratten New Yorks. Man übersieht die Ratten leicht und erst 1933 wurde der *New Yorker* darauf aufmerksam. „Als die Entwürfe für das Gebäude entstanden, wollten die Architekten, das maritime Thema irgendwo auf der Fassade unterbringen. Es findet sich in Form von Albatrossen auf dem Flachrelief wieder, das die Fassade ziert, doch die Architekten Sloan & Robertson stellten auf geniale Weise eine Parallele zwischen den Stützstreben und den Leinen zum Festmachen oder Ziehen von Schiffen her. Es geht um mehr als nur Ratten: Jene, die die Fassade des Graybar hinaufhuschen, werden von „Hindernissen" gestört - den Trichtern, die echte Ratten davor abhalten, sich im Hafen auf Schiffen zu verstecken. Aus Gusseisen hergestellt und in eckige Flächen unterteilt, die früher modern gewirkt haben mögen und heute an Roboter erinnern, sehen die Ratten aus, als führten sie nichts Gutes im Schilde. Es gibt aber noch mehr: jede der Verstrebungen ist mit dem Gebäude durch eine Rosette verbunden, die aus Rattenköpfen besteht. Das Graybar war zu Beginn ein sehr hippes Gebäude, mit Büros der Verlagsriesen Condé Nast, Vogue und Vanity Fair sowie der Remington Schreibmaschinen. Mit der Zeit verlor die Adresse an Prestige und ein gusseisernes Ungeziefer nach dem anderen verschwand. Als das Gebäude im Jahr 2000 renoviert wurde, fand man auf den technischen Zeichnungen den ungewöhnlichen Hinweis: „Fehlende Ratten ersetzen."

DIE FLÜSTERGALERIE
IN DER GRAND CENTRAL STATION

Schallübertragung à la Guastavino

Grand Central Terminal, 87 East 42nd Street; im Food Court direkt vor der
Oyster Bar
24 Stunden geöffnet

In der Grand Central Station gibt es eine nicht gekennzeichnete Stelle mit überirdischen Fähigkeiten: flüstert man in die eine Ecke der schönen Gewölbedecke, kann eine andere Person, in der etwa 12 Meter entfernten gegenüberliegenden Ecke, es deutlich hören. Der Effekt ist verblüffend und durchdringt das Gepfeife und Getöse des größten Bahnhofs der Welt.

In den Staaten und im Ausland gibt es einige Gebäude mit Flüstergalerieeffekt. Man benötigt dafür ein Ellipsoid und Fokuspunkte, die sich gegenüber liegen. Die Flüstergalerie der Grand Central Station befindet sich direkt vor der Oyster Bar und das Fliesenmuster setzt sich im Gewölbe der Bar fort, wo Personal und Gäste immer wieder besonders gut geeignete Stellen finden. Für ein optimales Hörerlebnis muss man mit dem Gesicht zur Ecke und so nah am Stein wie möglich sprechen. Ihr Adressat muss in der diagonal gegenüberliegenden Ecke stehen, nicht in der daneben. Der Schall wird entlang des Gewölbes „übertragen", ein passender Begriff, da die gehörte Stimme einen spektralen, körperlosen Klang hat, als ob hier eine veraltete Technologie zum Einsatz käme.

Ein weiteres Merkmal von Flüstergalerien: Sie entstehen für gewöhnlich zufällig. Das gilt natürlich nicht für perfekt ellipsoidförmige Fliesendecken - aber sehr wohl für jene, die wir der harten Arbeit des spanischen Baumeisters Rafael Guastavino verdanken. Der Architekt kam 1881 mit seinem Sohn aus Barcelona nach New York und patentierte bald darauf sein „Sichtziegelgewölbe" aus Terracotta-Fliesen im Fischgrätmuster. Die Fliesen hatten einen entscheidenden Vorteil: sie waren feuerfest und konnten über lange Bögen und Gewölbe direkt, ohne gestützt werden zu müssen, in den Mörtel gelegt werden. Die Technik, die in Katalonien schon lange eingesetzt wurde, war in den Vereinigten Staaten so gut wie unbekannt. Guastavino und sein Sohn brachten insgesamt über 20 Patente ein und die Methode war so angesagt, dass die Fliesenhersteller kaum mit der Produktion nachkamen.

Die Guastavino-Fliesen sind ein wesentliches Merkmal der Beaux-Arts Architektur in New York und man findet sie in unzähligen bekannten Gebäuden, so auch in der Kathedrale Saint John the Divine, dem Registrierraum auf Ellis Island und der Federal Reserve Bank.

U THANT ISLAND

Manhattans kleinste Insel und ehemalige souveräne Nation

East River auf Höhe der 42nd Street

Mitten im East River, etwa auf Höhe der 42nd Street erhebt sich ein kleiner Hügel mit einem Navigationsturm aus Metall. Mit nicht einmal einem halben Hektar ist U Thant die kleinste Insel Manhattans, aber historisch sehr interessant.

Die Insel begann als Granitfelsen mit dem Namen Man o'War Reef. Sie war einst Schauplatz eines typischen New Yorker Abenteuers: in den 1930ern musste sich eine Gruppe von Teenagern, die von Manhattan aus über den Fluss schwimmen wollte, aufgrund der Strömung auf den Fels retten, der mit steigender Flut zu verschwinden begann. Ein Dramaturg, der das Unglück aus seiner Wohnung durch ein Fernglas beobachtete, rief die Behörden an und alle Jungs, die mittlerweile 30 cm tief im Wasser standen, wurden gerettet. Als unter dem Fluss der erste Tunnel zwischen Manhattan und Queens gegraben wurde, um eine Straßenbahnlinie zur Arbeitersiedlung von Steinway & Söhne einzurichten (siehe Seite 388), wurde das Aushubmaterial auf dem Felsen deponiert, um daraus eine Insel zu machen. Außerdem hob man einen 30 Meter langer Schacht aus, um den Aushub von der Flussmitte aus zu beiden Ufern hin verteilen zu können. Die meisten Leute kommen U Thant Island nur im Tunnel recht nah: Die Linie 7 fährt direkt unter ihr durch.

Sobald der Schacht zugeschüttet war, wurde die Insel von allen außer den Kormoranen, die dort nisten, vergessen. 1977 pachtete eine als Peace Meditation at the United Nations bekannte Gruppe die Insel von der Stadt, begrünte sie und benannte sie nach dem ehemaligen burmesischen Generalsekretär. Lange Zeit durfte nur diese Gruppe von UN-Mitarbeitern die Insel betreten.

Jetzt ist der Zutritt vollends verboten. Das ist dem wahrscheinlich kuriosesten Ereignis in der Geschichte der Insel zu verdanken. Im Sommer 2004, während des Parteitags der Republikaner, ruderte der Künstler Duke Riley im Morgengrauen zur Insel U Thant. Dort hisste er eine Fahne mit dem Abbild zweier Zitteraale und erklärte die Insel zur souveränen Nation. „Diese Landschaften ziehen mich magisch an," sagt Riley über die New Yorker Inseln. „Man befindet sich in einer der hochentwickeltsten Städte der Welt und dann gibt es diese kleinen unberührten, geheimen Orte. Während die Küstenwache ihn verfolgte, fiel niemandem Rileys Fahne auf, die tagelang auf dem Navigationsturm flatterte. Als er gefragt wird, wie sein kleiner Inselstaat heißen solle, hält der Künstler inne und lacht. „So weit bin ich ehrlich gesagt noch nicht."

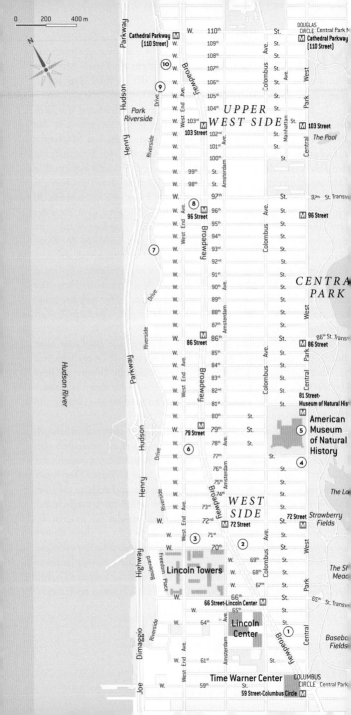

Die Upper West Side (59th–110th)

33 WEST 63RD STREET

Ein gestrandetes Wohnhaus

Linien 1 und 2 /66 St - Lincoln Center; Linien 1, A, C, B und D /59 St - Columbus Circle

Auf der Upper West Side am Fuße einer Wohnturmschlucht aus Glas und Ziegeln, sticht ein kleines Gebäude hervor. Die 33 West 63 Road hat nur fünf Stockwerke, mit grob behauenem Stein umrandet und mit schwarzen Feuerleitern aus Eisen bestückt, die sich im Zickzack über die Fassade ziehen. Es war früher eines von vielen Wohnhäusern. Dort wo angrenzende Gebäude abgetragen wurden, sind die Seitenmauern fensterlos. Hier stand einst eine ganze Wohnsiedlung, die Ende des 19. Jhdt. aus dem Boden schoß und sich mit dem Bau der IRT-U-Bahn-Linie 1904 allmählich ausdehnte.

Doch wieso steht die Nr. 33 hier ganz alleine? Hauptsächlich aus Bosheit. Der Besitzer, Jehiel R. Elyachar, wurde von einem ehemaligen Mieter des einsamen Wohnhauses als „ein kleiner, dürrer, gebeugter Zwerg" beschrieben. Er war mit Immobilien und Bauvorhaben so reich geworden – über 100 Millionen Dollar – dass er sich der Lieblingsbeschäftigung reicher Geizhälse widmen konnte: knausrig zu sein. Während er vor seinem Tod 1989 großzügig für jüdisch-amerikanische und israelische Einrichtungen spendete, wie z.B. Schulen und Altersheime, zählte Elyachar zu dem Typ Mensch, der am Ende von seinen eigenen Kindern verklagt wird. Als der Projektentwickler Paul Milstein verschiedene Objekte an der Ecke Broadway und 63rd Street aufkaufte, um einen Wohnturm mit Einkaufszentrum zu bauen, stimmte Elyachar einem Preis zu und kam dann mit ein paar Lockangeboten daher, die so teuflisch waren, dass Milstein langsam verstand, dass er nicht in einem einfachen Geschäftsschlamassel, sondern in einer Art bösem Spiel gefangen war. Er gab schließlich auf, baute seinen Turm mit L-förmigem Grundriss und ließ das gestrandete Wohnhaus dort wo es war. Und noch immer ist.

San Juan Hill: Ein ganzes Viertel von der Landkarte gelöscht

Die Upper West Side zwischen der 65th und 59th Street auf Höhe der Amsterdam Avenue war einst eine der größten afroamerikanischen Gemeinden New Yorks. Unter dem Namen San Juan Hill bekannt, wurde es in einem Bericht des Wohnungsamts 1940 als „schlimmster Slum in New York City" bezeichnet. Man siedelte 1.500 Familien um, als die Häuser abgerissen wurden, um das Lincoln Center zu bauen. Doch der Abriss wurde verschoben, um die düsteren Straßenszenen für die West Side Story drehen zu können.

DAS PYTHIAN

Der fantastische Bau eines vergessenen Ordens

135 West 70th Street
212-362-1609
Linien 1, 2 und 3 /72nd St

Über dem Eingang des Pythian steht: „Wenn alle Menschen durch brüderliche Liebe vereint wären, wie schön wäre diese Welt." Darüber lässt sich schwer streiten. Doch was ausdruckslose Pharaos und babylonische Ungeheuer damit zu tun haben, ist fraglich. Dieses seltsame Gebäude ist das Werk des Architekten Thomas W. Lamb, der sich in den 1920ern mit den Entwürfen übertriebener Kinopaläste einen Namen machte (siehe Seite 328). Das Pythian entwarf er in derselben Alles-ist-möglich-Manier und ließ ein Sammelsurium an Antiquitäten herbeischaffen: fauchende Greifvögel, Stierherden, die riesige Urnen trugen, doppelköpfige Kapitelle und goldene Hieroglyphen. 1926 erbaut, diente das Gebäude als zentraler Treffpunkt für dje Logen der Knights of Pythias.

Die Knights of Pythias waren die erste amerikanische Bruderschaft, die per Gesetz eine Charta erhielt. Sie traten für Wohltätigkeit und „Weltfrieden" ein und können drei US-Präsidenten vorweisen, darunter Franklin D. Roosevelt. Als das Pythian gebaut wurde, boomte die Bruderschaft: allein in New York gab es über 100 Logen. Dem Gründer des Ordens diente die griechische Sage der Reisenden Damon und Phintias als Inspiration. Der Tyrann von Syrakus verurteilte Phintias zum Tode. Damon stimmte tapfer zu, für seinen Freund einzuspringen, während letzterer nach Hause ging, um seine Angelegenheiten zu ordnen. Falls Phintias nicht zurück kam, sollte Damon an seiner Stelle hingerichtet werden. Die Axt war kurz davor zu fallen, als Phintias keuchend auftauchte. Und der Tyrann war so beeindruckt, dass er beide Männer frei ließ. Seither gelten die beiden als Symbol für selbstlose Freundschaft.

Das Pythian ist mit den auffälligsten bunten Terrakotta-Fliesen der Stadt verziert, und trotzdem kennt kaum jemand das Gebäude. Man kann die Lobby aus poliertem Stein, das Theater oder die verschiedenen Logensäle leider nicht mehr besichtigen. Seit 1983 sind im Pythian Eigentumswohnungen untergebracht.

Obwohl sie nicht mehr an dieser Adresse unterkommen, gibt es die Knights noch: über 2.000 Logen weltweit.

Als die Mitglieder des Ordens weniger wurden, vermieteten die Knights of Pyhtias einen Teil des Gebäudes an Decca Records, wo Bill Haley and His Comets 1954 ihren Top 40 Hit „Rock Around the Clock" aufnahmen.

DER SEPTUAGESIMO UNO PARK ③

Der kleinste Park der fünf Bezirke

256 West 71st Street
nycgovparks.org/parks/ M282
Geöffnet von Sonnenaufgang- bis -untergang
Linien 1, 2 und 3 /72nd St

Der Central Park ist der größte Park Manhattans. Wie groß, zeigt folgende Tatsache: vor ein paar Jahren fanden Forscher unter den Blättern eine Tausendfüßlerart, die der Wissenschaft vollkommen unbekannt war. Wenn Sie heimeligere Grünflächen bevorzugen, besuchten Sie drei Blocks weiter westlich auf der 71st Street den Septuagesimo Uno Park. Man ist schneller an dem Park vorbei, als man seinen Namen aussprechen kann (sein Name bedeutet „Einundsiebzig"). Mit 200 m² ist er der kleinste New Yorks.

Die Geschichte dieses kuriosen Fleckchens trifft den innersten Kern der New Yorker Stadtplanung. Damals, als der Norden noch mit Farmhäusern übersät war, setzte Bürgermeister DeWitt Clinton seinen Commissioners Plan von 1811 um und teilte die Insel oberhalb der 14th Street in den Raster aus Avenues (Nord nach Süd) und Querstraßen (Ost nach West), wie wir ihn heute kennen. Obwohl öffentliche Parks eingeplant wurden (auf der 53rd, 66th, 77th und 120th Street), war der Durchschnitts-New Yorker in den 1960ern aufgrund steigender Einwohnerzahlen und dicht gedrängter Gebäude kurz vor dem Durchdrehen.

Die Situation wurde von Bürgermeister John Lindsays Vest Pocket-Park-Initiative etwas gelindert. Da schon überall Gebäude standen, konzentrierte man sich darauf, die Baulücken dazwischen zu behübschen. Der Septuagesimo Uno ist gerade einmal so breit wie ein Stadthaus und ist vielleicht der einzige Park mit einer Straßenadresse: 256 West 71st Street - die Adresse eines Hauses, das 1969 abgerissen wurde und deren kleine Grundfläche der Park jetzt einnimmt. Die City of New York Parks & Recreation-Schilder versperren bei geschlossenem Tor fast gänzlich die Sicht und die Verbote regen zum Schmunzeln an: „Darbietungen oder Versammlungen, nur mit Genehmigung". „Das Blockieren der Parkeingänge" (es gibt nur einen, den man blockiert, sobald man das Schild liest). Mit seinen Holzbänken, den schmalen Beeten und einem einzigen Baum ist der Septuagesimo Uno gerade groß genug für Sie und einen Freund oder nur Sie und ein Buch. Es ist vielleicht alles, was Sie brauchen.

Weitere Vest Pocket-Parks in Manhattan finden Sie auf Seite 204.

GEMÄLDE LORD CORNBURY

Nur in New York, um 1720

New-York Historical Society
170 Central Park West
212-873-3400 - nyhistory.org
Dienstag bis Donnerstag und Samstag 10-18 Uhr, Freitag 10-20 Uhr
Sonntag 11-17 Uhr
Einlass gegen eine Spende: 18-20 Uhr
Linien B und C /81st St; Linie 1 /79th St

D ie New-York Historical Society ist das älteste Museum der Stadt. Sie trägt sogar noch den Bindestrich aus dem frühen 19.Jhdt im Namen. 2011 saniert, gibt es im Eingangsbereich jetzt eine Wand, auf der einige beeindruckende Exponate zu sehen sind: die Pistolen aus dem Burr-Hamilton Duell, ein frühes Siegel des Staates New York, die bemalte Holzschnitzerei eines Sauk-Häuptlings und in einer Ecke unter einigen Büsten und Porträts, das Gemälde einer äußerst unattraktiven Dame in blauer Seide. Laut Schild an der Wand, ist das Objekt ein Rätsel.

„Unbekannter Künstler", „Unbekannte Frau, ca. 1700-1725." Doch Historiker wissen schon lange, um wen es sich hier *wahrscheinlich* handelt. Viscount Cornbury, britischer Kolonialgouverneur von New York und bekannter Transvestit.

Es steht auf dem Goldrahmen: „Neben anderen Albernheiten, soll Lord Cornbury, der einfältige Sohn von Henry Earl of Clarendon, bei seinem Staatsempfang in New York die wichtigsten Kolonisten, in eine Frauenrobe gekleidet, empfangen haben." Das stammt aus *Lives of the Queens of England* der britischen Autorin Agnes Strickland von 1850, doch das Gemälde belustigte die Leute schon länger. Es wäre etwas Anderes, wenn Cornbury nicht der ranghöchste Mann in der Neuen Welt, oder sein Vorwand sich als Frau zu kleiden nicht so leicht zu durchschauen gewesen wäre: „Um Ihre Majestät [Queen Anne] repräsentieren zu können, verspürte er das Bedürfnis, sich als Frau zu verkleiden," schrieb ein deutscher Diplomat 1714. Vielleicht verspürte Cornbury auch das Bedürfnis, sich in den Fenstern seines Zuhauses zur Schau zu stellen, oder in Seidenkleidern die Fortmauer entlang zu hüpfen und sich hinter Bäumen zu verstecken „um sich mit kreischendem Gelächter auf seine Opfer zu stürzen „ einige der anderen Albernheiten, für die er bekannt war.

Patricia Bonomi die Biografin des Viscounts versucht ihn in einem anderen Licht zu präsentieren. Sie schreibt, dass „der Vorwurf des Transvestismus wahrscheinlich Diffamierung war," eine von Cornburys politischen Konkurrenten konstruierte Geschichte. Kein britischer Beamter hat diese Neigung jemals erwähnt. Doch viele Kolonisten haben das und da ist natürlich noch das Porträt. Die Historical Society kaufte es von einer britischen Familie und schon 1796 wurde die Person darauf als Cornbury identifiziert.

ID-DAY IM NATURKUNDEMUSEUM ⑤

*Was auch immer Sie zu Hause haben, dort wird man
es Ihnen erklären.*

American Museum of Natural History
Central Park West at 79th Street
212-769-5100
amnh.org; Im Veranstaltungskalender nach ID-Day Ausschau halten
Linien B und C /81st St - Museum of Natural History; Linie 1 /79th St

Einmal im Jahr, im Frühsommer, stellt das American Museum of Natural History seine unglaubliche Expertise der New Yorker Öffentlichkeit zur Verfügung. Der „ID-Day" (ID für „Identifikation") füllt die Grand Gallery im 1. Stock des Museums. Besucher bringen alle möglichen Naturobjekte, die sie gekauft haben oder die schon immer ein Rätsel für sie waren zu den Stationen und erhalten eine kurze fachliche Analyse. Es gibt Experten aus den Gebieten Erdkunde und Planetologie, Botanik und Ökologie, Anthropologie, Entomologie, Herpetologie, Mammalogie, Paläontologie, Ichthyologie und Ornithologie - was auch immer Sie zu Hause haben, hier gibt es jemanden, der Ihnen etwas darüber erzählen kann.

Und wenn Sie nichts haben, kommen Sie trotzdem. An den Stationen türmen sich Fundstücke, Fossilien, Federn, Muscheln, Steine. Ein Überblick über die Naturgeschichte, den Sie gerne begutachten und davon lernen können. Und Leute beim Auspacken ihrer unbekannten Schätze zu beobachten, hat seinen eigenen Reiz. „Es gibt im Grunde drei Typen," sagt der Experte am Paläontologie-Tisch. „Die Leute, die wirklich etwas gefunden haben und neugierig sind. Sie mag ich am liebsten, denn sie sind gekommen, um etwas zu lernen. Dann gibt es jene, die etwas gekauft oder gefunden haben, über das sie bereits alles wissen und ich erzähle ihnen, was sie schon wissen. Und dann gibt es die Spinner." Einmal brachte ein Mann etwas, das er für einen „Kopffüßler" hielt, der entlang der paläozoischen Küste des heutigen New York gelebt hat. Der Experte identifizierte es als den erstarrten Inhalt einer Dichtungspistole. Als eine Frau um die Begutachtung eines 150-Millionen-Jahre alten Ur-Vogels bat, musste der Experte ihr mitteilen, dass ihr „Fossil" die zerbrochene Glasfigur eines Hahns war. Doch nicht alle liegen falsch: ein Knochen stellte sich als fossiler Walross-Schädel heraus. Die Paläontologen waren so aufgeregt, dass der Besitzer ihn der Dauerausstellung des Museums überließ.

Bei der Erdkunde und Planetologie-Station packt ein Mann einen Metallklumpen aus, den er in der Bronx gefunden hat. Er hält ihn für einen Meteoriten. Der Experte wiegt den Klumpen in seiner Hand und während die Augen des Besitzers ihm unablässig folgen, poliert er eine Ecke mit Schleifpapier und zieht ihn über ein Keramikstück, um den Abrieb zu untersuchen. Er runzelt die Stirn. „Meteoriten sind sehr magnetisch," sagt der Experte und hält einen Magneten daran, der hinunterfällt. „Das sagt uns schon, wie die Geschichte ausgeht

DIE MÜHLSTEINE IN DER NIEDERLÄNDISCHEN REFORMIERTEN STIFTSKIRCHE

Die ältesten Objekte aus dem kolonialen New York

368 West End Avenue
212-787-1566
westendchurch.org
Kirchenbüro geöffnet werktags 9-17 Uhr, Sonntagsmesse um 11 Uhr
Linien 1 und 2 / 79th St

Auf der West End Avenue Höhe 77th Street steht eine Backsteinkirche im flämischen Stil. Am Eingang zum Altarraum, liegen drei große, runde, mit Eisen eingefasste Steine und einem Loch in der Mitte. Sie würden besser in eine Scheune passen, doch historisch gesehen sind sie einzigartig. Die Steine sind Mühlsteine und so ziemlich die ältesten Objekte, die aus dem kolonialen New York geblieben sind.

Die Stiftskirche im West End bewirbt die Steine kaum, da sie als Institution wenig beweisen muss. 1669 mit einer königlichen Charta der Briten gegründet, ist die Kirche das zweitälteste Unternehmen Amerikas. Doch die Mühlsteine sind nicht einfach Teil einer exzentrischen Ausstellung kolonialer Geräte: sie sind die Essenz der alten Kirche. 1624 kamen niederländische Siedler nach New York (das sie New Amsterdam nannten). Ein Dokument besagt, dass zwei Jahre später, ein François Molemaecker den Bau einer Pferdemühle mit einem großen Raum im Obergeschoß beantragte, der für Zusammenkünfte einer Kirchengemeinde dienen sollte. Standort war die Mill Lane. Ein Rest in der Länge eines Blocks ist noch zwischen der Stone und der William Street übrig. Belustigte Indianer kamen zum Gottesdienst und füllten den Raum mit Pfeifenrauch und Gelächter, als wollten sie den pingeligen Pfarrer Jonas Michelius absichtlich provozieren. „Was die Ureinwohner dieses Landes betrifft," schrieb er, „ finde ich sie primitiv und wild, ohne Anstand, ja unzivilisiert und dumm wie Fahnenmasten, rundum bösartig und gottlos." Doch wie alle frühen Chronisten, ist er überwältigt von der Schönheit und dem natürlichen Reichtum des ursprünglichen Manhattan.

Die Mühlsteine sind tatsächlich älter als New York oder irgendeine andere amerikanische Stadt. Sie wurden in Belgien gefertigt und kamen mit den ersten Siedlern ins Land. Die Kirchengemeinde versammelte sich bis 1633 in der Mühle. Dann übersiedelte sie in ein einfaches Gebäude auf der Broad Street (dass es schon lange nicht mehr gibt). Der Standort der Mühle wurde von den Shearith Israel übernommen, der ältesten jüdischen Gemeinde New Yorks. Als die Gemeinde in die nördlicher gelegene 70th Street zog, grub sie die alten Steine aus, behielt zwei (zu sehen in der Synagoge) und übergab vier an die Stiftskirche. Einer ist in die Gassenmauer der angrenzenden Stiftsschule integriert. Drei blieben im Vorraum der Kirche.

DIE JEANNE D'ARC INSEL

Die Jungfrau in Manhattan

Riverside Drive auf Höhe 93rd Street
Linien 1, 2 und 3 /96th St

Es gibt in New York wirklich einen Ort mit dem charmanten Namen *Joan of Arc Island* („Die Jeanne d'Arc Insel."). Doch es ist kein bewaldeter Zufluchtsort, an dem halbwüchsige Mädchen mit Schwertern herumrennen. Es ist eine Verkehrsinsel, die einen kleinen von einem Bordstein eingerahmten Platz einnimmt. Hauptattraktion ist eine Reiterstatue der Jeanne d'Arc in der Mitte, die in einer Linie mit der 93rd Street steht. Die Heilige Johanna, die zum Himmel blickt.

Es gibt sehr viele Frauenstatuen in New York, doch sind sie großteils mythisch oder allegorisch: die Statue der Jeanne d'Arc war die erste, die auf einer realen Frau basierte. Sie ist auch die einzige Statue der Stadt - und das scheint auf alle Orte zuzutreffen, in denen es Jeanne d'Arc Statuen gibt - die eine Frau auf einem Pferd zeigt. Die Künstlerin Anna Hyatt Huntington, Tochter eines Zoologie Professors und einer versierten Tierkünstlerin, die sich nach einem Studienaufenthalt in Paris für die junge Kämpferin begeisterte. Entschlossen ein Werk zu Ehren von Jeanne zu kreieren, besuchte Huntington die französischen Orte, die mit den wichtigsten Ereignissen ihrer Geschichte in Verbindung standen. Damals gab es in Reims die Jeanne d'Arc Statue von Paul DuBois (sowie eine Kopie davon in Paris), die der Huntingtons mit dem gegen den Himmel gerichteten Blick sehr ähnelt. Doch die amerikanische Bildhauerin betont vor allem das Schwert.

1910 schickte Huntington ein Gipsmodell von Jeanne in Originalgröße in den Pariser Salon, wo es lobend erwähnt wurde und auch sexistische Verwunderung hervorrief. Doch das Werk konnte Mitglieder einer Denkmalkommission in New York überzeugen, die sich dem Andenken des 500. Geburtstags der Heiligen widmete. Die Statue wurde drei Jahre später (1915) auf der 93rd Street enthüllt. Die Verzögerung ermöglichte ein Detail, das dieses Werk wahrhaft einzigartig macht. Der Sockel enthält Steine aus einem Turm in Rouen, in dem Jeanne gefangen gehalten wurde sowie Reste der Kathedrale von Reims, in der, Karl VII, dank ihr, gekrönt wurde. Steine der großen historischen Bauten Frankreichs waren 1915 leider in Hülle und Fülle zu haben: die Deutschen hatten ein Jahr zuvor mit ihren Bombardements begonnen.

Weitere Reste der zerbombten Kathedrale von Reims
Die Corpus Christi Kirche auf der West 121st Street Ecke Broadway besitzt ebenso Fragmente der zerbombten Kathedrale von Reims: das Buntglas in den Fenstern der Apsis.

DER LOTUSGARTEN

Hoch über der 97th Street

*Auf dem Dach der Parkgarage, auf der Südseite der 97th Street zwischen
Broadway und West End Avenue
Zugang über die Treppe auf der Ostseite der Garage
Sonntag 13-16 Uhr, April bis November
Eintritt frei; Mitglieder (20 Dollar/Jahr) erhalten einen Schlüssel und dürfen
ihn wochentags tagsüber uneingeschänkt nutzenLinien 1, 2 und 3 /96th St*

Mitten auf der 97th Street befindet sich eine ölbefleckte und nach Benzin riechende Parkgarage mit einer schmalen Treppe auf der linken Seite. Oben stößt man auf eine verborgene Grünoase. Obstbäume, Büsche, Kräuter, Blumen, Fischteiche, verschlungene Pfade. Der Ort nennt sich der Lotusgarten und er ist der einzige erhöhte Gemeinschaftsgarten New Yorks. „Er ist absolut geheim," sagt die Chefgärtnerin Pamela Wagner. „Beim Vorbeigehen übersieht man uns leicht."

Der Garten hat etwa 1 Meter hoch Erde (das für die Wurzeln der Bäume erforderliche Minimum), mit privaten Beeten, die wie Puzzle-Stücke abgetrennt sind. Die Beetbesitzer zahlen Jahresbeiträge, doch an Sonntag Nachmittagen kann jeder den Garten besuchen, hier sitzen und dieses schwebende Stück Natur genießen. Obwohl regelmäßig Besucher hierher kommen („Hier oben haben Leute schon ganze Romane geschrieben," sagt Wagner) fühlt es sich durch die Pflanzen, die eine gesunde Abgeschiedenheit schaffen, wie ein privates Refugium an.

Die Stille ist umso schöner, da sie hart erkämpft ist: dieser Ort war einst ein grünes Kriegsgebiet. Als in den 60ern hier zwei Kinos abbrannten, beschlossen die Anrainer, das Grundstück der Natur zurückzugeben. Ohne Erlaubnis säuberten sie die Fläche und begannen mit dem Pflanzen. Die Hauptfiguren bei dieser Umwandlung waren Carrie Maher und Mark Greenwald, die in einem kleinen Penthouse lebten („Wir nannten es Pent-Hütte," sagt Maher), das direkt auf die freie Fläche hinabschaute. Es war die Zeit des grünen Aktivismus, der mehr Einsatz verlangte, als vielleicht in einem Bio-Supermarkt einkaufen zu gehen. „Es gab eine Gruppe, die sich Green Guerillas nannte," erinnert sich Maher. „Sie füllten Weihnachtskugeln mit Sonnenblumensamen und warfen sie auf freiliegende Flächen."

Während die Stadtbehörden sich über die Zukunft des Grundstücks stritten, füllte es sich allmählich mit Büschen und Blüten. Bald schlossen sich Wohngenossenschaften der Aktion an und dann Stadtplaner. Schließlich wurde ein Komitee, angeführt von Maher und Greenwald, gegründet, um den Bauunternehmer davon zu überzeugen, dass, egal welches Gebäude er hier bauen wolle, eine Gartenfläche das Ganze nur aufwerten könne. Er stimmte zu und bot ihnen eine 675 m² große Fläche, allerdings nicht auf dem Boden. Dieses Mal waren alle glücklich.

SHINRAN

Die Statue, die Hiroshima überlebte

New York Buddhist Church
331-332 Riverside Drive
212-678-0305
newyorkbuddhistchurch.org
Linie 1 /103rd St

Auf dem Riverside Drive zwischen der 105th und 106th Street steht eine 4,5 Meter hohe, 2,5 Tonnen schwere Bronzestatue eines japanischen Mönchs. Lange Zeit hielten Kinder ihren Atem an, wenn sie daran vorbeigingen. Ihre Angst, basierte auf dem plausiblen Gerücht, dass der Mönch radioaktiv sei: er stand ursprünglich in Hiroshima und überlebte die Atomexplosion, die 90% der Gebäude in der Stadt zerstörte und knapp 150.000 Menschen tötete.

Es gibt mindestens zehn Orte in der Stadt, die mit dem Manhattan Project assoziiert werden können: geheime Militärzentralen, Planungszentren, Büros zur Uranbeschaffung und Uranlager. Doch an die atomare Komponente erinnert nur diese Bronzfigur. 1955 ein Geschenk des japanischen Industriellen Seiichi Hirose, wurde die Statue Shinrans, dem Gründer der buddhistischen Jodo Shinsu-Sekte, ursprünglich den Vereinten Nationen als Symbol des Weltfriedens für ihre Zentrale am East River angeboten. Die UNO lehnte ab, da sie keinen geeigneten Platz dafür hatte. Als die Statue an ihrem aktuellen Standort enthüllt wurde, erklärte Hirose seine Beweggründe in wenigen Worten: „Kein Hiroshima mehr."

Die Dimension dieser Geste kann nicht genug betont werden. Die Bombe war erst ein Jahrzehnt zuvor abgeworfen worden und der bronzene Shinran hatte für die Japaner eine besondere Bedeutung, vor allem für Hiroshima-Überlebende. „Die Statue stand allein inmitten all der Flammen," sagte T. Kenjitsu Nakagaki, Diener der New York Buddhist Church. „Das gab den Menschen irgendwie Hoffnung."Die rote Verfärbung am unteren Rand der Statue soll durch die enorme Hitze der Explosion entstanden sein. Shinran stand 2,5 Kilometer vom Ground Zero entfernt. Die „totale Zerstörung" findet in einem Radius von etwa 1,6 Kilometer statt. Die Statue überlebte, da die Bäume, die sie umgaben, die Kraft der Explosion bremsten.

Zur Zeit der Statuenenthüllung, gehörten 90% der japanischen Buddhisten in den USA der Jodo Shinsu-Sekte an.

Ein jährliches Friedenstreffen

Jedes Jahr am Morgen des 5. August wird vor der Statue ein Friedenstreffen abgehalten. Um 19:15 Uhr läutet eine Glocke, um die Zeit anzuzeigen zu der die Bombe abgeworfen wurde - 8:15 Uhr am 6. August.

DAS NICHOLAS ROERICH MUSEUM

Stadthaus für einen Mystiker

319 West 107th Street
212-864-7752 - roerich.org
Dienstag bis Freitag 12-16 Uhr; Samstag und Sonntag 14-17 Uhr
Eintritt frei, feiwillige Spenden willkommen
Linie 1 /110th St

Das *brownstone* Stadthaus auf 319 West 107th ist eine Hommage an den russischen Mystiker und Maler Nicolas Roerich. An der Tür findet man eine bescheidene Tafel und eine Glocke. Im Eingangsbereich wartet vielleicht niemand. Sie hören möglicherweise jemanden auf dem Klavier im zweiten Stock spielen, oder treffen auf der Holztreppe einen stummen Besucher - doch wahrscheinlich haben Sie das Haus ganz für sich.

Intimität ist das Markenzeichen dieses kleinen Museums, das von Direktor Daniel Entin gefördert wird („Machen Sie, was Sie möchten und bleiben Sie solange Sie wollen.") Entin ist ein bescheidener, weißbärtiger Mann mit einem Leuchten in den Augen, das versteckte Energien vermuten lässt. Er wohnt im Erdgeschoß des Museums, das er seit drei Jahrzehnten leitet. Wenn Sie möchten, lädt er Sie zum Plaudern an den Küchentisch ein und erzählt, was er über Nicholas Roerich weiß, also so ziemlich alles. Was Sie nicht hören werden: das, weshalb Sie eigentlich gekommen sind. „Roerichs Malerei ist jene Art von Kunst, die einen bestimmten Menschenschlag berührt," sagt Entin. „Da ist etwas, was diese Leute fasziniert. Andere bleiben unbeeindruckt." Der Direktor lässt beide Reaktionen gelten.

Hier sind über 200 Werke von Roerich ausgestellt, doch sein künstlerisches Talent ist nebensächlich: das Museum ist weniger eine Kunstsammlung als ein spirituelles Zentrum. Nicholas Roerich begann sich 1910 für fernöstliche Philosophie zu interessieren, als er in St. Petersburg beim Entwurf des ersten tibetischen Tempels außerhalb Asiens mithalf. Sein Leben war danach von zwei Interessen geprägt: dem Buddhismus und der Einheit der Menschen durch die Künste. Er hatte in Russland bereits Anhänger, als die Revolution ihn zwang in die Staaten zu gehen. Nachdem ihm viele der Gebäude zu klein wurden, ließ er einen großen Komplex an der Ecke Riverside und West 103rd mit Schulen für jeden Kunstzweig, Lehrer- und Studentenunterkünften sowie Ausstellungsräumen errichten. Das Gebäude gibt es noch, doch die Schule überlebte die Wirtschaftskrise nicht. Kurz nach dem Tod des Malers 1947 wurde das Nicholas Roerich Museum auf der nahegelegenen West 107th Street eröffnet.

Die Gemälde, farbintensive Allegorien und Landschaften, die Roerichs Expeditionen nach Tibet reflektieren, bedecken die Wände des eleganten *brownstone* Stadthauses. Es kommen Bewunderer von weit her, auf der Suche nach einer spirituellen Verbindung. Doch am meisten freut sich Entin über Laufkundschaft. „Viele gehen nach 3 Minuten wieder. Dann wieder, kommt jemand und bricht in Tränen aus."

Tod auf der Straße

Da so vieles am Leben in New York öffentlich ist, dürfen auch öffentliche Tode nicht fehlen. Hier kommen vier Menschen, die ihren letzten und intimsten Moment mitten auf der Straße erlebten.

John Lennon - *Haupteingang des Dakota Building, Ecke 72nd Street und Central Park West*

1980 beschrieb John Lennon das Leben in New York so: „Ich kann hier raus und in ein Restaurant gehen. Wissen Sie, wie toll das ist? Oder ins Kino? Ich meine, die Leute kommen und wollen ein Autogramm oder sagen „Hallo", aber sie nerven dich nicht. "Am 8. Dezember desselben Jahres stiegen Lennon und Yoko Ono gerade aus einer Limousine und gingen über den Gehsteig ins Dakota Building, in dem sie wohnten, als ihm viermal in den Rücken geschossen wurde. Sein Mörder Mark Chapman hatte den Musiker nur Stunden zuvor genau hier um ein Autogramm gebeten.

Max Beckmann - *Ecke 61st Street und Central Park West*

Für die Nazis war der Maler Max Beckmann ein „entarteter Künstler". Er floh nach St. Louis, dann Amsterdam und zog 1949 nach New York. Es ging ihm schlecht. „Meine Zeit ist schon lange abgelaufen," schrieb er auf der Zugfahrt in sein Tagebuch. Beckmann hielt noch ein Jahr durch, arm und berühmt: er lehrte an der Brooklyn Museum Art School, um seine Rechnungen zu zahlen. Gleichzeitig stellte er neue Gemälde in der Met aus. Er verließ gerade seine Wohnug und wollte den Central Park durchqueren, um sich eines davon anzusehen, Selbstporträt in blauer Jacke, als er auf dem Gehweg einen Herzinfarkt erlitt..

Eli Black - *Nördiches Ende des Park Avenue Viadukts beim MetLife Building (ehemals das Pan Am)*

Am 3. Februar 1975 um 8 Uhr, schlug Eli Black, Chef des 2-Mrd-Dollar Konzerns United Brands Company (später Chiquita Brands International), mit seiner Aktentasche ein Loch in das versiegelte Fenster seines Büros im 44. Stock des Pan Am Buildings, entfernte die Scherben, da er sich laut den Ermittlern offensichtlich nicht verletzen wollte, sprang durch das Loch und stürzte geradewegs auf das nördliche Viadukt Ende der Park Avenue. Man vermutete, dass Black, depressiv und überarbeitet, sich umgebracht hatte, um einer Anklage wegen 2,5 Millionen Dollar an Bestechung an den Präsidenten von Honduras für niedrigere Zölle auf Bananenexporte zu entgehen. Die korrupten politischen Machenschaften von Chiquita in den Ländern mit Bananenanbau waren so umfassend, dass man die Firma El Pulpo - „den Oktopus" nannte.

Billy the Kid - *Ungefähr an der Ecke Pearl Street und Madison Street*
Schlagzeile der Times am 10. September 1876: „ZWEI
GEFÄHRTEN STREITEN UND EINER ERSTICHT DEN
ANDEREN." Das Opfer war Thomas Moore, ein erst 19-jähriger
Bürstenmacher. Sein Mörder war der 17-jährige William McCarty.
Die beiden tranken etwas in einem Schnapsladen an der Ecke Pearl
und Hague Street (dort, wo heute die Murray Bergtraum High
School steht). Es kam zu einem Streit und einer Schlägerei und
schließlich zog McCarty „ein Taschenmesser mit langer Klinge,
machte einen Schritt auf seinen Gegner zu und die Klingenspitze,
die Moore unterhalb des linken Auges traf, bohrte sich von oben
in seine Kehle. Aus der schrecklichen Wunde schoss unaufhaltsam
Blut." Das ist die Beschreibung des ersten Mordes des Banditen
Billy the Kid, wie McCarty später genannt werden sollte.

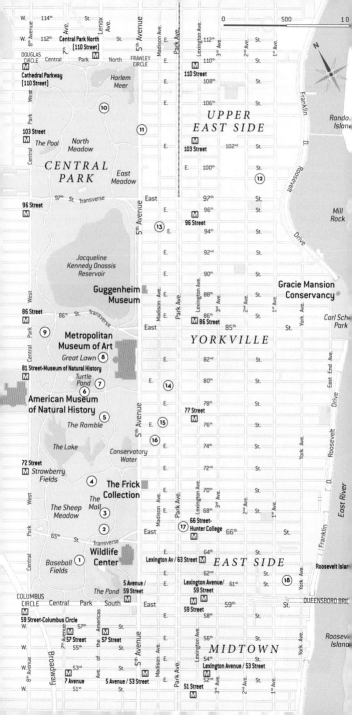

Upper East Side und Central Park

FINDLINGE DER EISZEIT

Gletscherwanderer im Central Park

Central Park
Findlinge gibt es im gesamten Park. Der abgebildete Stein liegt 46 Meter südlich
des Karussells (in der Mitte des Parks etwa auf Höhe der 64th Street)
Geöffnet von Sonnenaufgang bis 1 Uhr

Der natürliche Charme des Central Parks ist beeindruckend, weil er größtenteils künstlich angelegt ist. Die Bäume wurden gepflanzt und gepflegt, die Hügel geformt, der Bach, der durch den Ramble fließt, lässt sich wie ein Wasserhahn auf- und zudrehen. Doch die Gesteine im Park sind an Echtheit nicht zu überbieten. Geologen lieben diesen Ort. Gletscher haben die Erde langsam ausgehöhlt und bis zum Schiefergestein, dem Skelett Manhattans, abgetragen. Die Narben, die sie nach ihrem Abschmelzen hinterließen, erzählen die Geschichte längst vergangener Tage. Geblieben sind auch seltsame Felsbrocken, die das Eis von weither hierhergebracht hat. Man nennt sie Findlinge oder auch erratische Blöcke.

Das Wort „erratisch" kommt aus dem Lateinischen und bedeutet „umherirrend". Man erkennt sofort, dass die Findlinge im Park von weither kommen: sie sehen ganz anders aus als der Stein, auf dem sie stehen. Auf der Südseite der Sheep Meadow gibt es mehrere dieser seltsamen Steine. Sie stecken in der Erde und viele davon haben sich wohl nicht bewegt, seit das Eis sie hier vor tausenden von Jahren abgelegt hat. Am beeindruckendsten sind die Findlinge in der Nähe der Heckscher Sportplätze, vor allem ein 2,5 Meter hoher Koloss, der südlich des Karussells direkt auf dem felsigen Untergrund steht.

„Man sieht, dass das Yonkers Gneis ist," sagt Dr. Charles Merguerian, Leiter des Instituts für Geologie an der Hofstra University und Experte für die steinige Vergangenheit des Central Parks. Findlinge, erklärt er, sind Präzisionswerkzeuge: vergleicht man die Bestandteile der Steine mit weit entferntem Gestein, kann man feststellen, wo sie der wandernde Gletscher mitgenommen hat. „Man zeichnet zwei Punkte auf der Karte ein: wo sie gelandet sind und wo sie herkommen," sagt Merguerian. „Zieht man dazwischen eine Linie, kann man die Gletscherroute rekonstruieren."

Die Gletscherbewegung hat auch Spuren im Gestein hinterlassen. Man findet sie im ganzen Park. Sie sind alle grob von Nord nach Süd ausgerichtet. Sind Findlinge direkt auf dem geschundenen Gestein zu einem Halt gekommen, ergibt sich ein Gesamtbild: Ablagerung und Erosion, die zwei Merkmale der Vergletscherung.

Merguerian meint, dass einige der Findlinge sich im Laufe der Zeit vielleicht etwas bewegt haben. Doch es ist verlockend, sich den Zeitpunkt vorzustellen, etwa vor 12.000 Jahren, als der seit langem im Gletscher gefangene Stein, durch die letzte Schicht des schmelzenden Eises sinkt und mit einem dumpfen *Klonk* auf dem Boden aufsetzt.

Intelligent - unbedarft: Shakespeare und der Indianer im Vergleich

Central Park - Shakespeare befindet sich am oberen Ende der Mall (wo der East Drive in den Center Drive übergeht, etwa auf Höhe der 66th Street), und der indianische Jäger steht 90 Meter weiter westlich (Richtung Sheep Meadow) Geöffnet von Sonnenaufgang bis 1 Uhr

Zwei Statuen am Eingang zum Central Park Mall - Shakespeare und ein Indianer – dienen als Beispiel für eine der verrückteren Theorien der Geschichte. Die Phrenologie, eine „Wissenschaft", die den Charakter eines Menschen anhand seiner Schädelform bestimmt, war Mitte des 19. Jhdts in New York sehr populär. Dieses Konzept machte zwei findige Scharlatane, die Fowler Brüder, reich, die in ihrem Büro an der Nassau Street Beratungen und Vorträge anboten und Bücher sowie Zeitschriften veröffentlichten. Sowohl Edgar Allan Poe als auch Walt Whitman (dem sie aufgrund seines unebenen Schädels eine „Neigung zu sinnlichen Vergnügungen" nachsagten) gehörten zu ihren Anhängern. Der damals einflussreichste New Yorker, William Cullen Bryant, war von der Phrenologie so beeindruckt, dass er sie in seine Rede, die er im Frühling 1872 bei der Enthüllung des Shakespeare-Denkmals von John Quincy Adams Ward hielt, einbaute. „Die Phrenologen unserer Zeit," sagte Bryant, während die Menge die neue Bronzestatue bewunderte, „sehen die sichtbaren Zeichen seiner unbändigen Fantasie, sein Mitgefühl, seinen Idealismus, Verstand und Humor..." Bryant, der Namensgeber des Bryant Park, war Dichter, Journalist und Verleger sowie Anwalt für öffentliche Wohlfahrt. Das dieser vernünftige und gebildete Mann ebenfalls glaubte, dass Shakespeares Genie an seinem „noblen Gesicht" abzulesen sei, zeigt, wie fest verankert diese Pseudowissenschaft war. Während Bryants Rede, übte sich eine andere Statue desselben Bildhauers, nur ein Stück weiter westlich, im Anschleichen. Der indianische Jäger wurde nach Skizzen des Künstlers, die er in den Dakotas gemacht hatte, entworfen und als authentisches Beispiel für die „Physiognomie der Ureinwohner" gelobt.

Der Unterschied zu Shakespeares glattem, eiförmigem Kopf könnte nicht größer sein. Der Haaransatz des Indianers sitzt sehr tief, als ob er einen buschigen Kopfschmuck tragen würde. Heute untersuchen wir die Stirn anderer eher selten auf Zeichen von Talent, doch die Phrenologie hat in der englischen Sprache ihre Spuren hinterlassen. Die beiden Statuen sind Sinnbild für den Ursprung der Begriffe „high brow" – die hohe Stirn, die für Intelligenz steht und „low brow", die niedrige Stirn, die das Gegenteil bedeutet. Das ist das Erbe dieser verrückten Marotte von einst.

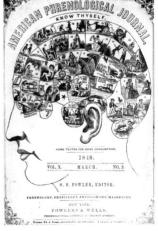

DIE ULMEN IM CENTRAL PARK

Die bestgepflegten Bäume der Welt

Central Park
The Mall (Beginn, wo der East Drive in den Center Drive übergeht, etwa auf
Höhe der 66th Street, Ende an der Bethesda Terrace)
Geöffnet von Sonnenaufgang bis 1 Uhr

Im Central Park gibt es mehr als 25.000 Bäume und etwa 150 verschiedene Baumarten. Jene, die the Mall säumen - den breiten geraden Weg zur Bethesda Terrace - sind amerikanische Ulmen (Ulmus americana). Ihr Blätterdach ist eine der beliebtesten New-York Ansichten und scheint eine fixe Größe zu sein wie das Empire State Building oder die Brooklyn Bridge. Doch diese Ulmen bedürfen ständiger Aufmerksamkeit: denn über ihnen schwebt schon seit jeher der Schatten des Todes.

Die Mall sollte die Antwort des Central Parks auf die Alleen der Barockgärten Frankreichs sein. Die Gerade bildet die Ausnahme im Entwurf der Parkarchitekten Frederick Law Olmsted und Calvert Vaux, der sonst auf Schleifen und Kurven setzt. Die Bäume entlang der Mall sollten amerikanische Ulmen sein - laut Parkverwaltung die Wahl für „fast jede Hauptstraße und jeden Uni-Campus des Landes im 19. Jhdt." Die Erde war für die Bäume ungeeignet und der Auftragnehmer gelobte, auf sein Honorar zu verzichten, sollten die Bäume die ersten drei Jahre nicht überleben (eine Geste, die heute wie ein Omen erscheint). Ein Jahr später waren fast alle tot. Man setzte danach weitere, kleinere Ulmen, die bis Anfang des 19. Jhdts überlebten, aber dann ebenfalls nach und nach abstarben.

Die meisten Ulmen, die heute auf der Mall stehen wurden um 1920 gepflanzt. Zur selben Zeit entdeckte ein Biologe in Holland einen durch Käfer übertragenen Pilz (die holländische Ulmenkrankheit). Er schaffte es bald den Atlantik und wütete unter den Schattenbäumen der unzähligen Hauptstraßen und Uniareale. Die meisten amerikanischen Ulmen in New York sind tot. Für viele gelten die Bäume auf der Central Park Mall als der weltweit größte noch intakte Bestand.

Niemand ist sich dieser Verantwortung stärker bewusst als Neil Calvanese, Operations Vice-President der Central Park Conservancy (Initiative zur Erhaltung des Central Park). „Käfer kann man bekämpfen," sagt er. „Einen Pilz bekommt man in den Griff. Aber ein von Käfern übertragener Pilz? Er ist ein Ulmenkiller." Als die Conservacy 1998 die Verwaltung des Parks übernahm, erhielten die Ulmen eine besondere Prioriät. Sie werden akribisch auf Krankheitsanzeichen untersucht, Äste werden aufwändigst geprüft, ganze Bäume werden herausgerissen, um eine Ausbreitung zu verhindern. Calvanese schätzt, dass die Kosten für den Schutz der Ulmen in die Millionen Dollar gehen.

Sie sind womöglich die bestgepflegten Bäume der Welt.

DIE HEXE AUF DER BETHESDA TERRACE

Das Leben in der Nacht

Central Park
Auf der Bethesda Terrace am oberen Ende der zentralen Treppe
Geöffnet von Sonnenaufgang bis 1 Uhr

Das Auge genießt den Gesamteindruck der Anlage – den Brunnen, den See, die Boote, den Wald – so sehr, dass die feinen Details oft übersehen werden. Die gesamte Terrasse ist mit einzigartigen Skulpturen übersätund umfasst, laut frühen Kritiken des Central Parks, die umfangreichste öffentliche Bildhauerarbeit Amerikas. Die Arbeiten sind teils abstrakt, teils figürlich und oft vereinen sie beide Aspekte. Das kurioseste Detail ist das geniale Tableau auf einem der zwei großen Steinpfeiler am oberen Ende der Treppe: eine fliegende Hexe, ein Irrlicht und eine Mondsichel.

Erschaffen wurde es von Jacob Wrey Mould, einem englischen Einwanderer und einer Art verrücktem Zauberer. 1868, als der Park fast fertig war, nannte ihn die britische Zeitschrift *The Builder* „brilliant, versiert, genial, unberechenbar." Das ist eine passende Beschreibung für jemanden, der nachdem er weiter unten auf der Terrasse bezaubernde Arabesken und jede Menge Vögel aus dem Stein gezaubert hat, das Ganze mit einer Hexe abschließt. Doch dahinter steckt Methode. „Er hat Freude an der Kunst und es fällt ihm leichter, jedes Mal etwas ganz Neues zu kreieren, als etwas zu kopieren, das er bereits gemacht hat," gurrte Clarence Cook in einer seiner ersten Beschreibungen des Parks. Sieht man sich die Motive auf den Pfeilern und die Medaillons auf der Balustrade an, versteht man, was Cook meinte. Für die ineinander verlaufenden Muster nahm Mould die islamische Kunst zum Vorbild, die er fachmännisch beherrschte. Die Balustraden, mit dem Gewirr an Vögeln und Pflanzen stellen die vier Jahreszeiten dar. Darüber auf der anderen Seite des Fahrwegs (nach den Parkarchitekten Olmsted & Vaux Way benannt) stehen zwei Steinpfeiler: die Hexe fliegt auf der Westseite des Westpfeilers.

Westen weil: hier die Sonne untergeht. Die gemeißelten Szenen stellen die verschiedenen Tagesabschnitte dar: das thematische Gegenteil der Hexe (Ostseite des Ostpfeilers) zeigt einen Sonnenaufgang über dem Meer. Manche vermuten, dass Mould mit der Hexe und dem Kürbisgesicht (Irrlicht), den Symbolen für Halloween, die Iren, die diese Tradtion einführten, entweder kränken oder ehren wollte. Doch es kann genauso gut sein, dass er sich einfach einen cleveren Spaß erlaubte. Wie soll man die Nacht darstellen, einen Tagesabschnitt, der praktisch unsichtbar ist?

Für D.H. Lawrence standen die Vögel für das Leben der Lüfte und die Hexe für das Leben in der Nacht.

DIE GEWEIHBÄUME

Mastodon-Nahrung im Central Park

*Central Park - Auf der Ramble etwa auf Höhe 76th Street; vom Loeb Boathouse
den East Drive nach Norden gehen, beim bronzenen Panther links abbiegen
und fünfzig Schritte nach Westen gehen
Geöffnet von Sonnenaufgang bis 1 Uhr*

Im Central Park gibt es ein paar sehr seltsame Bäume. Sie sind hochgiftig: sogar Insekten halten sich von ihnen fern. Die harten Samenkapseln hängen bis tief in den Winter unberührt an den kahlen Ästen. Und die, die herunterfallen, werden praktisch von jedem Lebewesen ignoriert, mit Ausnahme der Paläontologen. Wie etwa Carl Mehling vom American Museum of Natural History: „Wer interessiert sich schon für so ein Ding?", fragt er und hebt einen Klumpen auf, der wie dunkles Glas aussieht. Er kennt die Antwort: ein Mastodon.

Die Fähigkeit der Samenverbreitung ist für jede Pflanze lebensnotwendig. Einige Samen haben fasrige Flügel, einige nutzen die Vergesslichkeit hamsternder Eichhörnchen, viele fühlen sich im Kot am wohlsten. In einem 1982 erschienenen Artikel behandelten der Biologe Daniel Janzen und der Geowissenschaftler Paul Martin ein ökologisches Rätsel: warum verrotten die Früchte einiger Bäume unberührt und warum sind ihre Schalen zu hart oder ihre Samen zu groß, um von Tieren gefressen zu werden. Man dachte, dass Pflanzen mit ineffizienter Verbreitungstechnik schwach entwickelt seien. Doch Janzen und Martin behaupteten, dass die Tiere, für die sie attraktiv wären – Mastodons, Riesenfaultiere – schon vor 12.000 Jahren ausgestorben waren.

Das Buch zu dieser These, *The Ghosts of Evolution* (Connie Barlow), zählt den Kentucky Geweihbaum zur winzigen Kategorie der „extremen Anachronismen" – Pflanzen, die in ihrem aktuellen Lebensraum wenig Sinn machen. Seit dem Ende des Pleistozens überleben sie nur aufgrund von Überschwemmungen und Zufällen. Im Gras findet Mehling eine Samenkapsel und bricht sie auf. Im Inneren glänzen die Samen in klebriger Pampe, die wie grüner Kautschuk aussieht. „So gut," sagt er und nimmt einen tiefen Atemzug. „Wie Schokolade und Bananen." Jetzt wissen Sie, was Mastodons mögen. Um die glasartigen Samen zum Keimen zu bringen, muss man sie „beschädigen", wie es die Zähne und Magensäfte der gierigen Megafauna des Pleistozens getan hätten, erklärt Mehling. Sonst taugen sie nur zum Murmelspielen.

Doch nur weil dekorative Mastodon-Nahrung im Central Park wächst, heißt das nicht, dass es diese Tiere auch in Manhattan gegeben hat? „Ecke Broadway und Dyckman," sagt Mehling zurück im Fossiliensaal des Museums. Er zeigt auf einen braunen, Unterkieferknochen groß wie eine Servierplatte. Fossilien von etwa einem Dutzend Mastodons wurden in New York City gefunden, zwei davon in Manhattan. „Schauen Sie sich diese Zähne an," deutet Mehling. Jeder hat tiefe Kerben und ist größer als eine Faust.

DIE QUERUNG DURCH DEN FELSTUNNEL

Ein Wunderwerk -neu betrachtet

Central Park - 79th Street Transverse, vor dem Belvedere Castle
Park: von Sonnenaufgang bis 1 Uhr; Querstraße: für den Verkehr immer offen

M an legte viel Wert auf die „Natürlichkeit" des Central Parks. Doch ein Aspekt dieses planerischen Glanzstücks wird heute selten erwähnt: Der Fußgänger- und Fahrzeug- (auch Pferde-) verkehr im und durch den Park. Wie fügt man eine 3,5 km² große Grünfläche mitten in eine wachsende Metropole ein? Es war kompliziert und das Areal auf Höhe des Belvedere Castle, ein Schieferfelsen mit dem Namen Vista Rock war eine besonders harte Nuss. Die Planer des Central Parks Frederick Law Olmsted und Calvert Vaux verdankten den Erfolg ihres Entwurfs wahrscheinlich ihrem kreativen Lösungsansatz die Querstraßen abzusenken. Man kann den Park in seiner ganzen Länge durchqueren (empfehlenswert) und bemerkt nie, dass darunter große Verkehrsadern der Stadt durchfließen. Die ersten Besucher in den 1860ern bewunderten das System der Wege und Querstraßen auf verschiedenen Ebenen: Querverkehr direkt unterhalb oder oberhalb vorbeiziehen zu sehen, war etwas komplett Neues.

Für uns ist der Stadtverkehr mit Autos, Autobahnen und Auffahrten auf mehreren Ebenen heute alltäglich. Doch es gibt eine Stelle im Park, an der man diese bauliche Herausforderung der 1850er mit neuen Augen betrachten kann. Nehmen Sie den Fußweg zum Vista Rock, der etwa 45 Meter östlich des Schlosses nach rechts abzweigt und ins Leere zu führen scheint und gehen Sie die Steintreppen hinunter. Dort gelangen Sie zur 79th Street Kreuzung mit mehr oder weniger konstantem Auto- und Busverkehr. Olmsted und Vaux sahen diesen Stau voraus, doch in ihrer Vorstellung wurde er von „Kohlenkarren, Metzgerwagen, Staub- und Mistwagen" verursacht. Sie werden es vielleicht nicht glauben, doch hier unterhalb des Felsvorsprungs zu stehen und den in das Gestein gesprengten Tunnel zu bewundern, war eine Lieblingsbeschäftigung der ersten Parkbesucher. 1869 schrieb Clarence Cook über den Tunnel, dem er aufgrund seiner Modernität misstraute. „Nach eingehender Untersuchung, befand man die Decke für einwandfrei und solide," schrieb er. Den gesprengten Felsen zu bewundern, war so beliebt, dass einige Jahre nach der Fertigstellung des Parks diese nette Steintreppe gebaut wurde.

> Der Tunnel wurde mit Schießpulver gesprengt. Das Dynamit war da noch nicht erfunden.

DIE REITERSTATUE VON KÖNIG JAGIEŁŁO

Ein durch den Zweiten Weltkrieg entwurzelter mittelalterlicher König

Central Park - Südöstliche Ecke des Great Lawn etwa auf Höhe der 80th Street
Geöffnet von Sonnenaufgang bis 1 Uhr

Die Statuen im Central Park haben mit der Stadt wenig zu tun. Das stört niemanden. Es gibt Dichter, Entdecker, einen heldenhaften Hund, einen Beethoven. New York lebt von seiner Vielfalt: jeder findet hier seinen Platz.

Man kann jedoch nicht an der Ostseite des Parks entlangschlendern ohne diesen blutrünstigen Polen irritierend zu finden. Auf einem scharrenden Kriegsross, mit zwei über seiner Krone gekreuzten Schwertern (und einem dritten am Gürtel), blickt König Władysław Jagiełło finster auf den Great Lawn.

Das Denkmal ist seltsam. Doch historisch gesehen macht der König, dort wo er steht, absolut Sinn. Diese Central Park Statue ist enger mit der Stadt verbunden als alle anderen.

Dazu muss man zur New Yorker Weltausstellung von 1939 zurückgehen, die oft als letzter unschuldiger Höhepunkt gilt, bevor es mit dem Planeten den Bach runterging. Die ersten TV-Sender versprachen eine neue Ära in der Kommunikation, der Völkerbund verkündete die Einheit der Menschen und die Massen standen Schlange, um einen Zigaretten rauchenden Roboter zu sehen. Die Organisatoren des polnischen Pavillons müssen Aufsehen erregt haben, als König Jagiełło aufgestellt wurde. Die Statue erinnert an die Schlacht bei Tannenberg, wo Jagiełło 1410 Litauen und Polen gegen die einfallenden deutschen Ordensritter ins Feld führte. Der Legende nach, schickte der deutsche Kommandant am Abend vor der Schlacht Jagiełło zwei blanke Schwerter, mit der Nachricht, wenn er ein Mann sei, wüsste er was damit zu tun sei. Am nächsten Tag bekammen die Deutschen ihr Fett weg.

Die Schlacht bleibt Polens größter militärischer Sieg. Der Bildhauer Stanisław Ostrowski arbeitete mehrere Jahre an der Statue, doch die Entscheidung, sie 1939 zum zentralen Schaustück im polnischen Pavillon zu machen, als Deutschland nur nach einem Vorwand zum Angriff suchte, war an Dreistigkeit kaum zu überbieten. Die Ausstellung wurde im Frühling offiziell eröffnet. Am 1. September starteten die Nazis eine koordinierte Offensive, die Polen praktisch von der Landkarte verschwinden ließ. Die Statue zeigte ihren symbolischen Mittelfinger nur ganze vier Monate. Dann waren der legendäre König sowie die polnischen Pavillonarbeiter und -organisatoren plötzlich heimatlos.

Also blieben die meisten von ihnen in New York. Auch Ostrowski. Der großherzige Bürgermeister Fiorello LaGuardia setzte sich dafür ein, die Statue hier zu behalten und 1945 schenkte die polnische Exilregierung sie der Stadt New York. Seither steht der König hier, ein erstarrter Sieger.

DIE GRANITSTATUE
VON ALEXANDER HAMILTON

Ein Andenken an das Große Feuer

Central Park
*Auf der Westseite des East Drive, etwa auf Höhe der 83rd Street, hinter dem
Metropolitan Museum of Art*
nycgovparks.org/parks/centralpark/highlights/11942
Geöffnet von Sonnenaufgang bis 1 Uhr

F euer war für New York schon immer eine Gefahr, besonders, bevor die Stadt 1842 ihr erstes Wasserverteilungssystem einrichtete (siehe Seite 68). Für die großen Brände der Vergangenheit gibt es keine Denkmäler, nur Verluste. Zwei auffeinanderfolgende Brände im 19. Jhdt löschten im Zentrum die letzten Spuren der holländischen Ära aus und dem Großen Feuer von 1835 fielen mehr Häuser zu Opfer als bei jeder anderen Katastrophe in der Stadt. Die Statue von Alexander Hamilton im Central Park ist zwar kein Branddenkmal, aber ein kurioses Andenken daran.

Das große Feuer begann mit einer Gasexplosion in einem Warenhaus auf der heutigen Beaver Street. Es war eine kalte Dezembernacht: starke Windböen ließen das Feuer bald auf die umliegenden Gebäude übergreifen, während Helfer mit Eimern und freiwillige Feuerwehrleute versuchten, durch die Eisschicht in den Brunnen zum Wasser zu gelangen, das dann in den Schläuchen gefror oder in Form von Eissplittern zurückgeworfen wurde. Die Feuersbrunst breitete sich bald auf die Handelsbörse in der Wall Street aus. Darin befand sich die erste in den USA gefertige Marmorstatue: ein 4 Meter hoher Alexander Hamilton von Bildhauer Robert Ball Hughes. Das Denkmal, als schönste Statue im Land gefeiert, zeigte Hamilton im Kolonialstil gekleidet und stand in der großen Rotunde der Börse. Den Flammen ausweichend versuchte ein Trupp Matrosen die Statue zu retten. Sie schafften es, sie vom Sockel zu heben und kämpften sich damit Richtung Ausgang vor, als das Dach einstürzte und die Männer um ihr Leben rannten. Einem späteren Bericht zufolge: „betrachtete der Künstler die Szene mit teilnahmsloser Verzweiflung und als sein geniales Werk, und dem er zwei lange Jahre gearbeitet hatte unter den Ruinen begraben wurde, schluchzte und weinte er wie ein Kind." Ein Modell des Werks ist im Museum der Stadt New York zu sehen.

Die Statue, die heute im Central Park steht, ist von Carl Conrad und wurde von Alexander Hamiltons jüngstem Sohn, Church Hamilton, in Auftrag gegeben. Es ist aus einem Material, das nicht oft für Porträtstatuen verwendet wird: Granit. Man sagt, John Church habe den robusten Stein gewählt, damit das Denkmal seines Vaters alle Katastrophen, die zukünftig auf die Stadt zukommen sollten, überleben würde.

SENECA

Ein verschwundenes Dorf

Central Park
Der Grundriss des Dorfes lag zwischen der 81st und 89th Street sowie zwischen der alten Seventh und Eighth Avenue; Fundamente findet man etwa 45 Meter östlich des Spielplatzes beim Eingang auf der 85th Street
Geöffnet von Sonnenaufgang bis 1 Uhr

In der *Times* vom 9. Juli 1856 steht: John Humphries wurde wegen Körperverletzung festgenommen (zwei Messerstiche); auf der Franklin Street wurde ein neues Feuerwehrauto getestet; Mr. George Armstrong ertrank bei einem Angelausflug und Ende des Monats würde eine ganze Gemeinde das Gebiet westlich des alten Wasserspeichers räumen müssen. „Innerhalb des Central Parks liegt eine hübsche, kleine Siedlung, die als „Nigger Village" bekannt ist," heißt es im Artikel. [...] Es ist zu hoffen, dass die Umsiedlung so behutsam wie möglich erfolgt."

Der richtige Name des Dorfes war Seneca. Der letzte noch sichtbare Rest, ist die Ecke eines Fundaments auf Höhe der 85th Street gegenüber dem Spielplatz. Seneca war dem Vernehmen nach außergewöhnlich. Sogar der Times Artikel ist darauf bedacht zu betonen, wie sehr es sich von den jämmerlichen Hütten der Iren („gemeinsam mit Schweinen und Ziegen") weiter südlich unterschied. 1825 gegründet, gab es im Dorf drei Kirchen, Holzhäuser auf zugewiesenen Parzellen, eine natürliche Quelle, Kellerschulen und 260 großteils afro-amerikanische Einwohner. Weit entfernt von einem Ghetto, war es eine ländliche Oase inmitten des Chaos, der Seuchen und der Bigotterie des Stadtzentrums. Dort besaßen schwarze Einwohner auch das, was sie per Gesetz benötigten, um wählen zu können: eigenen Grundbesitz.

1853 erließ die Stadt ein Gesetz, der die Übernahme des Landstreifens in Manhattan erlaubte, der für den Central Park bestimmt war. Die Grundbesitzer in Seneca wurden ausgezahlt und die Siedlung wurde zerstört. Im Sommer 2011 gruben Archäologen der Columbia in diesem Gebiet und fanden Gegenstände des täglichen Lebens: Geschirr, Töpfe, einen Kinderschuh. Ashley Anderson, eine Erzieherin, die bei den Ausgrabungen half, fand eine Gürtelschnalle. „Es gab auch andere vorrangig afro-amerikanische Dörfer," sagt sie, „doch eine moderne Gemeinde und mittelständisch? Es war unglaublich." Sie gibt auch ein Detail Preis, das man bei der Conservancy-Tour nicht erfährt: das Fundament, wahrscheinlich alles, was von Seneca übrigblieb, ist nicht das einer Kirche, wie allgemein angenommen, sondern ein späterer Bau, der genau darüber errichtet wurde. Also, alles was es noch von Seneca gibt, ist eine Art architektonisches Echo und das, was noch unter der Erde liegt. Auf die Frage, wohin diese innovativen Afroamerikaner gegangen sind, schüttelt Anderson nur den Kopf. Niemand konnte das bis jetzt herausfinden.

DIE GEDENKBANK
FÜR ANDREW HASWELL GREEN

Der Vater des Großraums New York

Central Park
Wenn Sie vom East Drive in den Central Park Driveway einbiegen (etwa auf
Höhe der 104th Street), nehmen Sie den ersten nach Norden führenden Weg
und folgen ihm ungefähr 55 Meter
nycgovparks.org/parks/central-park/monuments/638
Geöffnet von Sonnenaufgang bis 1 Uhr

Am 1. Januar 1898 wachten die New Yorker in einer Stadt auf, die ihre Größe über Nacht auf 3,5 Millionen verdoppelt hatte und somit nach London die zweitgrößte der Welt war. Grund war der Zusammenschluss der Bezirke Manhattan, Bronx, Queens, Brooklyn und Staten Island und der Mann hinter diesem Plan war ein gewisser Andrew Haswell Green. Im Norden des Central Parks steht auf einem Hügel, am Rande einer kleinen Lichtung eine große Marmorbank. Sie ist Greens einziges Denkmal in New York. Sein Einfluss auf die Grenzen der Metropole brachte ihm den Beinamen „Vater des Großraums New York" ein und ist Grund genug, seiner zu gedenken. Doch sein Einfluss war weit größer. 1895, Generationen bevor sich die Stadt in den 1960ern schließlich mit ihren selbstzerstörerischen Kräften auseinandersetzte, gründete Green die American Scenic and Historic Preservation Society zum Schutz der Grünflächen in der Stadt. Er war während des Baus des Central Parks im Board of Commissioners und ist großteils dafür verantwortlich, dass der Park nicht vom meisterlichen Originalentwurf der Architekten Frederick Law Olmsted und Calvert Vaux abweicht. Green war auch maßgeblich an der Entstehung der öffentlichen Bücherei in New York beteiligt, die ohne ihn kein Leihsystem hätte.

Und da ist diese Marmorbank. Sie steht am wenig besuchten nördlichen Parkende und man erreicht sie über einen schmalen Pfad, den sogar jene, die den Ort kennen, kaum wiederfinden. Im Sommer ist das Gras hier gelb, im Winter wird der Schnee nicht geräumt. Überall liegt Müll herum. Eine geräumige glatte Steinbank an einem einsamen Ort, von Bäumen umgeben: hier könnte genausogut ein Schild mit der Aufschrift „LANDSTREICHER WILLKOMMEN" stehen. Wenn Sie meinen, Green hätte etwas Besseres verdient, dann ist die Art, wie seiner

gedacht im Vergleich zu seinem Tod mehr als freundlich. „Andrew H. Green ermordet," ist die Schlagzeile der Times vom 14. November 1903. Ein Mann namens Cornelius Williams verfolgte Green auf seinem Weg von der Arbeit nach Hause. Gerade als der 83-jährige das Eisentor seines Hauses auf der 40th Street erreicht hatte, schoss er fünfmal auf ihn. „Er hat es verdient" sagte Williams bei seiner Anhörung. „Er zwang mich, es zu tun!" Später stellte sich heraus, dass Green nicht nur nichts Falsches getan hatte außerdem waren er und sein Mörder sich niemals begegnet. Cornelius Williams war verrückt.

DIE GEMÄLDE IM STETTHEIMER-PUPPENHAUS

Eine kleine, aber erlesene Sammlung

Museum of the City of New York
1220 Fifth Avenue
mcny.org
212-534-1672
Dienstag-Sonntag 10-17 Uhr
Linien 4 und 6 / 103rd St

Eine seltene Version von Marcel Duchamps *Akt, eine Treppe herabsteigend* hängt im Stettheimer-Ballsaal. Mit Tinte, Wasserfarben und Bleistift gearbeitet und von Duchamp unten links signiert, stellt das Werk in seiner Energie und Kühnheit eines der größten Meisterwerke der Moderne dar. Für den vollen Genuss betreten Sie den Ballsaal vom Norden her und arbeiten sich nach rechts vor und dürfen nur 12 cm groß sein.

Das Gemälde ist eines von vielen in der ungewöhnlichsten Kunstsammlung New Yorks, dem Stettheimer Puppenhaus, wo die briefmarkengroßen Gemälde und Zeichnungen keine Kopien, sondern Originale sind - echte Kunstwerke von berühmten Künstlern. Die Stetthcimers - Carrie, die das Puppenhaus anfertigte und ihre Schwestern Ettie und Florine - waren die Töchter eines reichen deutschen Bänkers, der sie verließ, als sie noch Kinder waren. Die Schwestern und ihre Mutter zogen jahrelang durch Europa, bevor sie sich in New York im noblen Alwyn Court auf der West 58th Street niederließen. Die Stettheimers waren provokant „modern": sie rauchten, lehnten Romanzen, Ehe und Kinder ab und hatten eine theatralische Schwäche für bunte Perücken, Diamanthalsbänder und venezianische Kostüme. Ihr Appartment wurde zum Treffpunkt für Künstler und Intellektuelle der New Yorker Avantgarde. Florine, Malerin, war die treibende Kraft; Ettie, Schriftstellerin, war die geistreiche Unterhalterin; Carrie die Gastgeberin und Miniaturkünstlerin. Sie war fast 50, als sie mit dem Puppenhaus begann und fertigte viele der detaillierten Einrichtungsgegenstände per Hand an. Die Miniaturgemälde wurden von Künstlern, die den Salon frequentierten, beigesteuert. Der Ballsaal enthält unter anderem Werke von renommierten Modernisten wie Duchamp, Albert Gleizes und Alexander Archipenko sowie zwei Zeichnungen und eine 15 cm große Alabasterstatue von Gaston Lachaise.

Nach Carries Tod 1945 gab Ettie das Puppenhaus dem Museum. Florine Stettheimer vermutete, dass Carrie sich so auf das Puppenhaus fokussierte (insgesamt 30 Jahre), um ihre gescheiterten Ambitionen als Bühnenbildnerin zu sublimieren. Als Leser vermutet man vielleicht, dass der Künstlersalon der Stettheimers eine kollektive Sublimierung dreier Frauen war, die in einer Art permanenter Kindheit gefangen waren. Wie auch immer, schon der *Akt, eine Treppe herabsteigend* lohnt einen Besuch.

DAS MÜLLMUSEUM

Warum wirft man so etwas weg?

43 East 99th Street
Eigentlich nicht öffentlich zugänglich: versuchen Sie ihr Glück
Linie 6 / 96 St

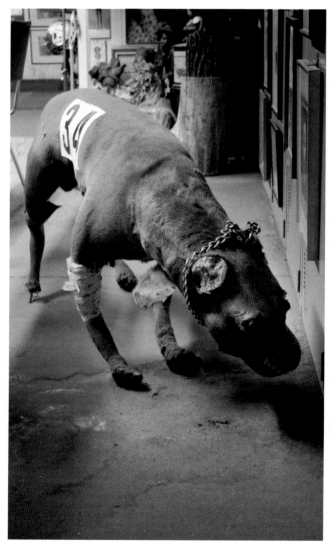

Das Greatest Hits Album von Billy Joel, das Sie aus gutem Grund 1995 weggeworfen haben, existiert noch irgendwo. Es schwimmt vielleicht im Meer, verrottet tief unter einer Deponie oder wird vom Winde verweht. Oder es hat Glück und liegt mit anderen unerwünschten Gegenständen in einer sauberen Kiste im Lager der Stadtreinigung auf der East 99th Street als eines von tausenden „Schaustücken" im Müllmuseum.

Offiziell gibt es das Museum nicht und Sie werden es in keinem Stadtführer finden. Und das, was es enthält, ist eigentlich nicht zur Unterhaltung gedacht. Es ist eine umfassende Sammlung von Objekten, die, aus welchem Grund auch immer, Müllmänner dazu veranlasst haben innezuhalten und sich zu fragen: Warum wirft man so etwas weg? Müllmänner sind in New York die letzte Instanz, wenn es sich um den Wert eines Objekts handelt und manchmal lassen sie Gnade walten. Eine wirklich großartige Kompetenz. Ungeliebtes Spielzeug, alte Technologien, Poster in billigen Rahmen, Gemälde von Künstlern ohne Talent, kaputte Kuckucksuhren, Bowling-Pokale von Zweitplatzierten. Viele Objekte fallen in die dehnbare „völlig in Ordnung"-Kategorie: alte Bücher und Alben, Geschirr und Sportausrüstung. Andere sind ein skurriles Rätsel: ein echter Hund, groß und muskulös, ausgestopft wie eine Jagdtrophäe.

Wie bei den meisten großartigen Dingen, verdankt das Müllmuseum seine Existenz den Marotten eines einzigen Mannes. Nelson Molina begann 1981 damit, Gegenstände von der Straße mitzunehmen, um seinen Bereich im Umkleideraum zu dekorieren. Langsam, wurden es immer mehr, da Kollegen ihre geretteten Dinge dazustellten. „Es kommt nicht darauf an, was es ist," erzählte Molina der *Times*. „Solange es cool ist, ich es aufhängen kann und es Platz dafür gibt."

Das Müllmuseum gibt Dingen Raum, denen Sie keinen geben würden. Man wird Sie wahrscheinlich nicht verjagen („Es ist nicht meine Aufgabe Ihnen zu sagen wo Sie und wo Sie nicht hingehen können," sagt ein Arbeiter auf dem Gehweg davor), aber auch nicht ermutigen. Diese Kerle haben unseren kollektiven Sinn für Werte ausgestellt. Es ist ein Museum über uns, aber nicht für uns.

DAS ARSENAL DER A-KOMPANIE ⑬

Die Festung auf der Madison Avenue

Madison Avenue zwischen der 94th und 95th Street
Nur die Fassade zur Madison Avenue hin ist original; die Park Avenue Fassade
ist eine neuere Ergänzung in ähnlichem Stil
Linien 4 und 6 / 96th St

Besucher, die zum ersten Mal auf der Upper East Side sind, freuen sich oft über eine scheinbar vollständig erhaltene mittelalterliche Festung auf der Madison Avenue. Zwei Backsteintürme mit Schießscharten, Türmchen und Zinnen. Heute befindet sich innerhalb der Mauern eine Schule: werfen Sie dort, wo Sie die Zugbrücke vermuten würden, einen Blick hinein und Sie werden einen Spielplatz voll schreiender Kinder sehen.

Die Festung gehörte einst der A-Kompanie, den „New Yorker Husaren," einem elitären Gesellschaftsclub, der den Innenhof für berittene Kampfübungen nutzte. Mit dem Bau des Gebäudes wurde 1894 begonnen. Die Husaren, eigentlich für Auftritte und sportliche Zwecke gedacht, wurden 1889 zu einer Einheit der New York State National Guard und kämpften später im spanisch-amerikanischen Krieg und in beiden Weltkriegen. An der Wand hängt eine Bronzetafel mit ihrem Leitspruch: *BOUTEZ EN AVANT* ("Vorwärts").

Das Ziegelgebäude ist im Stil eines „antiken Normannenschlosses," erbaut, könnte aber genauso gut Camelot sein. Von Zeit zu Zeit rankt sich sogar Efeu um die runden Ecktürme, als hätte ein penibler Kulissengestalter ihn dort angebracht. Wenn Sie die Ungereimtheiten einer Festung einem Taxi vorziehen, interessiert es Sie vielleicht, dass die Erker, die Türme und der ganze Rest fast dem Erdboden gleich gemacht wurden. Als das Arsenal der A-Kompanie in eine Schule umgewandelt wurde, hatte man vor, die Türme durch sechzehn-stöckige moderne Bauten zu ersetzen. Doch die Stadt, die von der Zerstörung der Penn-Station noch traumatisiert war (siehe Seite 170), stellte sie 1966 unter Denkmalschutz.

IN DER UMGEBUNG
Isalmisches Kulturzentrum

Drei Blocks weiter östlich befindet sich ein interessantes Gebäude, das den unbarmherzigen Straßenraster auf ganz eigene Weise bezwingt. Die meisten Moscheen in New York sind, einfach nach „Osten" ausgerichtet, Richtung Mekka. Doch wie schon erwähnt (siehe Seite 112, 178 und 180) passt sich der Raster Manhattans an die Neigung der Insel an.

Die Planer des isalmischen Kulturzentrums auf der Third Avenue 1711 wollten hinsichtlich der Himmelsrichtung des heiligsten Ortes im Islam auf Nummer sicher gehen und richteten ihre Moschee an der Geodäte mit Mekka - der kürzest möglichen Verbindung zwischen zwei Punkten auf einer Kugel - aus. Was auf der Landkarte gekrümmt aussieht, ist islamisch gesehen perfekt.

DER ZIEGFELD-KOPF

Der letzte Rest eines legendären Theaters

52 East 80th Street
Linien 4, 5 und 6 /77th oder 86 St

Vielleicht ist es deshalb so schmerzhaft, Skulpturen nicht mehr benötigter Gebäude auf dem Müll landen zu sehen, weil wir sie so sehr mit der Antike verbinden. In New York wurde dieser Schmerz öfter provoziert als in den meisten amerikanischen Städten. Der Denkmalschutz nahm seinen Anfang, als ein Fotograf einen Steinengel der kurz davor abgerissenen Penn Station (siehe Seite 170) auf einer Mülldeponie in New Jersey entdeckte. Als das legendäre Ziegfeld-Theater ein paar Jahre darauf verkauft und zum Abriss freigegeben wurde, wehrten sich die New Yorker, doch die neu gegründete Denkmalschutzkommission konnte den Abbruch nicht aufhalten. Heue ist das Ziegfeld nur noch Staub, doch ein Stück hat überlebt. Es steht auf der East 80th Street, hinter einem Tor, beim Kellereingang eines Stadthauses - neben den Mülltonnen (ein dezenter Hinweis).

Vom Wiener Bühnenbildner und Architekten Joseph Urban entworfen, sollte das Ziegfeld Theater weniger ein Gebäude als eine überirdische Erfahrung werden. „Im Gegensatz zu den meisten von uns, die Kunst nur in Bezug auf ihre Umgebung wahrnehmen," schreibt die Times zur Eröffnung des Theaters 1927, „ ist Mr. Urban ein Schöpfer, der Träume wahr macht. Innen hatte das Theater die Form eines Eies, mit zur Bühne hin gekrümmten Wänden. Die Fassade war ein modernes Bühnenportal aus Kalkstein mit riesigen eingelassenen Säulen auf beiden Seiten, deren Rillen wie die Falten eines zugezogenen Vorhangs aussahen. Nachts durchfurchten helle Scheinwerfer das Gebäude und zeichneten verschwommene Muster auf die West 54th Street. Hoch über dem Eingang prangten stilisierte Masken von Komödie und Tragödie, geschwungen und gerillt wie Widderhörner. Darüber schwebten 3,5 Meter hohe Schutzgöttinnen mit hypnotisierenden Augen.

Die Wirtschaftskrise ruinierte das Broadway-Geschäft des Theaters. Nachdem man es in ein Kino und dann in ein Fernsehstudio umgewandelt hatte, schloss es 1966 schließlich seine Pforten und wurde verkauft, um einem seelenlosen Glas- und- Stahlturm Platz zu machen. Kurz nach dem Verkauf, fuhr Theaterproduzent Jerry Hammer mit dem Immobilienentwickler in einer Limousine am alten Steintheater vorbei, als dieser anmerkte, dass er es bald abreißen würde. Hammer meinte scherzend, dass er gerne eine der riesigen Wächterinnen hätte, wenn es so weit sei. Vier Monate später hörte er vor seinem Stadthaus auf der East 80th Street Lärm. „Da kommt ein LKW mit einem Kran," erzählte Hammer der *Times*, „und einem Kopf und sie fragen mich, wo sie ihn hinstellen sollen." Und seit damals ist der Kopf nun hier.

DIE WANDMALEREIEN
IN DER BEMELMANS BAR

Wandmalereien für freie Logis

Carlyle Hotel
35 East 76th Street
thecarlyle.com
212-744-1600
Öffnungszeiten: täglich 12-1 Uhr
Linien 4 und 6 / 77th St

Die Bemelmans Bar im Carlyle Hotel strahlt etwas Sanftes und Warmes aus, als ob der gesamte Raum mit Bernstein verkleidet wäre. Die Bar selbst besteht aus poliertem, mit Leder eingefasstem Granit. Die Abdeckungen der Tische sind aus schwarzem Glas, die Blattgolddecke reflektiert matt das Licht. Doch irgendwann bemerkt man im Dämmerlicht die Wände bzw. die seltsamen Figuren darauf. Ein langbeiniges Känguru zum Beispiel, das mit einem Baby im Beutel an einem Café-Tisch sitzt. Eine Giraffe mit Nadelstreifhose und Schnürschuhen (zwei Paar), die den Hut vor einem Passanten zieht. Ein Zigarren rauchender Hase. Seit 1947 ist die Bar ein Design-Highlight, einzigartig in New York: wo Alkohol und Kinderzeichnungen aufeinandertreffen.

Der Schöpfer der Malereien und Namensgeber der Bar ist Ludwig Bemelmans, ein österreichischer Schriftsteller und Künstler, der schon als Teenager nach New York kam. Jahrelang arbeitete Bemelmans als Hilfskraft im Ritz-Carlton Hotel. Er versteckte sich gerne hinter den Palmen im Speisesaal und skizzierte die Gäste auf den Rückseiten von Speisekarten. 1939 veröffentlichte er das erste einer Reihe von Büchern über das mutige französische Mädchen Madeline, die in einem Pariser Internat lebt. Sie machten ihn berühmt.

„Das Wandbild zeigt die vier Jahreszeiten im Central Park," sagt Tommy, der Barkeeper und deutet auf die Figuren an der Wand. Tommy arbeitet seit einem halben Jahrhundert im Carlyle und beherrscht die Kunst des kurzen, respektvollen Small Talks. Während er die Geschichte erzählt, zieht er Korken um Korken aus den Weinflaschen ohne hinzusehen. „Aber die vier Jahreszeiten mit Tieren anstelle von Menschen. Und in der Vergangenheit." Man erkennt einige Wahrzeichen: das Belvedere Castle, die Nadel der Kleopatra. Doch sie befinden sich in verwirrender Gesellschaft, wo Dackel Panamahüte tragen und Häschen riesige Schneehasen bauen. Warum es so gut ankommt, ist ein Geheimnis. Bemelmans Zeichnungen sind nicht niedlich: sie sind leger und stilvoll zugleich und machen auf ihre eigene Art Sinn.

Bemelmans liebte das Reisen und das Hotelleben. Anstatt Geld für die Wandmalereien zu verlangen, entschied er sich für 18 Monate kostenlose Logis im Carlyle für sich und seine Familie. Es heißt auch, dass sie eigentlich schon im Hotel wohnten und Bemelmans anbot, die Malereien anzufertigen, weil er pleite war. „Na ja," sagt Tommy, „ich bin seit 53 Jahren hier und das ist alles, was ich weiß.."

WOHNSTÄTTEN AUF DER MADISON AVENUE

Gemäuer für die kleinen Leute

942 Madison Avenue
Linien 4 und 6 / 77th St

Auf einem Fensterbrett im zweiten Stock des alten Mortgage and Trust Company Gebäudes, kann man ein Art Nest aus Ton erkennen: ein roter Hügel, auf dem ein rätselhaftes Gebilde thront. Ein Teleobjektiv zeigt, dass das Gebilde aus kleinen Ziegeln besteht und wie eine menschliche Behausung aussieht. Es könnte eine verlassene Siedlung der Südwest-Indianer sein - Hopi oder Zuni - doch Indianer, die nur 2cm groß sind.

Die Miniaturbauten sind das Werk des Künstlers Charles Simonds. „In den letzten drei Jahren habe ich in den Straßen New Yorks Wohnstätten für imaginäre kleine Leute gebaut, die durch die Stadt wandern.," sagt er 1972 in einem Film über seine Werke. „Jede Wohnstätte erzählt einen Teil der Geschichte dieser Leute." Die Behausung, die man von der Madison Avenue aussieht, ist eine von drei in der Umgebung. Eine weitere sitzt unter dem pyramidenförmigen Dach eines Schornsteins, der hinter dem Mortgage und Trust emporragt und die dritte wird im Whitney Museum gleich gegenüber ausgestellt. Das Interesse des Museums macht Simonds zu einem der großen armerikanischen Künstler, doch das Projekt, das Downtown seinen Anfang nahm, gehört eigentlich auf die Straße: es beschäftigt sich mit drei Fragen - jener nach Sicherheit, Gemeinschaft und Veränderung. Das Integrieren der Tonbauten in Hausecken oder auf Bordsteinen, erlaubte es Simonds, sich mit New York zu verbinden: draußen, vor den Augen der Leute. Im Film sieht man, wie er still Ziegeln in der Größe eines Reiskorns mit der Pinzette aufnimmt, um winzige Maueren auf einem Betonfundament in der Lower East Side zu bauen, während Zuschauer versuchen, daraus schlau zu werden. „Wird er dafür bezahlt?", fragt jemand.

Simonds baute jede Behausung mit dem Hintergedanken, dass sie durch das Einwirken der Stadt schließlich zu Staub zerfallen würde: ein Zufluchtsort weniger für die kleinen Leute. Das Werk auf der Madison, *Dwellings*, ist durch seine Höhe geschützt: die Fensterbretter und Schornsteine gibt es hier seit 1981. Das Mortgage and Trust wird zur Zeit vom Juwelier David Webb gemietet und die Mitarbeiter haben vom Fenster ihrer kleinen Küche eine gute Sicht auf die Behausung - grobe, durch Stäbchen verstärkte Ziegelmauern. Die Verkäuferin Alma Continanzi genießt das Geheimnis. „In dieser großen Stadt gibt es diese kleine Ecke, von denen niemand weiß," sagt sie.

DER VETERANENSAAL IM ARSENAL DES SIEBENTEN REGIMENTS

Innendesign für alte Krieger

643 Park Avenue - armoryonpark.org
Veranstaltungen im Onlien-Kalender abfragen; Führungen unter 212-616-3930 buchen
Linien 4 und 6 /68th St - Hunter College; Linie F /Lexington Av - 63rd St

1880 erbaut, ist das Arsenal des siebenten Regiments das einzige privat finanzierte Arsenal der USA. In jedem Detail erkennt man den Geschmack der Mitglieder: Sprößlinge großer holländischen und englischen Famlen in New York, die so reich waren, dass sie den Spitznamen Seidenstrumpfregiment erhielten. „Der Reichtum New Yorks," sagt Kirsten Reoch. „Das ist er."

Reoch ist Projektleiterin im Park Avenue Arsenal, wo Ehrenamtliche das Gebäude fleißig renovieren und es als kulturelles Kunstzentrum neu erfinden. Um es von innen zu sehen, nimmt man am besten an einer Veranstaltung teil, zum Beispiel an einem Konzert der New Yorker Philharmoniker und schlendert dann durch das Erdgeschoß bis zum bemerkenswerten Veteranensaal. Hier sieht man wie gut sich ein unbegrenztes Budget mit dem Militär-Stil vereinbaren lässt.

„Damals war Inneneinrichtung nichts typisch Weiblich," sagt Reoch. „Sie war irgendwie Teil der schönen Künste. Und die Männer waren hier sehr aktiv." Zu sagen, die Einrichtung habe einen männlichen Touch trifft es nicht ganz: der Saal strotzt vor Testosteron. Geschnitzte Holzbalken, Schmiedeeisen, poliertes Holz; Drachen, Adler, lanzenstechende Ritter, Gladiatoren. Der Fries auf dem Deckengesims erzählt auf einzelnen Tafeln die Geschichte der Kriegskunst. Und besonders bemerkenswert: alles passt zusammen. Der Veteranensaal ist ein frühes Werk der Innenarchitekten, die die Stadt bald unter dem Namen Associated Artists erobern sollten: Lockwood de Forest, Samuel Colman, Candace Wheeler und Louis Comfort Tiffany. Tiffany war der führende Kopf und der Veteranensaal gilt als sein umfassendstes Innenraumdesign.

Ein Detail fasst die Atmosphäre dieses Raums zusammen: die großen Pfeiler, die eng mit Eisenketten umwickelt sind. Es sieht hübsch aus, plastisch, martialisch. Während des Bürgerkriegs hatte ein Regimentsoffizier die Idee, eine lange, zwischen zwei Kanonenkugeln befestigte Kette über das Feld segeln zu lassen, die, wie Reoch sagt: „alle Männer auf der anderen Seite abschlachten sollte." Es hätte vielleicht funktioniert, doch Feldkanonen können nicht aufeinander abgestimmt werden. Dieses männerschlachtende Kettensystem wurde nur einmal ausprobiert. Die erste Kugel schoss heraus und flog ihnen hinter der Linie um die Ohren. Die Ketten hier sind ein Insiderwitz des siebenten Regiments.

Die Metallic-Effekte im Interieur sollten vor allem unter der Gasbeleuchtung des 19. Jhdts zur Geltung kommen. Im stetigen Flackern der Flammen muss der Veteranensaal wie ein Schatz geglänzt haben.

DAS MOUNT VERNON HOTEL MUSEUM

Ein letztes Aufflackern des ländlichen Manhattans

421 East 61st Street
mvhm.org
212-838-6878
Dienstag-Sonntag 11-16 Uhr
Linien N, R, 4, 5 oder 6 /59th Street - Lexington Av; Linie F /Lexington Av

Es gibt in Manhattan einige wenige Häuser aus dem 18. und 19. Jhdt, die uns weit in die Geschichte zurückführen: Das Dyckman Farmhouse, die Morris-Jumel Mansion und das Merchant's House. Sie alle haben knarrende Böden, einen Duft zwischen Politur-Staub und Tische beladen mit Lebensmitteln aus Wachs. Das Mount Vernon Hotel gehört auch dazu, mit einem Unterschied. „Architekturhistoriker stellten fest, dass wir das einzige verbliebene Gebäude sind, das als Tageshotel diente" sagt Carol, ein Guide.

Wenn Sie nicht wissen, was ein Tageshotel ist: „So etwas wie ein Country Club heute," sagt Carol. „Country" trifft es gut: obwohl es jetzt auf die brummende Queensboro Bridge blickt und im Schatten des bedrohlichem One Sutton Place North steht (ein 40-stöckiger Kasten aus schwarzem Glas, der „2001 Monolith" heißt), befand sich das Mount Vernon ca. vier Meilen vor der Stadt in der Provinz. Das urbane New York City hörte etwa bei der 14th Street auf. Jene, die es sich leisten konnten, fuhren mit der Kutsche die Boston Post Road oder mit dem Boot den East River hinauf, um sich in diesem gut ausgestattetem Kutschenhaus zu erholen Oben sangen und nähten die Damen und unten spielten die Männer Karten und tranken. Das Museum enthüllt kuriose Aspekte aus dieser Zeit.

Romane gab es nur im Salon der Damen, die Männer bevorzugten Zeitungen. Wasser, das damals im Allgemeinen nicht genießbar war, fehlt auf dem Esstisch. Das Hotel war mehr als ein Ort, an dem man frische Luft schnappte: es bot Zuflucht vor Cholera und Gelbfieber, die in der Stadt wüteten.

Da hier Wandel und Geschichte gleichermaßen stillstehen, ist das Mount Vernon der beste Ort in der Stadt, um den Übergang vom traditionellen zum modernen Stadtleben, der Manhattan hart und schnell traf, zu sehen. Die Stühle im Esszimmer lassen den Beginn der Massenproduktion erahnen. In der Küche gibt es einen traditionellen Herd, doch davor steht ein modernerer Reflektorofen. Im Salon gibt es eine Harfe, Piano und eine Flöte, während in der Ecke eine Drehorgel sitzt, eine Maschine, die ein paar populäre Lieder spielen konnte (Nr. 7: „Yankee Doodle). In den 1820ern war die East 61st Street noch eine kleine und eigenwillige Schotterstraße. Eine Generation später gehörte sie schon zum Straßenraster.

Das Kutschenhaus wurde 1799 erbaut und diente von 1827 bis 1833 als Tageshotel. Das Land gehörte ursprünglich Col. William Smith und seiner Frau Abigail Adams Smith, Tochter des Gründervaters John Adams.

Upper Manhattan

DIE PFORTEN DES PARADIESES

New York: Die große Apokalypse

Kathedrale St. John the Divine
Amsterdam Avenue und 112th Street
stjohndivine.org
212-316-7540
Täglich 7:30-18 Uhr
Linie 1 /110th St - Cathedral Pkwy

St. John the Divine ist die größte unfertige Kathedrale der Welt. „Eigentlich ist sie *so ziemlich* die größte der Welt," sagt Al Blanco, ein ehrenamtlicher Fremdenführer. Die Kathedrale in Köln ist höher und die in Sevilla ist breiter und der massive Petersdom in Rom ist keine Kathedrale, sondern eine Basilika. Das tut nichts zur Sache: St. John the Divine ist unglaublich groß und sie zu durchschreiten, ist eine der beeindruckendsten architektonischen Erfahrungen, die New York zu bieten hat. „Die Leute sind von der Größe und den dadurch hervorgerufenen Emotionen einfach überwältigt," sagt Blanco. Man fragt sich, welche Emotionen die Architekten mit den furchterregenden Reliefs am Eingang auslösen wollten.

Die *Pforten des Paradieses*, eine Gruppe von Kalksteinskulpturen, die den Kathedralen Eingang flankieren, wurde 1997 fertiggestellt. Unter den vielen biblischen Figuren sind sieben Propheten - Jesaja, Jeremia, Ezechiel und Daniel; Amos, Hosea und Jona. Wenn die Propheten eines gemeinsam haben, dann die Vorliebe für Gemetzel.

Ezechiel steht auf Grimassen schneidenden Totenköpfen, die auf seinen Traum vom Tal der verdorrten Gebeine hinweisen und laut Kirchenbroschüre, „die totale Zerstörung" darstellen. Das Kapitell unter Amos und Hosea zeigt einen Bus voller vom Pech verfolgter Pendler, die von einer eingestürzten Brooklyn Bridge fliehen. Doch es ist das Relief dazwischen, das die meisten am schaurigsten finden. „New York City," steht in der Broschüre, "mit den Twin Towers, unter einer Pilzwolke." Die Zwillingstürme neigen sich kurz vor dem Fall und sind von lodernden Flammen umgeben.

Die Menschen durch Angst in die Kirche zu bekommen, ist ein uralter Trick. Und schließlich ist die Kathedrale nach dem Autor des schrägen Buches der Offenbarung benannt. Trotzdem vermuten viele finstere Absichten hinter St. John the Divine. Sie sei freimaurerisch, heidnisch, satanisch. Und wenn man lange genug sucht, wird man Zeichen dafür finden. Doch wenn sich manche in diesem Bauwerk unwohl fühlen, hat das weniger mit bösen Intrigen zu tun, als mit dem Konflikt, der entsteht, wenn ein mittelalterlicher Koloss mit mittelalterlicher Dramaturgie im 20. Jhdt. erbaut - und im 21. Jhdt. fertiggestellt wird.

DIE FAHRRADSEGNUNG

Sie tun Gutes

Kathedrale St. John the Divine - Amsterdam Avenue Ecke 112th Street
stjohndivine.org
Die Segnung findet Anfang des Frühlings statt, Termin auf der Homepage:
blessingofthebikes.com
212-316-7540
Die Kathedrale ist täglich von 7:30-18 Uhr geöffnet
Linie 1 /110th St - Cathedral Pkwy

In St. John the Divine finden Events statt, die manche als unpassend für die Kirche empfinden. Die Kritik ist weniger eine Anklage, als ein Signal dafür, dass die Kathedrale, zumindest was Spezialveranstaltungen betrifft, die New Yorker anspricht. Sie erreicht bei der Geisterprozession zu Halloween die Zombie-Fans sowie die Haustierbesitzer, die ihre Hunde, Katzen, Vögel, Frettchen, Lamas, Elefanten u.s.w zur jährlichen Tiersegnung bringen, aber auch die Radfahrer, die ihre Räder jedes Jahr zur Fahrradsegnung in die Kirche schieben.

Im Death Race der Straßen von New York gibt es tausende mutige Radfahrer und nicht alle von ihnen kommen glimpflich davon. 1998 kontraktierte Glen Goldstein, der Organisator der Fahrradsegnung, den Leiter von St. John the Divine, um eine Zeremonie im Sinne der Fahrradsicherheit ins Leben zu rufen. Die Kirche war erfreut und ließ die Räder für eine Segnung mit Weihwasser in die Kathedrale. Es sind diese Vereinbarungen, die den weniger Toleranten gegen den Strich gehen: die Kathedrale ist eine Bischofskirche, Goldstein ist jüdisch und die Teilnehmer sind was auch immer (auf der Website zum Event steht: „Sie sind herzlich willkommen - egal welchem religiösen Glauben Sie angehören oder nicht angehören).

Und jedes Jahr werden es mehr. Angeführt von einem Dudelsacktrio (einer davon in Lycra) schieben hunderte Radfahrer ihre Gefährte durch das gemeißelte Portal der Kathedrale bis zum polierten Steinboden des Mittelgangs und stellen sich in ordentlichen Reihen auf. Die Atmosphäre ist eher kameradschaftlich als feierlich. Und obwohl hier wahrscheinlich mehr Räder stehen, als Sie je unter einem Dach gesehen haben (vor allem unter einem Kirchendach), bietet die gotische Größe der Kathedrale Platz für alle, wenn die Worte von Reverend Tom von den Wänden hallen. „Egal, ob Sie Radfahren, um Sport zu machen oder die Umgebung zu genießen," schmettert der Pfarrer, „ob Sie damit zur Arbeit fahren oder aus anderen Gründen aufs Rad oder ein Gefährt steigen, das keinen Verbrennungsmotor besitzt.... Sie tun Gutes." Nach der Rede, erklingt ein heller Chor und die Radfahrer, einem unsichtbaren Zeichen folgend, ihre Klingel betätigen.

Der erste aktenkundige Verkehrsunfall in der Geschichte Amerikas passierte in New York unter Beteiligung eines Fahrrads. Henry Wells verlor die Kontrolle über seinen pferdelosen „Wagen" am oberen Broadway und „fuhr im Zick-Zack" bis er Evylyn Thomas von ihrem Rad stieß. Sie überlebte.

DER FRIEDENSBRUNNEN

Ein rätselhafter Kampf des Guten gegen das Böse

Kathedrale St. John the Divine
112th Street Ecke Amsterdam Avenue
stjohndivine.org
212-316-7540
Linie 1 /110th St

Es überrascht nicht, dass vor der Kathedrale St. John the Divine, die selbst ein Unikum ist, das seltsamste Denkmal von New York steht. Der 12 Meter hohe *Peace Fountain* ist ein Gewirr aus Symbolen: züngelnde Flammen, riesige Krebse, eine DNA-Helix, ein grinsender Mond, der abgetrennte Kopf und die Nervenbahnen des Teufels, liebeskranke Giraffen. In der Mitte erhebt sich ein hagerer Erzengel Michael mit einem Schwert.

Zwei Touristen wagen eine Interpretation: „Also ein Typ mit Flügeln, der mit einer Giraffe herummacht.

Und dieses...was auch immer hat Luzifer den Kopf abgerissen."

„Eine Art Hummer. Doch das hier sieht wie Haifischzähne aus. Ich schätze, an einem öffentlichen Brunnen ist es wohl Kunst."

„Das alles ist Kunst, Kumpel."

Verschlüsselte Botschaften sind bei christlichen Skulpturen nichts Neues und mittelalterliche Kirchen in Frankreich, die für viele Symbole in St. John the Divine Vorbild waren, setzten Dämonen und Verdammte als Dekor ein. Der Friedensbrunnen wurde aufgrund seiner heidnischen Symbolik kritisiert, doch das Christentum bedient sich vieler heidnischer Bräuche und die Bezeichnung „gottlos" galt in New York noch nie als Beschimpfung. Auch wenn die Skulptur nicht allen gefällt, steht sie doch am richtigen Ort. Doch was bedeutet sie?

Wer genau hinsieht, wird eine praktische Bronzetafel entdecken, die alles erklärt - vielleicht etwas zu ausführlich. Der Brunnen zeigt, neben dem Sieg des Guten über das Böse, die Kontinuität des Lebens im Universum.

Giraffen, „sehr friedfertige Tiere," sind gut. Der Krebs „steht für den Ursprung des Lebens im Meer," und die DNA ist „das Schlüsselmolekül" des Lebens. Greg Wyatt, der Gastbildhauer von St. John the Divine, schuf den *Peace Fountain* in der Krypta der Kathedrale. Er wurde 1985 aufgestellt und seit damals inspiriert, beleidigt und erstaunt er seine Betrachter.

Als Gegenpol sind rund um den Brunnen viele kleinere Bronzeskulpturen mit Botschaften aus allen spirituellen Richtungen aufgestellt: Aesop, Gandhi, John Lennon. Diese Werke wurden von lokalen Schulkindern gestaltet.

DIE CHURCH OF NOTRE DAME ④

Eine französische Höhle mit Zusatznutzen

405 West 114th Street
ndparish.org
212-866-1500
Linie 1 /Cathedral Pkwy oder 116 St - Columbia University; Linien A, B und C/
Cathedral Pkwy oder 116 St

Wenn Sie religiöse Architektur mit Themenpark-Flair schätzen, hat Notre Dame nahe Morningside Park eine unerwartete Attraktion zu bieten: die gesamte Wand hinter dem Altar ist wie das Innere einer Höhle gestaltet. Nicht irgendeine Höhle, sondern die berühmte Grotte von Lourdes in Südfrankreich, mit Stein, Efeu und einer Nische für die Statue der Jungfrau Maria.

Die Kirche ist natürlich sehr französisch geprägt: Notre Dame wurde als Kirche für die Missionare der Barmherzigkeit, eine Gemeinschaft französisch katholischer Missionare gebaut. Die Verbindung zur Grotte von Lourdes geht auf Estelle Livingston Redmond zurück, eine bekannte Katholikin aus einer der ältesten New Yorker Familien, die das Grundstück kaufte und den Bau der Kirche finanzierte, um die Verehrung Unserer lieben Frau von Lourdes zu fördern, eine Marienerscheinung, von der zum ersten Mal 1858 in der französischen Höhle berichtet wurde. Redmond glaubte, dass das Quellwasser von Lourdes ihren eigenen Sohn geheilt habe. Die Pfarre wurde 1913 offizieller Partner der französischen Kultstätte, die den Gläubigen - mittels eines Prozesses, den die katholische Kirche vermutlich versteht – „denselben spirituellen Nutzen ermöglichen sollte, wie den Pilgern, die nach Lourdes in Frankreich kommen."

Diese Partnerschaft reicht weiter als man denkt - tatsächlich bis ins Jenseits. 2008, zum 150. Jahrestag der Marienerscheinung, verfügte Papst Benedikt XVI., dass eine Pilgerreise nach Lourdes im Jubiläumsjahr einen vollkommenen Ablass wert sei - eine Art direktes Ticket in den Himmel. In der Woche der ersten Marienerscheinung (2.-10. Februar), konnten gläubige Katholiken „in jeder Kirche, Grotte oder an jedem anderen würdigen Ort die geweihte Statue der Jungfrau von Lourdes besuchen, die zur öffentlichen Verehrung feierlich aufgestellt ist" und sich so das Fegefeuer ersparen. In dieser Woche, konnte man also bei einem Knicks-Spiel dabei sein, sich den *König der Löwen* ansehen und seine unsterbliche Seele retten - alles in ein und derselben Stadt.

Bis heute besteht die spirituelle Verbindung der Kirche zur Grotte in Frankreich: man bekommt hier Lourdes-Wasser. „Ich hätte gerne __ Flaschen Lourdes-Wasser", heißt es auf einem der Besucherbroschüre beigelegten Bestellabschnitt. „(Ich lege eine Spende von $ _ für die Versandkosten bei.)" Ein Arbeiter der Kirche erzählt: „Es kommt in großen Behältern aus Frankreich und wir füllen es in diese kleinen Fläschchen."

DER FEUERWACHTURM
IN HARLEM

Der letzte der ersten Wolkenkratzer

Marcus Garvey Park
Geöffnet von Sonnenaufgang bis 1 Uhr
Linien 2 und 3 / 125th St

Oben am höchsten Punkt des Marcus Garvey Parks steht ein alter Stahlbau. Fragt man im Viertel nach, gibt es verschiedene Theorien, was seinen Zweck betrifft. Sklavenmarkt. Militärische Festung. Leuchtturm. „Ich weiß, dass eine fette Glocke dort oben hängt," sagt ein Mann. „Das ist alles." Die fette Glocke wiegt 4,5 Tonnen und um ihren ursprünglichen Zweck zu verstehen, muss man sich ein Manhattan vorstellen, in dem die Gebäude höchstens fünf Stockwerke hoch und aus Holz gebaut waren.

Der Feuerwachturm in Harlem auf dem Mount Morris Hill ist einer von mehreren Wachtürmen aus Eisen, die zur selben Zeit gebaut wurden und einst freie Sicht auf das umliegende Gelände boten. Bis Mitte des 19. Jhdt., als mit dem Croton Aquädukt frisches Wasser nach Manhattan gelangte (siehe Seite 68), gab es häufig katastrophale Brände. Ältere Wachtürme waren aus Holz und fingen manchmal selbst Feuer. In den 1840ern fand man eine Alternative und mit ihr den architektonischen Schlüssel, der bald die Skyline von Manhattan in die Lüfte steigen ließ. Auf einer Reise nach Italien hatte der Ingenieur und Erfinder John Bogardus die Idee die Vielfalt alter Architektur mittels Gusseisen wiederzubeleben. Stahlkonstruktionen wurden teils bei kleinen Brücken und niedrigeren Bauten eingesetzt, doch die Kosten waren unverhältnismäßig hoch. Bogardus nutzte billigeres und leichter verfügbareres Eisen und die Stärke ineinandergreifender Stahlträger. Das für den Wachturm konzipierte System verteilte das Gewicht gleichmäßig auf das Stahlskelett - dasselbe System, nach dem moderne Wolkenkratzer gebaut sind.

Als Bogardus 1851 seinen ersten Turm an der Ecke 33rd Street und Ninth Avenue baute, war er der einzige freistehende Stahlskelett-Bau in Amerika. Bald folgte ein weiterer Turm auf der Spring Street. Bogardus bot beim Mount Morris Turm mit, wurde aber von einem Rivalen geschlagen, der den guten Riecher hatte, seine innovative Bauweise zu kopieren. Insgesamt wurden schließlich fast ein Dutzend Stahl-Wachtürme in Manhattan gebaut. Als die Stadt sich rund um die Türme in die Höhe reckte, wurden diese Bauten, Vorreiter des Hochhauses , überflüssig. Der Feuerwachturm in Harlem ist der einzige der noch steht.

DER WUNSCHBAUM

Man muss am Stumpf reiben

Apollo Theater
253 West 125th Street
apollotheater.org
Führungen: 212-531-5337
Linien 2, 3, B, C und D /125th St

Im Apollo Theater gingen unzählige große Auftritte über die Bühne. Doch auch viele kleine: die der Unbekannten, der verpassten Gelegenheiten, der kürzlich Entdeckten. Mittwochs findet im Apollo seit über 70 Jahren die „Amateur Night" statt, wo jeder sich vor einer lärmenden Menge präsentieren kann. Bei den Kulissen, auf einem eigenen Podest, steht ein ungewöhnliches Objekt: ein Teil eines Baumstumpfes. Daran zu reiben, bringt, nach Apollo-Tradition, Glück für den bevorstehenden Auftritt. Die Hoffnungsvollen haben das Holz auf Hochglanz poliert. Einige von ihnen traten hinaus ins Licht, nahmen das Mikro in die Hand und verwandelten sich in Whitney Houston, Ella Fitzgerald oder James Brown. Andere blieben, wer sie waren: einfach Leute. Doch der Stumpf steckt noch immer voller Träume.

Die Geschichte des Theaters ist auch die Geschichte Harlems. Ursprünglich ein von jüdischen Partnern geleitetes Varieté, war es die erste Spielstätte in New York, die einem weißen Publikum schwarze Künstler präsentierte. „Wie wir Schwarze tanzten, wie wir Musik spielten, unser Theater, unsere Gedichte, unser Intellekt, unser Engagement - das ganze Programm," sagt Historikerin und Tour-Guide Billy Mitchell. „Unsere weißen Brüder und Schwestern wollten Schwarze spielen sehen." Und dann wollten sie mehr davon: die amerikanische Kultur veränderte sich für immer. Und dieser breite Erfolg schwarzer Kultur inspirierte die Unbekannten, die es in der Amateur Night auf die Bühne zog, die den Stumpf rieben und beteten, entdeckt zu werden.

Der Ursprung des Wunschbaums geht über das Apollo und die Harlem-Renaissance hinaus und reicht bis tief in die schwarzen Stadtlegenden. Der Stumpf gehört zu einer großen Ulme, die Anfang des 20. Jhdt. auf der 131st Street vor dem alten Lafayette Theater stand, der führenden afro-amerikanischen Spielstätte des Landes. Die Künstler dachten, dass es Aufträge und Glück bringen würde, in ihrem Schatten zu stehen, ihre Rinde zu berühren oder ihre Zweige und Blätter zu tragen. Als man den Wunschbaum 1934 fällte, wurden seine Überreste als Souvenir und Feuerholz verkauft.

BÄR UND FAUN ⑦

Ein Park voller Räuber

Morningside Park
West 110th bis 123rd Street, Manhattan bis Morningside Avenue; der Brunnen
befindet sich etwa auf Höhe der 114th Street
nycgovparks.org/parks/morningsidepark
Linie 1 /Cathedral Pkwy oder 116th St - Columbia University; Linien A, C B /
Cathedral Pkwy oder 116th St

Bei Stadtskulpturen wird jeder zum Amateur-Historiker: öffentliche Abbilder regen zum Grübeln über vergangene Zeiten an. Oft geht dabei über die Jahre etwas verloren. Ein Beispiel dafür steht im Morningside Park: bald 100 Jahre versuchen Besucher die Botschaft eines bronzenen Brunnens gleich oberhalb des Ententeichs zu entschlüsseln.

„Das ist ein Junge," sagt ein etwa 8-jähriges Mädchen, die einen tropfenden Plastikbecher unter den Hahn des Brunnens hält. „Und der Bär will ihn fressen."

Das ist die übliche Interpretation und der Standort der Skulptur macht es nicht besser. Der jetzt großteils schöne Morningside Park war jahrzehntelang Treffpunkt für Crack-Abhängige und Taschendiebe.

Alle die länger als 20 Jahre hier leben, erinnern sich daran, den Ort gemieden zu haben. Doch der schlechte Ruf des Parks geht bis auf die Gangs der 1920er zurück und seine Nähe zu den Studenten der Columbia (der Park war quasi ein Grünstreifen zwischen der Ivy League und dem Harlem-Slum) hat im Laufe der Jahre zu so manchen Gewaltakten geführt. In den 1960ern wurde Morningside von der *Times* zum am wenigsten genutzten Park der Stadt gekürt, ein Ort, den sogar die Polizei nicht gerne betrat. Ein Artikel beschreibt einen wasserlosen Bronze-Brunnen mit „einem riesigen Bären, der begierig über einen Felsvorsprung lugt, unter dem ein ängstlicher Faun kauert."

Sollte der Brunnen jemals etwas Anderes als Angst vermittelt haben, dann sicher nicht sehr lange.

1914 schenkte Alfred Seligman ihn der Stadt. Der Künstler, Edgar Walter, war ein Schüler Rodins und ein Animalier mit einer Vorliebe für Bären. Er schuf Bären mit Faunen, Nymphen, Jägern, undwie ein Kritiker über seine Ausstellung schreibt, sogar „einen extrem attraktiven Bären, der Pökelfleisch verzehrt." Der Brunnen zeigt eine Szene, die, in einem anderen Park, vermutlich amüsant wäre: der Faun (ein Faun mit Hufen und Hörnern, kein Junge) wollte sich vor dem Regen schützen und wird vom Höhlenbewohner überrascht, dem es hier um Besitzanspruch und nicht Nahrungsaufnahme geht.

Mitch, ein Hundesitter, der hier mehrmals täglich vorbeikommt, genießt, dass der Park wieder sicher ist, versteht die Skulptur aber noch immer nicht. „Ich weiß nicht, wie irgendjemand das hier niedlich finden kann," sagt er. „Es sieht aus, als würde der Junge gleich sterben."

DIE VERBORGENE EULE
DER *ALMA MATER*

Ein Bildhauer mit einer Vorliebe für Vögel

Low Memorial Library, Columbia University
Ecke 116th Street und Broadway
Linie 1 /116th St - Columbia University

Auf den Stufen der Low Library im Zentrum des Columbia University Campus steht eine Statue, die viele kennen. Die *Alma Mater* ist seit mehr als einem Jahrhundert das Sinnbild der Universität. Mit lorbeerbekränztem Haupt, 3,5 Meter hoch, hebt sie ihre Arme von ihrem massiven Thron und überblickt den Hof mit durchdringendem Bronze-Blick, wie von ihrer eigenen Herrlichkeit verzaubert. Ein kleines, unscheinbares Detail lenkt von der Pracht ab: eine Eule, die aus ihrem Versteck tief in den Falten der Robe lugt.

Die Eule passt zum Thema. Die *Alma Mater* steht für die Kultivierung des studentischen Geistes (im Lateinischen bedeutet der Name „nährende Mutter"), doch die Figur ist eigentlich Minerva, die römische Göttin der Weisheit und des Krieges, deren mythische Gefährtin die Eule Glaucus ist. Die gute Nachtsicht der Eule, macht sie von Natur aus zu einer Gelehrten: ihre Augen durchdringen das Dunkel. Es gibt noch andere Symbole in diesem Werk: die Robe steht für das Studium, die Lampen auf den Armlehnen tragen die Namen *Doctrina* (Studium) und *Sapientia* (Wissen), auf dem Zepter in der rechten Hand der *Alma Mater* prangt die Krone des King's College, ein Andenken an die Anfänge der Columbia als königliche Hochschule (1754)

Sie denken vielleicht: die andere Hand wäre perfekt für eine Eule mit guter Nachtsicht. Doch dann wäre sie Dienerin der Institution. Die Eule ist so schwer zu finden, dass sie einen die Persönlichkeit des Bildhauers, Daniel Chester French, erkennen lässt: entdeckt man sie schließlich, ist es wie ein unsichtbarer Handschlag über mehrere Jahrzehnte hinweg. Vögel faszinierten French: seine erste Leidenschaft war die Tierpräparation. Als Jugendlicher hatte er „ein sonniges Gemüt, war geistreich und witzig [...], wusste aber nicht, was er später werden wollte." Seinen ersten Erfolg als Bildhauer hatte er mit einem Paar Eulen.

Er war vielleicht der größte amerikanische Bildhauer seiner Zeit.

Es gibt unzählige Werke von Daniel Chester French in New York, darunter die *Vier Kontinente* auf den Stufen des Customs House (jetzt das National Museum of the American Indian, siehe Seiten 56).

DAS RUTHERFURD-OBSERVATORIUM

Sterne über Manhattan

Pupin-Physiklabor - Columbia University
outreach.astro.columbia.edu - 212-851-7420
Jeden zweiten Freitag für Besucher geöffnet
Eintritt: frei
Linie 1 /116th St - Columbia University

Die Metropole ist ein schlechter Standort für ein Teleskop. Die Lichtverschmutzung in New York schluckt das Sternenlicht, das teilweise Millionen Jahre hierher unterwegs war - umsonst. In der relativen Dunkelheit des nördlichen Manhattan ist das Rutherfurd-Observatorium der Columbia University auf dem Dach des Pupin-Physiklabors einer der besten atronomischen Aussichtspunkte der Stadt. Entdecken Sie bei einem Event des Outreach Programs die rotierende Kuppel voller Planeten und Sternen.

Die Abende beginnen mit einem 30-minütigen Vortrag von Studenten und Professoren zu einem astronomischen Nischenthema: Aufzeichnungen zu Sonnenflecken im alten Asien, Gammateleskope, explodierende Sterne. Was man lernt ist, dass Astronomen unglaublich nett sind. „Man hat eine halbe Stunde, um den Leuten zu erklären, was einem an der Astronomie gefällt," sagt die Doktorandin Christine Simpson. „Es macht Spaß." Was nach dem Vortrag passiert, ist vom Wetter abhängig: in bewölkten Nächten gibt es eine Diashow. Ist es klar, fährt man auf das Dach zur dunkelgrünen Kuppel des Teleskops.

„Was die Atmosphäre mit Sternenlicht macht, ist interessant," sagt Neil Zimmerman, Dr. der Abteilung für Astronomie. Im Dunkeln hört man nur seine Stimme. Die Besucher stehen in einer langen Schlange um ihn herum. „Eine hübsche Sache. Sie verzerrt das Bild und man sieht mehr als nur einen Lichtpunkt." Heute ist das große Teleskop auf Sirius gerichtet, den hellsten, von der Erde aus sichtbaren Stern. Man kann ihn durch den Spalt bereits erkennen, ein glitzernder Punkt am Himmel. Durch das Teleskop wird der Stern zu einem leuchtenden Fleck, der seine Form verändert, von Farben umrahmt ist und irgendwie flüssig aussieht, als ob er durch Badewasser leuchten würde.

Es gibt zwei kleinere Teleskope auf dem Dach: eines mit Kuppel, auf den Sternhaufen im Orionnebel gerichtet und ein offenes auf den Saturn gerichtetes. Der Gasriese erscheint als heller Streifen, doch der schräge Sternengürtel ist deutlich zu sehen. „Astronomie ist meine Passion," sagt ein Mann mit einem Fernglas um seinen Hals und ein Blick in seine Augen bestätigt das. „Hat jemand was dagegen, wenn ich mir kurz New Jersey ansehe?", fragt er.

„Nein?" - und schwenkt das Teleskop Richtung Hudson.

Die erste Atomspaltung

Im Pupin-Physiklabor fand die erste Atomspaltung statt. Die Rolle New Yorks bei den Vorarbeiten für die Atombombe ist der Ursprung des Codenamen „Manhattan-Projekt".

DAS GLOCKENSPIEL
IN DER RIVERSIDE CHURCH

Die schwerste gestimmte Glocke der Welt

490 Riverside Drive
trcnyc.org - 212-870-6700
Öffnungszeiten: täglich 7-22 Uhr
Linie 1 /116th St - Columbia University

Die Riverside Church, die höchste Kirche der USA, ist konzipiert und gebaut wie ein Hochhaus . Der Stein hängt auf einem Stahlgerüst. Der von John D. Rockefeller finanzierte Bau wurde 1927 begonnen und schon drei Jahre später fertiggestellt. Der robuste Rahmen trägt nicht nur Tonnen an verziertem Mauerwerk: im Inneren des Turms befindet sich das größte Glockenspiel der Welt. Die Bassglocke, die die Stunde schlägt, die Bourdon, ist die schwerste Einzelglocke eines Glockenspiels, die es je gab.

Eigentlich kann man den Glockenturm und die Aussichtsplattform seit 9/11 nicht mehr besichtigen. Doch mit etwas Nachdruck darf man eine Spezialführung im Besucherzentrum buchen. Aber am besten geht man mit Ralph, dem Wartungstechniker, auf seiner täglichen Inspektionstour mit. Ralph ist ein großer und immer gut gelaunter Mann. Beim Gehen klappern seine Schlüssel und kracht das Walkie-Talkie, doch er bewegt sich leichtfüßig auf den Gängen und Treppen der Kirche, die er wie seine Westentasche kennt. „Ich liebe diesen Ort," sagt er. „Meine Arbeit hier macht mich stolz, und Mr. Rockefeller hätte sicher gewollt, dass wir herzeigen, was wir tun."

Der Aufzug bleibt im 20. Stock stehen. Eine kleine Treppe führt zum Glockenspiel im Freien Die Glocken sind von weißem Rauschen umgeben: ferner Verkehrslärm, Windböen aus Norden, die klappernden Metallläden der Aussichtsplattform darüber. Die Bourdon - 20 Tonnen fachkundig gestimmtes Bronze - befindet sich auf der untersten Ebene. Rundherum und darüber hängen immer kleiner werdende Glocken. Zusammen wiegen sie über 100 Tonnen. In der Mitte befindet sich eine Kabine, mit der die Glocken über Hebel und Umlenkrollen mit Stangen, die einer Klaviertastatur entsprechen, verbunden sind. Trotz der Größe der Glocken, reagiert das Klavier fast sofort. „Schauen Sie," sagt Ralph und schlägt die höchsten Noten an. Sofort erklingen ein paar schöne Töne. „In diesen," er deutet auf den tiefsten Ton (und die größte Glocke), „muss man etwas mehr Kraft hineinlegen."

Für einen Routine-Check des Glockenspiels ist John Witkowiak hier. „Das sind die besten Glocken, die ich je gehört habe," sagt er mit Kennermiene. Witkowiak, Gockenspielbetreuer in dritter Generation, weist auf die Größe des Turms hin. „Massive Träger," sagt er. „Alles genietet." Plötzlich ist es 13 Uhr und alles ist in Aufruhr: die Glocken bringen die Knochen zum Vibrieren. Witkowiak, unbeeindruckt oder mittlerweile fast taub, dreht sich um und macht sich wieder an die Arbeit.

DAS RIVERSIDE LABYRINTH

Auch nach tausend Jahren ein Geheimnis

490 Riverside Drive
trcnyc.org
212-870-6700
Öffnungszeiten: täglich 7-22 Uhr
Linie 1 /116th St - Columbia University

Auf dem Boden des Altarraums in der Riverside Church befindet sich ein interessanter Hinweis auf die mittelalterlichen Wurzeln des Gebäudes: ein Steinlabyrinth.

Labyrinthe tauchten um das Jahr 1000 auf den Böden christlicher Kirchen auf (obwohl es sie schon länger gibt). Eine Theorie besagt, dass gläubige Christen, die nicht nach Jerusalem pilgern konnten, das Wandern entlang der Schleifen und Serpentinen als Ersatzreise nutzten: die Mühsal einer Reise in praktisch konzentrierter Form: Wenn das Herumstolpern auf einem Labyrinth eher nach Wahnsinn als spiritueller Erfüllung klingt, dann vergessen Sie nicht, dass Labyrinthe Muster und keine Rätsel sind. Jeder, der dem Labyrinth folgt, beschreitet dieselbe unvermeidbare Route: es gibt nämlich nur eine.

Die 1930 fertiggestellte Riverside Church ist der Kathedrale von Chartres in Frankreich nachempfunden und erbte neben der Architektur auch das Labyrinth. Chartres hat das bekannteste Kirchenlabyrinth der Welt: mit einem Durchmesser von über 12 Meter, füllt es das gesamte Hauptschiff der Kathedrale aus. Das Muster im Boden der Riverside Church ist aus zwei farblich kontrastierenden, polierten Marmorarten gearbeitet und hat einen Durchmesser von nur 3 Metern. Der äußere Rand ist nicht begehbar. Trotzdem zieht die Kirche seit 1990 Labyrinth-Fans mit einer größeren, tragbaren Version an, die auf dem Boden ausgebreitet werden kann. Diese Praktik wurde vom Mitglied der Riverside Church Richard Butler ins Leben gerufen, der zuerst dabei half, ein Papierlabyrinth für den Ostersonntag anzufertigen und das Muster dann auf eine Leinwand übertrug. „Mein Geist wird ganz klar, wenn ich den Linien folge," erzählte Butler der Times.

Das Labyrinth von Chartres

Labyrinthe sind ein breites Phänomen. Diana Carulli, eine Künstlerin, die große öffentliche Labyrinthe auf den Union Square und in anderen Teilen der Stadt entworfen hat, sagt, dass das öffentliche Bedürfnis, im Kreis zu gehen, wächst. „Labyrinthe erleben immer wieder ein Revival," sagt sie. „Sie stärken dein Innerstes auf geheimnisvolle Weise."

> Die Pfarrei der Riverside Church bietet etwa einmal im Quartal Labyrinth Spaziergänge an. Jeder kann kommen und es ausprobieren.

E BUTTERFIELD-STATUE

Ein Riesenärger

Sakura Park
Riverside Drive von der Claremont Avenue bis zur West 122nd Street
Geöffnet von Sonnenaufgang bis 1 Uhr
Linie 1 / 125th St

Im Sakura Park, nördlich der Riverside Church, steht das Denkmal von Daniel Butterfield, General im Unionsheer. Butterfields Verdienst: er komponierte das Trompetensignal „Taps", das für amerikanische Truppen den Zapfenstreich ankündigt und bei Begräbnissen von Kriegsveteranen zum Einsatz kommt. Eigentlich ganz einfach. Doch was für ein Durcheinander. Zuerst einmal hat er „Taps" wahrscheinlich gar nicht komponiert. Während des Sezessionskrieges, befahl Butterfield seinem Trompeter diese Melodie anstatt der üblichen Gewehrschüsse zum Zapfenstreich zu spielen und diese Praktik setzte sich bald beim Konföderierten- und beim Unionsheer durch. Butterfield war eindeutig für den Einsatz der Melodie und den Zeitpunkt verantwortlich, doch die Komposition basierte auf einer jahrzehntealten Melodie. (Trompetensignal-Historiker, ein für gewöhnlich zahmer Haufen, streiten sich seit Jahren darüber). Doch auch ohne die „Taps"-Angelegenheit, war der General wohl nicht ganz lupenrein. Als Vize-Finanzminister der USA unter Grant war er in eine Affäre rund um die Manipulation des Goldmarktes verstrickt, bei der er sich bereichern wollte. Was daraus folgte, war schlimm genug, um es Black Friday zu nennen (24. September 1869).

Die Statue selbst hat eine chaotische Geschichte. Der Bildhauer, Gutzon Borglum, wurde von Butterfields Witwe verklagt, weil das Denkmal nicht „imposant" genug war. Und es sah nicht aus wie der General. Laut Witwe sollte der Kopf sich an bereits vorhandenen Statuen orientieren. Doch Borglum nahm ein Foto von Butterfield, das offensichtlich „die Stärke, die immer in seinem Gesicht zu sehen war", vermissen ließ. Borglum wurde auf 32.000 Dollar verklagt (über die Hälfte der Auftragssumme). Der Künstler reichte eine Gegenklage ein und gewann schließlich. Auf dem Schild des Gartenbauamts neben der Statue steht, dass Borglum

sich so über den Prozess empörte, dass er zum Abschluss die Oberseite von Butterfields Kopf signierte - „den einzigen Teil der Originalstatue, den sie mich nicht ändern ließen." Doch den großen Unmut verspüren Sie vielleicht selbst, wenn Sie sich die Mühe machen, das zu überprüfen. Entweder ist die Unterschrift sehr klein, von Taubendreck überdeckt oder - was wahrscheinlicher ist - nur eine Legende.

DAS AMIABLE CHILD MONUMENT ⑬

Immer umzäunt und in Ehren gehalten

Riverside Drive auf Höhe der 123rd Street
Linie 1 /125th St

Auf dem kleinsten Friedhof New Yorks gibt es nur ein Grab. Darauf steht ein von einem kleinen Eisenzaun umgebenes Granitdenkmal: „Errichtet zum Andenken an ein liebenswürdiges Kind, St. Claire Pollock, gestorben am 15. Juli 1797 im fünften Lebensjahr." Die Gedenkstätte rührt die Leute immer noch. Oft werden hier Steine, Wildblumen und sogar Spielzeug abgelegt.

Die schnörkellose Kraft des Amiable Child Monument macht bewusst, wie sehr ihm das auffälligste Grab der USA die Show stiehlt: das Mausoleum von Grant, gleich gegenüber. Spaziergänger stoßen oft zufällig auf das Amiable Child, wenn sie nach einem Besuch beim 45 Meter hohen Granitungetüm, das über dem toten Präsidenten thront, den Riverside Drive überqueren. Der Unterschied zwischen den beiden Denkmälern ist frappierend, nicht nur hinsichtlich der Dimension. Dieser Uferabschnitt war einst der Landsitz des Leinenhändlers George Pollock, dessen Sohn im Hudson River ertrank. Als Pollock den Besitz nur zwei Jahre nach St. Claires Tod verkaufte, wurde die Grabstelle vom Vertrag ausgenommen: er bat den neuen Eigentümer allerdings, ihm „eine besondere Gunst zu erweisen, indem Sie sie immer als Teil Ihres Anwesens betrachten, sie aber eingezäunt lassen und immer in Ehren halten." Und so wird es seit 1797 gehalten. Im Vergleich dazu, wurde der Bau des Grant Mausoleums wegen Standort-, Finanzierungs- und Planungsproblemen um Jahre zurückgeworfen. New York wollte einen Bau, der bis in alle Ewigkeit verzaubern sollte. Nicht-New Yorker lehnten es ab, auch nur einen Cent in die „Stadt der Millionäre" zu zahlen. Bei der Einweihung 1897 - ein Jahrhundert nach St. Claires Tod - gab es eine Parade mit 60.000 Soldaten und Zivilisten, der eine Million Menschen beiwohnten.

Das Grant Mausoleum ist noch immer Besuchermagnet Nummer eins in diesem Viertel (obwohl eine aktuelle Umfrage enthüllte, dass nur 10 % der New Yorker es gesehen haben). Inzwischen setzt sich in der Urne der bescheidene Umkehrprozess fort: ein Zeichen der Emotion, nicht der Ehrfurcht.

Ursprünglich aus weißem Marmor, wurde die Urne 1897 und ein weiteres Mal 1967 durch eine Kopie ersetzt. Auf alten Fotos erkennt man, dass die Grabstelle im Westen von Bänken flankiert war, die freie Sicht auf den Hudson River gewährten (jetzt von Bäumen verstellt), den Ort, an dem der Junge vermutlich starb.

DER FREEDOM-TUNNEL

⑭

Ein Leben unter dem Straßennetz

Zugang am einfachsten über: St. Clair Place (129th Street) westlich der Henry Hudson Parkway Abfahrt; folgen Sie dem Zaun, bis Sie eine Lücke finden.
Linie 1 /125th Street
WARNUNG: Der Freedom-Tunnel ist ein aktiver Bahntunnel und ihn zu Fuß zu betreten ist potenziell gefährlich und verboten

Mutanten huschen durch das Kanalsystem und die U-Bahn-Tunnel der Stadt, heulen in der Dunkelheit, umgeben von Ratten und tropfenden Betonteilen, rüsten sich für die bevorstehende Apokalypse oder fressen sich gegenseitig auf. Von allen düsteren Legenden New Yorks sorgen Untergrundbewohner für die schlimmsten Albträume. Doch einige der Legenden sind wahr. Und ein Ort beherbergte jahrelang eine zerstreute Community, die beschloss unter dem Straßennetz zu leben: im Freedom-Tunnel.

Der Tunnel verläuft unter dem Riverside Park von der 122nd bis zur 72nd Street. Nach der Glanzzeit der Bahn (siehe Seite 170) wurde er stillgelegt und verwandelte sich langsam in ein Elendsviertel: Anfang der 90er lebten hier hunderte Menschen. Viele konnten der Ruhe, dem Schutz und der Sicherheit des Lebens im Untergrund (abgesehen von den Nagern und der Kälte) mehr abgewinnen als dem Leben auf der Straße oder in den städtischen Obdachlosenunterkünften. In der Dokumentation Dark Days erklärt ein Tunnel-Bewohner: „Schläfst du auf einer Bank, kann jeder vorbeikommen und dir den Schädel einschlagen. Unten im Tunnel muss man sich zumindest darüber keine Sorgen machen. Niemand, der bei Verstand ist, würde dort hinuntergehen." Die Dunkelheit hatte einen fatalen Reiz. Viele verbrachten Jahre im Tunnel und verließen ihn nur, wenn sie krank waren oder starben.

1991 öffnete Amtrak den Tunnel wieder und eine lange, schwierige Zwangsräumung folgte. Heute kann man die 50 unterirdischen Blocks entlanggehen, ohne eine Menschenseele zu treffen. Ein Spaziergang in der urbanen Höhle gehört mit zum Beeindruckendsten, was die Stadt zu bieten hat. Doch eine Warnung an die Abenteurer: es ist auch verboten. Der Zugang zum Nordeingang erfolgt über, unter oder durch den Maschendrahtzaun zwischen der Abfahrt des Henry Hodson Parkway (zwischen der 129th und 122nd Street) und den Bahnschienen westlich davon. Der rechteckige Eingang wirkt beängstigend schwarz, doch im Tunnel herrscht ein gleichmäßiges und ätherisches Licht: bei jeder Querstraße lässt ein Gitter einen Lichtschein herein – den Blätter oft grün oder orange färben – und der die Graffitis wie die Werke in einem Museum beleuchtet. Die Schienen verschwinden auf beiden Seiten im Dunkel. Es ist kühl und staubig und ruhig, abgesehen von den belanglosen Geräuschen aus der hektischen Oberwelt.

Der Tunnel ist nach Chris „Freedom" Pape benannt, einem Graffiti-Künstler, der hier in den 80ern und 90ern malte.

DIE KIRCHE „UNSERER FRAU VON LOURDES"

Gotisch, groß, aus zweiter Hand

472 West 142nd Street - 212-862-4380
Linie 1 /137th St - City College oder 145th St

Als Unsere Frau von Lourdes1903 fertiggestellt wurde, schrieb ein Kritiker: „Es macht den Betrachter sprachlos." Er spielte sowohl auf das Aussehen der Kirche, als auch auf die Bauweise an. Damals galt in New York für ungeliebte Architektur: abreißen, zermalmen, wegschaffen. Der vorrausschauende Mann hinter Unserer lieben Frau von Lourdes handelte nach dem Prinzip: retten und verwerten. Die Kirche ist ein geniales Monster, ein Frankenstein aus vier anderen Gebäuden.

Als Reverend Joseph McMahon mit dem Bau einer neuen römisch katholischen Kirche auf der 142nd Street beauftragt wurde, war die Gegend hier oben Hinterland: prächtiger Marmor und gotische Schnörkel ließ das Budget nicht zu. Anstatt seine Vision einzuschränken, sah sich der einfallsreiche McMahon weiter südlich nach Abrissgebäuden um. Er kam mit Eigentümern von Abrissgebäuden ins Geschäft und hatte bald einen Berg wertvollen Schutts angehäuft: Stahlträger und Fenster aus einem Waisenhaus, Mauerwerk vom Besitz des Kaufhausmagnaten A.T. Stewart (siehe Seite 110), die Rückwand von St. Patrick's, die für den Bau der Marienkapelle entfernt werden musste und - der eigentliche Coup - fast die gesamte Fassade der ehrwürdigen National Academy of Design. Als die beste Kunsteinrichtung der USA, war die Academy in der Nähe des Madison Square New Yorks Tempel der Malerei und Bildhauerei, mit verschiedenfärbigem Tuckahoe-Marmor und Spitzbögen nach Vorbild des Dogenpalastes in Venedig.

Unsere Frau von Lourdes ist heute ein Gebäude unter vielen auf der 142nd Street. Das Personal in den Büros daneben kennt die Vorgeschichte nicht: mit der Zeit gerieten die skurrilen Anfänge der Kirche in Vergessenheit. Einer der Angestellten gewährt einen Blick in den Hinterhof. Sonnenlicht fällt durch die enge Passage, streift das luxuriöse Mauerwerk der Südseite und fällt sanft auf eine Reihe überfüllter Mülltonnen. Unter der Kirche befindet sich die „Grotto" oder, wenn man zur spanischen Messe kommt, la Gruta: eine Kapelle, die mit Gipsklumpen verkleidet ist, in Anlehnung an die französische Höhle, nach der Unsere Frau von Lourdes benannt ist. Die Luft hier unten hat eine dunkle, kühle, wässrige Note. Nachdem er das Licht rund um eine Madonna in ihrer Felsnische eingeschaltet hat, fragt der Mann: Nett, nicht wahr?"

Eine noch ambitioniertere Nachbildung der Grotte von Lourdes finden Sie auf Seite 290.

HAMILTON GRANGE

Ein New Yorker Zuhause für einen Gründervater

414 West 141st Street
nps.gov/hagr
646-548-2310
Besucherzentrum: Täglich 9-17Uhr, Führungen um 10, 11, 14 und 16 Uhr
Linie 1 /West 137th St; Linien A, B, C und D /145th St

Von allen Gründervätern ist Alexander Hamilton der Strebsame, der Mann der Tat, der Meritokrat - der New Yorker.

Auf den Westindischen Inseln geboren, kam er als armes uneheliches Waisenkind hier an und brachte es innerhalb von 5 Jahren zu George Washingtons persönlichem Assistenten. Er hatte ein Händchen für Geld und sein Zugeständnis an Thomas Jefferson - die politische Hauptstadt nach Washington D.C. zu verlegen, aber New York als Bankenzentrum beizubehalten – wird noch heute diskutiert. Der Mann muss also Spuren in der Stadt hinterlassen haben. Man kann in der Fraunces Tavern, wo er sein erstes Büro als Finanzminister hatte, das Glas auf ihn erheben oder den Standort der ältesten Bank des Landes besuchen, die er gründete. Man kann auf der West 42nd Street über den Hudson nach Weehawken blicken, wo sich Hamilton mit Aaron Burr duellierte oder in der Trinity Church an seinem Grab stehen. Überraschend wie viele New Yorker, vor allem jene, für die alles oberhalb der 110th Street eine Art exotisches Hinterland darstellt, nicht wissen , dass sich auch sein letztes und einziges Zuhause hier befindet.

Hamilton nannte das Haus The Grange, nach dem Besitz seines Großvaters in Schottland. Aufgrund der langen Sanierungsarbeiten, die im Herbst 2011 fertiggestellt wurden, kennen es nur Wenige. Dann wäre da noch der unbeständige Charakter des Hauses selbst: Über die Jahre wurde das gesamte Ding zweimal umgesetzt, einmal recht beengt vier Blocks weiter westlich in die Nähe der St. Luke's Episcopal Church (wo noch immer eine Bronzestatue Hamiltons steht) und unlängst in die West 141st Street, wo man das Haus so ausrichtete, dass es gut in den St. Nicholas Park passte.

Hamiltons Gründe für den Bau dieses Landhauses waren Großteils familiär. 1802, als das Grange fertiggestellt wurde, hatte er sieben Kinder, und die Entfernung zu New York – das damals fast die gesamte heutige Downtown umfasste – hielt die Stadtseuchen Cholera und Gelbfieber fern. Das Haus ist klein aber gemütlich: Hamilton nannte es sein „Herzensprojekt" und sah sich wahrscheinlich hier alt und zufrieden sterben.  Stattdessen machte er sich am 11. Juli 1804 früh am Morgen zum berühmtesten Duell des Landes mit dem Vizepräsidenten der Vereinigten Staaten auf.

AUDUBONS GRABSTEIN

Vogeljäger (und -maler)

Trinity Mausoleum und Friedhof
770 Riverside Drive
trinitywallstreet.org/congregation/cemetery
212-368-1600
Öffnungszeiten: täglich 9-16 Uhr
Linien A und C / 155 St; Linie 1 / 157 St

Obwohl im Washington Heights-Viertel einiges darauf hinweist - Audubon Terrace, Audubon Avenue - wissen viele nicht, dass „Amerikas größter Naturalist" John James Audubon hier heimisch war. Audubon könnte genauso gut ein Mythos sein: er muss in einer harmonischen und bunten Welt gelebt haben, die hauptsächlich von Vögeln bevölkert war. Doch er starb als New Yorker. Geboren in Haiti, aufgewachsen in Frankreich, auf dem Papier Amerikaner, verbrachte Audubon viele Jahre in Armut und versuchte etwas Perfektes zu schaffen: einen vollständigen Bildband der amerikanischen Vogelwelt. Als das Projekt ihm schließlich den verdienten Ruhm einbrachte, kaufte sich der Maler ein Anwesen oberhalb der 155th Street und lebte dort bis zu seinem Tod in 1851.

Der Grund des Trinity Cemetery war einst Teil dieses Audubon-Anwesens und das Grab des Naturalisten ist eines der beeindruckendsten dort: ein 7 Tonnen schweres Kreuz mit keltischen Runen aus massivem Blaustein, 6 Meter hoch und mit Vögeln übersät. Sieht man genauer hin, entdeckt man eine Seite des Naturalisten, die man nicht vermuten würde. Den Steinsockel ziert ein Flachrelief mit Malerutensilien - Palette, Pinsel und Mal Stock - von belaubten Zweigen und Blumen umrahmt. Doch auf der anderen Seite findet man Pulverhorn, Jagdtasche und gekreuzte Jagdgewehre. Audubon war zwangsläufig zuerst ein guter Jäger und dann ein Maler: er tötete so ziemlich jeden Vogel, den er je zeichnete. Man findet kaum ein Porträt des Mannes, auf dem er kein Gewehr hält. Er erschoss die Vögel, fixierte sie mit Hilfe von Drähten in natürlichen Posen, stellte sie vor einem Raster, um die Proportionen zu korrigieren und malte sie dann in aller Ruhe.

Die Vögel Amerikas

Audubons *die Vögel Amerikas*, erstmals 1827 erschienen, umfasst beinahe 500 verschiedene Vögel, darunter einige Arten, die seither ausgestorben sind - der Riesenalk, das Präriehuhn. Als er starb, hinterließ er das Haus seiner Frau, die ihn maßgeblich unterstützt hatte, während er jahrelang durch Amerikas Wälder streifte. Als die Witwe schwere Zeiten durchlebte, verkaufte sie die Original-Aquarelle des Buchs für 2.000 Dollar an die New-York Historical Society. Die meisten der Kupferstichplatten landeten bei einem Schrotthändler, der sie einschmolz. Bei einer Sotheby's Auktion 2010 in London wurde eine Komplettversion der *Vögel Amerikas* als teuerstes gedrucktes Buch der Geschichte für 11,6 Millionen Dollar verkauft.

DIE PORTOLANKARTE

America, terra incognita

The Hispanic Society of America
Broadway zwischen West 155th und West 156th Street
hispanicsociety.org - 212-926-2234
Bibliothek: Dienstag-Samstag 10-16:30 Uhr (Das Museum ist zur selben Zeit
geöffnet sowie Sonntag 13-16 Uhr)
Eintritt: frei
Linie / 157th St; Linie C /155th St

Noch spannender als eine Weltkarte ist eine alte Karte, auf der alles lückenhaft und fremd aussieht und ganze Kontinente als Terra incognita an den Rändern verschwimmen. Das Museum der Hispanic Society of America besitzt eine davon: eine riesige Portolankarte auf Pergament aus 1526 von Juan Vespucci, Neffe des großen italienischen Entdeckers Amerigo.

Zu Handelszwecken entworfen, waren die Portolankarten die ersten schnörkellosen Landkarten der bekannten Welt. Jene in der Hispanic Society gilt als der offizielle spanische Entdeckeratlas, der *Padrón Real*, oder das königliche Verzeichnis. „Als Seeleute von Amerika nach Spanien zurückkamen, mussten sie die gesehenen Küstenlinien nachzeichnen und einen Bericht abgeben," sagt der Kurator der Bibliothek William Delgado. Die sich daraus ergebende Landkarte wurde regelmäßig aktualisiert und war ein Staatsgeheimnis: die Neue Welt glänzte in der Phantasie konkurrierender europäischer Mächte wie ein riesiges Goldfeld. Der Verantwortliche für das Zusammentragen der neuen Informationen war der Piloto mayor, der Chefnavigator. Der Entdecker Amerigo Vespucci hatte den Titel bis zu seinem Tod 1519 inne, der dann an seinen Neffen Juan fiel. Der Posten des Chefnavigators war ein politischer Balance-Akt: man musste die Fülle an neuen Entdeckungen sowohl korrekt wiedergeben als auch geheim halten. Irgendwann machte Juan einen Fehler.

„Er wurde gefeuert," lächelt Delgado und hebt seine Augenbrauen in Anbetracht des 500 Jahre alten Skandals.

Vespuccis Karte verströmt noch immer eine geheime Aura. Zum einen wird sie nicht im Hauptmuseum aufbewahrt, sondern in der angeschlossenen Bibliothek. Dort muss man sein Anliegen einem Assistenten zuflüstern, der einen mit gewisser Dramatik zu einer mit Vorhängen verhüllten Wand führt und an der Kordel zieht, um die vor einem halben Jahrtausend bekannte Welt zu enthüllen. Europa ist gut zu erkennen. Afrika auch. Doch die eckigen Elefanten wurden offensichtlich von jemandem gemalt, der noch nie einen gesehen hatte.

Brasilien wird von rätselhaften Drachen bewohnt. Am verblüffendsten ist die immer genauere Darstellung Amerikas: der Golf von Mexiko und die Karibik sind präzise gezeichnet und Florida ist eine Halbinsel und keine Insel, als die es einst galt. Wie von einer von Seeleuten erstellten Karte zu erwarten, sind die Küsten sehr detailreich. Im Landesinneren wird es vage: nur eine verschwommene Landschaft mit düsteren blauen Hügeln, die ins Nichts verlaufen. Die klare Darstellung des Unbekannten.

DIE BRUSH-TREPPE UND
DIE ALTEN POLO-GROUNDS

Baseball in Manhattan – die letzten Spuren

Coogan's Bluff auf Höhe Edgecombe Avenue und West 158th Street
Linie 1 / 157th St; Linie A und C /155th St

Eine Eisentreppe auf dem Coogan's Bluff blickte einst über das Baseballfeld der New York Giants, die Polo Grounds. Versteckt hinter wackeligen Zäunen, halb unter altem Laub begraben und ins Nichts führend, ist die Brush Stairway deutlich wie ein Grabstein: die Zeit des Baseballs ist in Manhattan lange vorbei.

Doch hier schlug die Geburtsstunde des Baseballs. Tatsächlich ist Manhattan Teil der ureigensten Baseball-Geometrie: die Feldform entstand in den 1840ern in Madison Square, wo Bürobeamte nach der Arbeit spielten. Das Originalspiel („Rounders") hatte fünf Bases, doch das Quadrat war zu klein, daher nahm man eine heraus und machte vier daraus. Das erste New Yorker Team, die Knickerbockers, schrieb die Regeln des Spiels 1845 nieder und das Baseballfieber folgte kurz darauf: innerhalb einer Dekade wurde der Sport zum Volkssport Nummer eins.

Zum ersten Spiel auf den Polo Grounds kamen unzählige Fans, Hunderte mussten draußen bleiben. Laut James D. Hardy's *The New York Giants Baseball Club*, „kletterten sie auf den Coogan's Bluff und sahen von dort aus zu, was dem Ort den Namen Freikartenhügel einbrachte." Dieser Hang blieb ein beliebter Ort, um auf den Polo Grounds ein Gratisspiel zu sehen, bis man das Feld 1964 abtrug. Das Stadion wurde nicht nur von den Giants, sondern zeitweilig auch von den Yankees und den Mets genutzt und war Schauplatz des „Schlags, der auf der ganzen Welt gehört wurde", Bobby Thomsons legendärem Homerun gegen die Brooklyn Dodgers.

Heute ist von dem Baseballfeld nur mehr diese Treppe übrig, die sich den Hang hinunterzieht, mit einer in den Betonabsatz eingelassenen Botschaft aus Eisen vom Eigentümer der Giants John T. Brush. Von dort aus sieht man den Verkehr auf dem Harlem River Drive, wo dominikanische Taxifahrer rund um einen Imbisswagen stehen. Einer der älteren Fahrer erinnert sich daran, Spiele vom Freikartenhügel aus gesehen zu haben. „Sicherlich," sagt er. „Wenn du keine Karten hattest, gingst du einfach da rauf."

Das ist der zweite Standort der Polo Grounds. Der erste befand sich auf der 110th Street und wurde ursprünglich zum Polo spielen genutzt.

DIE PETROGLYPHEN
IN MANHATTAN

Das Gegenprogramm zu Instagram

Highbridge Park - Auf Bitte des Künstlers wird der exakte Standort hier nicht verraten. Die Petroglyphen sind in die Nordseite eines Schieferfelsens im Highbridge Park geritzt, zwischen der Edgecombe Avenue und dem Harlem River Drive, südlich der 165th Street
Linien A und C /163rd Street - Amsterdam Avenue

Ein Petroglyph ist eine in Stein geritzte oder gekerbte bildliche Darstellung. Ein Steinzeitmensch kratzt 30.000 v. Chr. mit dem Rippenknochen eines Bären die Umrisse eines Pferdes in eine Höhlenwand: das ist ein Petroglyph. Ein Typ aus Minnesota mit einem Kunstabschluss meißelt einen Hubschrauber in einen Felsvorsprung im nördlichen Manhattan: das...ist doch etwas Anderes. Petroglyphen kamen mit Erfindung der Schrift aus der Mode. Man ist nicht auf neue gefasst, vor allem nicht hier und besonders nicht auf Darstellungen von Flugzeugen, Heißluftballonen, Space Shuttles und Satelliten. Es ist irgendwie seltsam und man weiß nicht genau, was man davon halten soll. 1:0 für Kevin Sudeith, selbsternannter „Petroglyphist" und vielleicht Vandale.

Sudeith nimmt Aufträge im ganzen Land an, von Kalifornien bis Neu-Schottland, auch für öffentliche Kunstwerke. Die Petroglyphen in Manhattan sind improvisiert. Um sie zu finden, muss man Felsen hinaufklettern sich einen Weg durch giftigen Efeu und Kermesbeeren bahnen. Das ist Teil des Reizes. Bei den Felsritzungen angelangt, die alle so klein sind, dass man sie mit einer Hand abdecken kann, ist man alleine. Diese Kunstform lässt sich nicht gut teilen. Man muss schon zum Felsen kommen und nicht umgekehrt. Sozusagen das Gegenprogramm zu Instagram.

Als erfahrener Zeichner, erkannte Sudeith das Potential der Petroglyphen während eines Besuchs in Australien. Dort sah er eine Wand mit Felskunst und sich überlagernden Darstellungen: ein Teil war tausende Jahre alt, ein anderer zeigte einen Europäer auf einem Pferd. Dieses Aufeinandertreffen der Geschichtsepochen faszinierte ihn und seither möchte er Kunst erschaffen, die nicht nur die Zeit überdauert, sondern auch eine Verbindung zu Personen vor Ort aufbaut. Das ist sowohl zeitgemäß als auch zeitlos. „Petroglyphen existieren nach ihren eigenen Regeln," sagt Sudeith. Sind sie einmal da, brauchen sie keine Kunstwelt, um ein Publikum zu finden. Das ergibt sich irgendwann von selbst. Wann genau, interessiert mich eigentlich nicht - jetzt oder in hundert Jahren, beides ist ok. Und wenn nichts passiert, sitzt der Petroglyph einfach still da. Aber er ist definitiv da. Und er wird immer dableiben, unabhängig von mir oder meiner Karriere. Und das reicht mir."

DER KLEINE ROTE LEUCHTTURM

Der Herr des Flusses

Fort Washington Park
Riverside Drive auf Höhe der 179th Street unter der George Washington Bridge
nycgovparks.org/parks/batterypark/highlights/11044
Linie A /181st St; folgen Sie von Riverside Drive dem Henry Hudson Greenway

Im Sommer 1951 begann der Verkehr entlang des Riverside Drive an einer bestimmten Stelle am Fuße der George Washington Bridge plötzlich zu stocken: die Autos wurden langsamer, um einen Blick auf den kirschroten Leuchtturm zu erhaschen. Der Leuchtturm, seit 30 Jahren ein vertrauter Anblick am Ufer des Hudson River, sollte bald zur Verschrottung verkauft werden. Die daraus resultierende Aufregung füllte die Zeitungen.

Eine führende Rolle übernahmen dabei die Kinder. Seit 1942 waren sie über ein beliebtes Buch *The Little Red Lighthouse and the Great Gray Bridge* von Hildegarde Swift und Lynd Ward emotional mit dem Turm verbunden. In der Geschichte geht es um einen zufriedenen Leuchtturm, „rot, rund und fröhlich," der Schiffe vor den Nebeln und Strömungen eines heimtückischen Abschnitts des Hudson bewahrt. Der Leuchtturm sonnt sich in seiner Bedeutung: „Ich bin der HERR DES FLUSSES," denkt er bei sich. So viel ist wahr: in diesem Teil des Hudson, wo die Landzunge Jeffrey's Hook in den Fluss ragt, waren so viele Unfälle passiert, dass er schon 1889 mit Laternen markiert worden war. Das starke Licht und das Nebelhorn des 12 Meter hohen Leuchtturms rettete ab 1921 Leben und Fracht.

Zehn Jahre später wurde die George Washington Bridge eröffnet. Neben dem perfekt ausgeleuchtetem Metall Ungetüm, wirkte der einst heldenhafte Leuchtturm nur mehr niedlich. Diese Identitätskrise ist das wahre Thema des Kinderbuches. „Wahrscheinlich werde ich nie wieder leuchten," denkt er. „Und er war SEHR, SEHR TRAURIG." Wenn Sie denken, das Bild eines weinenden Leuchtturms ist zu albern, um die Leute zu rühren, versuchen Sie eine Kopie des Buches zu bekommen. Alles geht gut aus: die große, kalte Brücke versichert dem Leuchtturm, dass die Schiffe ihn noch immer brauchen und ein Sturm gibt ihr bald recht. In der großen, kalten Stadt sah es anders aus. Der kleine rote Leuchtturm hatte ausgedient: die Küstenwache kündigte seinen bevorstehenden Verkauf und die Verschrottung an und die Kinder verloren den Verstand. Ein Psychiater des Bürgerkomitees für Kinder meinte, dass der Leuchtturm zu einem Symbol für Sicherheit geworden war, „und die Gewissheit vermittelte, dass man, auch wenn man in einer großen Welt klein ist, nicht ausgelöscht wird." Kinder schrieben Briefe, einige schickten sogar ihr Taschengeld. Und in einem Akt fast wundersamer Nachgiebigkeit, hörte die Stadt auf sie. Das Gartenbauamt übernahm den Leuchtturm, brachte ihn auf Vordermann und öffnete ihn für die Allgemeinheit. Es ist der einzige verbliebene Leuchtturm in Manhattan.

AMERICAN REDOUBT-DENKMAL ㉒

Wo die Patrioten Manhattan verloren

Fort Washington Park
Von der Straße: Die 181st Street bis zum Parkway entlang gehen und die Fußgängerbrücke überqueren.
Dem Pfad nach Süden bis zum Wasser folgen. Nach dem kurzen Weg auf der linken Seite mit dem Schild „American Redoubt Marker" Ausschau halten.
Vom Radweg am Wasser: Nach der Durchfahrt unter der George Washington Brücke, rechts nach dem Beginn des Weges Ausschau halten. Wenn Sie die Bahngleise überqueren, sind Sie zu weit gefahren.
Linien A und 1 / 181st St

Wie schon erwähnt (siehe Seite 20) hat New York City den Unabhängigkeitskrieg irgendwie verdrängt. Jeder kennt Brooklyn. Doch nur wenige wissen etwas über die Schlacht von Brooklyn. Vielleicht weil die Militärdenkmäler New Yorks einen Pfad der Niederlage zeichnen. Hier lernten die Patriots 1776 bei der ersten größeren Schlacht nach der Unabhängigkeitserklärung eine schmerzliche Lektion und verloren, verloren, verloren. Washington trat eine gewagte Flucht über den East River nach Manhattan an, musste, als er verfolgt wurde, in den Norden der Insel fliehen und floh weiter Richtung Westchester, als er überrannt wurde. Die Engländer stellten eine Besatzungsmacht auf, die bis zum Ende des Krieges hierblieb. Der Ort der letzten amerikanischen Niederlage auf der Insel liegt auf einem Felsvorsprung im Schatten der George Washington Bridge. Seit mehr als 100 Jahren markiert ein länglicher Stein die Stelle des ehemaligen Forts, „American Redout 1776" ist auf der Vorderseite eingraviert.

General Howe, der britische Kommandeur, war von den Verteidigungsanlagen entlang dieses felsigen Uferabschnitts beeindruckt. Sie waren „von den Rebellen mit unglaublich viel Mühe befestigt worden." In einer anderen Weltgeschichte hätten die Amerikaner vielleicht zurückgeschlagen, das Blatt gewendet und den Krieg um sieben Jahre verkürzt. Diese andere Geschichte, die im Hintergrund schlummert macht Denkmäler, die an Niederlagen erinnern, so interessant. Wir werden genötigt, uns in den Moment zurückzuversetzen, in dem nichts entschieden war und die Akteure an der Spitze des Zeitlinie standen. Dieser kompakte Stein lässt unzählige Möglichkeiten erahnen.

Die Umgebung des Redoubts (die Schreibweise auf dem Stein ist alt) macht die Gedankenübung einfacher. Man befindet sich in der Nähe einer U-Bahnstation, in Hörweite der Autos und LKWs, die über die Brücke und den Parkway donnern, doch es ist eine Welt aus Eichen, Felsen und Vögeln. Die moderne Stadtarchitektur lauert im Hintergrund, doch an einigen Stellen sieht man durch die Bäume nur den Fluss und die blanken Hänge des gegenüberliegenden Ufers - New Jersey, wohin die Patriots flohen und wo sie litten, froren, schimpften und sich weigerten aufzugeben.

LOEWS 175TH FILMPALAST

Ein Zauber geheimnisvollen Abenteuers

4140 Broadway auf Höhe der West 175th Street
unitedpalace.org; Öffnungszeiten prüfen
212-568-6700
Linie A /175th St; Linie 1 /168th St

Im goldenen Zeitalter Hollywoods, sah man sich in New York Filme in prächtigen Kinopalästen an. Die meisten wurden abgerissen, sind verfallen oder es steht nur noch ihre Fassade. Das vielleicht prächtigste aller Zeiten steht noch immer, stolz und geheimnisvoll, auf der 175th Street.

Wenn man es zum ersten Mal sieht, weiß man, dass man etwas Seltenes betrachtet, doch der Baustil ist undefinierbar. Ob „Südostasiatisch", „Mayan Revival- Orientalisch" oder „Kambodschanisch-Neoklassisch". Der Times-Journalist David Dunlog schleuderte ihm mit „Byzantinisch-Romanisch-Indo-Hindu-Sino-Maurisch-Persisch-Eklektisch-Rokkoko-Deco" das gesamte Architekturlexikon entgegen. Von außen ähnelt es einem antiken Tempel. Im Inneren glänzen die Wände golden: Göttinnen, Cheruben, Elefanten, Gottheiten.

Der Palast gilt als größter Wurf des Architekten Thomas W. Lamb, der nicht für seine Zurückhaltung bekannt war. „Seine Gebäude waren bis etwa 1927 recht schlicht," sagt Craig Morrison von der Theater Historical Society of America. „Dann plötzlich: wumm." Lamb war nicht der Einzige: Filmpalastarchitekten durften verrücktspielen.

„Wir verkaufen Eintrittskarten für Theater, nicht Filme," sagte der Besitzer einer Theaterkette Marcus Loew. 1924 kaufte Loew eine Mehrheitsbeteiligung an den Metro-Goldwyn-Mayer Studios. Besser gesagt, Filme wurden gedreht, um die Spielorte zu pushen und nicht umgekehrt. Filmpaläste wurden zu Fantasien abgewandelter Exotik, die, in Lambs Worten „den Zauber geheimnisvoller Abenteuer" verströmten.

Heute kann man Loews 175th besichtigen, aber sich dort keinen Film ansehen. 1969 kaufte Frederick "Reverend Ike" Eikerenkoetter den verlassenen Palast, den er in United Palace Theater umbenannte und zur Zentrale seiner Rundfunk- und Fernsehanstalt machte. Ike, der jeden Tag einen Mercedes in einer anderen Farbe fuhr, predigte, dass Armut die Wurzel alles Bösen sei und brachte Millionen dazu einem zwielichtigen System namens „Thinkonomics" zu folgen. Doch der Reverend ist in den Augen von Theater-Fans für immer rehabilitiert. „Es wurde unglaublich schön restauriert," sagt Morrison.

Ike starb 2009, doch in seiner Kirche finden Sonntagnachmittag noch immer öffentliche Gottesdienste statt.

Der Prediger richtet eine Wohlfühl-Predigt an die ersten vier oder fünf Reihen, während rundherum die prunkvollen Wände und Balkone sowie die geschwungene Decke aus einem orientalischen Traum im schwachen Licht glänzen.

DIE SPITZE DES HIGH BRIDGE TOWERS

Einmal im Monat eine geführte Tour bis ganz nach oben

High Bridge Park - Zwischen der West 155th und Dyckman Street, der
Edgecombe und Amsterdam Avenue
nycgovparks.org/parks/morningsidepark
Führungen einmal im Monat; Informationen unter 212-304-2365
Linie A /175th St; Linie 1 /181st St

Den High Bridge Park kennen viele New Yorker nur von einem Blick aus dem Autofenster: ein 60 Meter hoher Steinturm, der über den Bäumen des Harlem Drive plötzlich auftaucht und wieder verschwindet. Die meisten kommen ihm gar nicht so nah. Und kaum jemand weiß, dass man den Turm nicht nur besichtigen, sondern auch besteigen kann: einmal im Monat bieten die Urban Rangers des Gartenbauamts eine geführte Tour bis ganz nach oben an.

Nachdem man sich die Eisentreppen bis zum Aussichtsdeck hochgeschraubt hat, sieht man das Tal des Harlem River sowie eine überraschend grüne Bronx vor sich. Unterhalb spannt sich ein Relikt des Croton Aquädukts über den Fluss: der rote Ziegelstreifen der High Bridge. Diese Brücke, die älteste der Stadt war die letzte Etappe des 65 km langen Aquädukts bis nach Manhattan (siehe Seite 68).

Die Brücke war jahrzehntelang tabu, bis sie 2015 wiedereröffnet wurde. „Wer von euch vor den 70ern geboren wurde, erinnert sich vielleicht daran, dass man von hier gut Steine auf den Verkehr darunter werfen konnte," sagt der Urban Ranger Jerry Seigler. Er trägt den typischen Hut und an seinem Gürtel hängen ein Walkie-Talkie, ein Schlagstock und Handschellen. Wenn sich jemand erinnert, sagt es niemand. Ranger Jerry führt die Gruppe wieder hinunter und nach draußen zu der Stelle, wo die alte Brücke in die felsigen Hügel des High Bridge Park übergeht.

Die geführte Tour umfasst offensichtlich das gesamte Flussufer, das von Wegen und unerwartet wilder Flora durchzogen ist: dichte grüne Ranken, bemooste Felsen und hohe Bäume. Es stellt sich heraus, dass Ranger Jerry unglaublich viel weiß. Über Sozialgeschichte (im 19. Jhdt. fanden im Park Pferdekutschenrennen statt), Geologie (das Gestein, das wir hier sehen, entstand Kilometer unter der Erde, vor Millionen von Jahren), Botanik und/oder Alkohol (Beifuß wird bei der Bierherstellung verwendet), indianische Jagdtricks (Rotwild wurde in den Fluss getrieben und ertränkt)... Ranger Jerry ist vielleicht sogar allwissend.

Die Gruppe wandert einen schattigen Lehm Pfad entlang. Abgesehen von den Scherben am Boden könnte man in den Appalachen sein. „Das ist einer meiner Lieblingsbäume," sagt der Ranger, und führt die Gruppe zu einer riesigen Platane, mit einem klaffenden Loch im Stamm. „Eines Tages wohnte plötzlich jemand hier." Wir warten darauf, dass dieser „Jemand" ein niedlicher Waschbär ist, doch Ranger Jerry meint wirklich eine Person: ein Obdachloser mit aufgestellter Matratze, einem batteriebetriebenen Fernseher und einem an einen Baum geketteten Einkaufswagen.

DER BENNETT PARK

Die höchste natürliche Erhebung in Manhattan

Ecke Fort Washington Avenue und West 183rd Street
nycgovparks.org/parks/bennettpark
Linie 1 /181st St

Die New York Skyline ist gemalte Architektur: man vergisst leicht, dass die Turmspitzen und Erhebungen der Metropole nur das Sahnehäubchen auf der gigantischen geologischen Steinlandschaft darunter sind. Manhattan besteht Großteils aus zwei Gesteinen: Schiefer, dem aschfarbenen, glitzernden Gestein, das man auf den Felsvorsprüngen im Central Park sieht und Marmor, der nur im Norden in Inwood vorkommt. Der Stein breitet sich wellenförmig über die ganze Insel aus, stürzt Midtown 30 Meter tief hinab und gipfelt in dem kleinen Felsvorsprung mitten im Bennett Park in Washington Heights. Eine im Boden eingelassenen Tafel zeigt die exakte Höhe an: nur 80 Meter.

Trotzdem hatte der Hügel strategische Vorteile. Im Sommer 1776 erkundete George Washington den Ort und ordnete den Bau einer Festung, „einer Art Zitadelle" an. Im Park sieht man noch immer die Steinumrisse des Baus mit fünf Bastionen, der zu Ehren des Generals Fort Washington hieß (ebenfalls Namenspatron von Washington Heights und der Fort Washington Avenue). Nach einigen knappen Entscheidungen und Rückschlägen wurden die Amerikaner von Rotröcken und Hessen eingeschlossen, die ihnen zahlenmäßig um das Vierfache überlegen waren. General Howe, der britische Kommandeur, wies, wenig hilfreich, auf dieses Ungleichgewicht hin. Die Amerikaner verschanzten sich trotzdem und warteten auf den Angriff. Er kam am 16. November. Von seiner Position am gegenüberliegenden Hudson-Ufer aus, konnte Washington mit seinem Fernglas zum Fort hinaufschauen und sah wie Hessen Amerikaner mit dem Bajonett umbrachten.   „Wenn ich einem Feind den schwersten Fluch auf Erden auferlegen könnte, dann würde ich ihn in diese Situation versetzen, mit all meinen Gefühlen," schrieb er. Der Kampf war blutig und entscheidend: die Briten besetzten Manahattan bis zum Ende des Krieges.

Amerikas erste Soldatin

Als Margaret Corbin, „die Heldin des Fort Washington", eine Militärrente erhielt, wurde sie zur ersten Soldatin Amerikas. Im Kampf half sie ihrem Mann, der Artillerist war, bis er getötet wurde. Dann bediente sie selbst die Kanone. In der nahegelegenen Holyrood Church gibt es eine Gedenktafel zu ihren Ehren.

Aufgrund derselben geologischen Merkmale liegt in diesem Teil von Washington Heights auch der tiefste U-Bahntunnel Manhattans mit der tiefsten Station der Insel: 181st St auf den Linien 1/9.

DIE MUTTER CABRINI-KAPELLE ㉖

Die erste katholische Heilige Amerikas

701 Fort Washington Avenue
cabrinishrinenyc.org
212-923-3536
Dienstag-Sonntag 9-17 Uhr
Linie A /190th St

Frances Xavier Cabrini, die erste von der römisch katholischen Kirche heilig gesprochene Amerikanerin, liegt in dieser Kapelle in Washington Heights. Beim Anblick einer toten Person hinter Glas fühlen sich Besucher vielleicht unwohl.

„Ja, einige bekommen Angst," sagt Rose, Sekretärin der Kapelle. „Hier ist ihr Skelett und etwas Haut. Doch erst die *Wunder* machen einen zur Heiligen." Rose, eine gut gelaunte Puertoricanerin mit trockener Beamtenattitüde arbeitet seit sieben Jahren hier. „Man wird... vielleicht keine Ratgeberin, aber man hört sich die Probleme der Leute an."

Die Mutter Cabrini-Kapelle konzentriert sich auf Probleme von Einwanderern und in dieser Hinsicht ist New York ihre natürliche Heimat. Cabrini verstand Einwanderer, weil sie selbst einer war. Nach der Gründung eines Ordens in ihrer Heimat Italien, kam sie 1889 mit einigen Schwestern in der Stadt an und landete im armseligen Slum Five Points auf der Lower East Side. Die Unterkunft war schmutzig und voller Ungeziefer: nachts blieb eine der Schwestern wach, um die anderen gegen die Ratten zu verteidigen. Italiener wurden damals weithin als eine Art Untermenschen gesehen. „Man kann unseren Italienern, die vernachlässigt werden und auf die man herabschaut, auf so viele Arten Gutes tun," schrieb Cabrini. „Sie können unseren Anblick nicht ertragen." Ein Großteil der karitativen Arbeit konzentrierte sich auf Kinder: Schulen und Waisenhäuser. Als man sie bat, auch Spitalsdienste anzubieten, weigerte sie sich, bis ihr in einem Traum die Jungfrau Maria erschien, erzählt Rose, „die ihre Ärmel hochgekrempelt hatte, um die Arbeit zu verrichten, ‚die du nicht selbst tun möchtest'". Die Augen von Rose weiten sich vor Ehrfurcht bei diesem persönlichen Tadel von der Mutter Jesu. „Also gab sie nach."

Insgesamt gründete Cabrini über 60 Institutionen, darunter ein Krankenhaus auf der 22nd Street (jetzt geschlossen). 1909 wurde sie amerikanische Staatsbürgerin und 1946 sprach man sie heilig. Im päpstlichen Erlass wird die Heilige formell zur „Patronin der Einwanderer" erklärt. Rose blättert einen Papierstapel durch und zieht den Brief einer Dominikanerin heraus: sie bittet verzweifelt um eine frühzeitige Entlassung aus dem Gefängnis, damit sie wieder bei ihren Kindern sein kann. Der Brief ist direkt an die Heilige adressiert und der Ton ist familiär, doch Rose ist diejenige, die ihn beantworten wird.

Mutter Cabrini ist nicht zur Gänze hier: die wenig zimperliche Kirche teilte sie auf. Ihr Herz ist in Rom, ihr Kopf in Codogno.

DER LAVAUDIEU CHRISTUSTORSO ^㉗

Eine alte Vogelscheuche

Das The Cloisters Museum
99 Margaret Corbin Drive, Fort Tryon Park
metmuseum.org/cloisters
212-923-3700
Dienstag-Sonntag 9:30-17:15 Uhr (März bis Oktober); 9:30-16:45 Uhr
(November bis Februar)
Linie A /190th St

Ein unscheinbarer Christustorso aus Holz hängt im The Cloisters an einer kahlen Wand im Flügel für römische Kunst. Unvollständig, zerkratzt und von den Jahrhunderten verfärbt, muss es eines der am wenigsten beachteten Kunstwerke des Museums sein. Doch die Skulptur hat eine ungeheuerliche Geschichte, die mit ulkiger Präzision die Legende und den Zweck des The Cloisters als kulturelle Institution zusammenfasst.

„Wenn Sie nach bizarren und wirklich beeindruckenden Orten suchen," sagt ein Dozent des Cloisters, „würde dieser ganz oben auf der Liste stehen." Beeindruckend sind die tausenden mittelalterlichen Kunstwerke. Bizarr ist sein Grundriss, der es einzigartig unter den amerikanischen Museen macht. Der Besuch im The Cloisters ist ein Spaziergang durch ein cleveres Mosaik authentischer Klosterarchitektur: Tonnen an Steinreliefs wurden dafür aus Europa hergeschafft. Dieser epochenbezogene Ausstellungsort war die Idee und Leidenschaft von George Grey Barnard, einem amerikanischen Bildhauer, der in Paris studierte und jede Menge europäische Kunst zusammentrug - den Kern der heutigen Sammlung. Er hatte ein Faible für mittelalterliche Skulpturen, was damals selten war. „Jetzt finden wir es sehr interessant," sagt der Dozent, „doch das war nicht immer so."

Wenn die Staaten das Mittlelalter kühl betrachteten, agierte Frankreich regelrecht feindselig. Während der französischen Revolution, beschlagnahmte die Nationalversammlung Kircheneigentum und verkaufte es an Privatleute. Abteien wurden zu Bauernhöfen, Kapellen zu Scheunen, Statuen füllten die Lücken in alten Mauern aus. So gelangten religiöse Steinmetzarbeiten aus Europa in eine amerikanische Sammlung: man brauchte sie sich nur zu nehmen.

Der Dozent steht neben dem Torso und hält inne, um seinen besonderen Reiz wirken zu lassen. „Man kann hier ein großes Gespür für die Anatomie des menschlichen Körpers erkennen: Knochen, Muskel, Spannung der Haut. Für das 12. Jhdt. ist das außergewöhnlich und es gilt schon lange als wirklich seltener Fund. Barnard fand den alten Torso in der Nähe der Abtei Lavaudieu in der Auvergne. „Er kaufte ihn einer französischen Familie ab," sagt der Dozent, „die ihn draußen auf dem Feld verkleidet als Vogelscheuche verwendete..

DAS DYCKMAN FARMHOUSE

Das letzte Landhaus in Manhattan

Broadway Ecke West 204th Street
dyckmanfarmhouse.org
212-304-9422
Freitag-Samstag 11-16 Uhr; Sonntag 12-16 Uhr
Linie A /Dyckman St oder Inwood – 207th St; Linie 1 /207th St

An der Ecke Broadway und West 204th Street, dort wo die Bäume die Laternenmasten und Feuerleitern verdecken, kann man zum Dyckman Farmhouse hinaufblicken und das ländliche 18. Jhdt. erleben. Im nördlichen Manhattan gab es damals nur Höfe und stille Bäche sowie die verborgenen Reste indianischer Dörfer. Seit mehr als 200 Jahren ist dieses einfache weiße Haus, das letzte wirkliche Farmhaus in Manhattan, eine unveränderte Insel der Vergangenheit.

1784 von William Dyckmann erbaut, wurde das Haus nie modernisiert, weil man dachte es würde früher oder später abgerissen werden. Im frühen 20. Jhdt. wollte man es in den nahegelegenen Isham Park versetzen, doch Williams Nachkommen setzten sich dafür ein, das Haus an seinem Standort zu belassen und es öffentlich zugänglich zu machen.

Heute gibt sich das Personal unglaublich viel Mühe, um die Zeit im Farmhaus weiterhin still stehen zu lassen.

Das Obergeschoß wurde im Zustand von 1915 beibehalten, als es in ein Museum verwandelt wurde, während das Wohnzimmer und die tiefer gelegene Küche im Untergeschoß so geschichtsgetreu sind, wie Historiker es sich nur wünschen können. „Unsere Vorstellung von der Vergangenheit ändert sich permanent.," erklärt die Leiterin Susan De Vries. „In jedem historischen Museum überschneiden sich Geschichtsabschnitteund wir wissen, dass diese Überlagerungen wichtig sind."

Wenn man beim Betrachten des Hauses von außen einen kleinen Blick in die Vergangenheit werfen kann, dann erlebt man im Inneren eine wahre Zeitreise. Die Dekoration und die Möbel wurden restauriert oder mühevoll reproduziert und je genauer man hinsieht, desto realer wird alles: auf dem Tisch liegen ein paar Karten aufgefächert neben einem halbleeren Glas mit Madeira-Wein. Das Strickzeug der Hausfrau liegt auf einem Sessel in der Ecke. An der Wand tickt und läutet eine historische Uhr. Unten gibt es eine warme Küche mit einem frischen Brotlaib auf dem Tisch und gewürfelten Karotten, die darauf warten, in den Topf geworfen zu werden. Das Dyckman Farmhaus steht still. Das Einzige, was fehlt sind die Dyckmans. Und der einzige Störfaktor ist man selbst, ein neugieriger Geist aus der Zukunft.

Auf dem Weg in die Küche im Keller stößt man auf einen Teil des Steinfundaments, in das ein seltsames Bildsymbol graviert ist: drei übereinanderliegende Quadrate, die mit Linien verbunden sind. Es ist tatsächlich ein altes Brettspiel, Nine Man Morris, und wurde vielleicht für die Dyckman-Kinder dort eingeritzt.

DER MEILENSTEIN NR. 12

Der stille Wächter

Isham Park, Südeingang
Broadway Ecke 211th Street
nycgovparks.org
Linie 1 /207th St

Ein merkwürdiger roter Sandsteinblock ist in die Mauer am Eingang zum Isham Park integriert. Das Einzige, wodurch er sich vom rauen Granit, der ihn umgibt, abhebt, ist die gleichmäßige Form und die schlammige Farbe seiner verwitterten Vorderseite. Millionen gehen oder fahren an ihm vorbei ohne anzuhalten: für sie ist er namenlos. Für New Yorker Historiker ist er ein Relikt und als Meilenstein Nr. 12 bekannt.

Meilensteine sind beeindruckende Denkmäler. Einerseits sind sie einfache Steine, die gemeinsam mit anderen eine simple Botschaft vermitteln, andererseits beschwören sie sofort galopierende Pferde, Kutschen und romantische Staubwolken herauf. Man kann sie auch sammeln. Manhattan ist 14 Meilen lang, und auf der Jagd nach den 14 Markierungen zieht es viele Forscher zu verwachsenen Straßenrändern und in vergessene Keller sowie zu Büchern und Landkarten in Bibliotheken.

Die Meilensteine wurden 1769 für ein vom stellvertretenden Postmeister, Benjamin Franklin, geleitetes Projekt aufgestellt, der einheitliche Postgebühren einführen wollte. Franklin arbeitete sich mit einem selbst erfundenen Meilenzähler die Straße zwischen New York und Boston entlang. Diese koloniale Verkehrsader, die Boston Post Road, wurde schon seit hundert Jahren genutzt, doch die Meilensteine machten den Unterschied. „Eine Straße wurde mit Respekt behandelt, wenn sie von gut geformten Steinen gesäumt war," schrieb der Meilensteinexperte und Kurator der Historical Society Richard J. Koke.

Als Straßen im Zuge der Stadtentwicklung verbreitert und verlegt wurden, grub man die Meilensteine aus und vergaß sie. Viele sind für immer verloren. Andere fand man wieder - in Privatgärten, auf Deponien, eingearbeitet in Eingangstreppen. Nr. 10 ist Teil der Sammlung der New York Historical Society, Nr. 11 befindet sich in der Morris-Jumel Mansion, Nr. 13 und 14 bleiben verschwunden.

Nr. 12 stand ursprünglich auf der Post Road Ecke 190th Street. 1813, als die gerade fertiggestellte City Hall zum Kilometer Null wurde, vermaß man die Entfernungen neu und der Stein wurde versetzt (und vielleicht neu zugeschnitten, das weiß niemand). Die auf der Vorderseite eingravierten „12 Meilen bis New York," fielen wahrscheinlich Vandalen-Attacken zum Opfer. Irgendwann Anfang des 19. Jhdt. wurde der Stein in die Stützmauer eingearbeitet, wo er heute steht: verwittert, ohne Aufschrift, vernachlässigt und älter als alles andere, was man in Manhattan findet.

DER SEAMAN-DRAKE ARCH

Ruinen in Manhattan

5065 Broadway auf Höhe 216th Street
Linie 1 bis 215th Street

Manhattan ist beim Ausradieren der Geschichte, der es entwachsen ist, sehr gründlich. Vielleicht etwas zu gründlich, wie Befürworter des Denkmalschutzes warnten (siehe Seite 162). Hier baut die Gegenwart nicht auf der Vergangenheit auf, sondern reißt diese einfach nieder.

Doch versteckt an der Nordspitze der Insel, gibt es einen Ort, der die Bezeichnung „Ruine" verdient. Man übersieht sie, wenn man nicht stehen bleibt und genau hinsieht. Sie hat alles, was man sich wünscht: verwitterten Stein, den Stil einer längst vergangenen Epoche und sogar das, was eine Ruine vielleicht auszeichnet, einen dünnen Baum, der aus den Ritzen wächst. Dieser vergessene Steinhaufen, der Seaman-Drake Arch, führte einst zu einem majestätischen Anwesen, das Inwood beherrschte und steht hier, seit er in den 1850ern errichtet wurde.

Die Seamans waren eine reiche Kaufmannsfamilie, deren Wurzeln bis ins New York des 17. Jhdt. zurückgehen. Ihnen gehörte das gesamte Land nördlich des Flusses. Ihre Marmorvilla in den Hügeln, „Seamans Castle," gibt es schon lange nicht mehr. Nur der Eingang ist noch übrig. Heute betritt man über den Seaman-Drake Arch eine Autowerkstatt. Mit roter Farbe ist „AUTO BODY" darauf gesprüht, Kabel und Druckluftschläuche hängen an der Wand und hinter einem Garagentor mit Plexiglasfenstern heulen elektrische Geräte und stehen kaputte Autos. Aus Inwood-Marmor (in der Nähe abgebaut) errichtet, doch seither oft übermalt, hat er die Form eines römischen Triumphbogens. Oben zieren ihn elegante Gesimse und Kragsteine mit gemeißelten Akanthus-Blättern. Direkt darunter liegen aufgehäuft alte Reifen, Stacheldraht und Bremsscheiben, die mit den Blättern des letzten Jahres vor sich hin rosten. Das ganze Set-up überspannt den Bogen etwas, was das Ruinenthema Nummer eins, die Vergänglichkeit, betrifft. „Manchmal kommen Studenten vorbei und machen Fotos," sagt Carlos, der im Laden arbeitet. Er sieht nach oben zum Graffiti und denkt kurz nach. „Eigentlich nicht sehr oft."

Ein paar Türen weiter gibt es einen netten Getränkemarkt, Inwood Hills Spirits & Wine. Das Schild über der Tür ziert ein Logo mit dem Seaman Arch. Im Schaufenster sind gerahmte Schwarzweißfotos platziert. „Die Nachbarn bringen sie vorbei," sagt Besitzer Norberto Duran. „Im Keller habe ich noch fünfzig davon. Das ist unsere Geschichte," zuckt er mit den Schultern. „Ich stelle sie gerne hier oben auf. Besser als Whiskey-Werbung, oder?"

DER LETZTE SALZMARSCH

Urtümliches Manhattan

Inwood Hill Park, nördlichstes Manhattan
nycgovparks.org/parks/bennettpark
Linie A / oder Inwood - 207 St; Linie 1 / 215 St

Betrachtet man die Nordspitze Manhattans, erkennt man eine kleine Einbuchtung. Hier, im Inwood Hill Park, befindet sich der letzte Salzmarsch der Insel, die einst praktisch zur Gänze daraus bestand. Der Marsch ist eine ökologische Zeitkapsel, versteckt in der letzten natürlichen Landschaft des Orts mit der starrsten Stadtplanung der Welt.

Ein gezeitenabhängiger Salzmarsch bedeutet Veränderung. Bei Flut liegt die Bucht ganz normal da: ein Gewässer gesäumt von Gräsern und Deichen aus Bruchstein. Bei Ebbe enthüllt es seine zweite Natur und verwandelt sich in ein glitzerndes Watt, durch das sich Kanäle Richtung Spuyten Duyvil schlängeln. Vögel picken im Schlamm und hinterlassen Abdrücke, die wie eine Stoffnaht aussehen, während sie in Löchern nach Winkerkrabben und in den seichten Pfützen nach den unzähligen Killifischen suchen.

Es ist nicht eine vergessene Oase. Die Gezeiten sind das Uhrwerk des Erdballs und die Tierwelt, die Entwicklungen gerne ignoriert, geht ihren immer gleichen Beschäftigungen nach. Doch das Ufer wurde von der Gegenwart geformt und auch wenn man sich in der Zeit zurückversetzt fühlt, holt einen das Dröhnen der Passagierflugzeuge hoch oben ins Jetzt zurück. Was der Marsch zu bieten hat, ist eine subtile Anleitung zum Naturschutz. Am Nordufer der Einbuchung, gibt es eine Station, wo die Park Ranger Besuchern so viel über Gezeiten, Pflanzen und Tiere dieser Bucht erzählen, wie sie wissen möchten. Ranger Sunny Corrao blickt an einem schönen Sommertag über die Ebene und spricht über die Rolle des Marsches als letzter seiner Art. „Leute, die extra deswegen herkommen, wissen das," sagt er. „Andere sehen hier nur einen friedlichen Ort."

Obwohl es bei Flut noch immer reicht eine Kanufahrt zu machen, war das Wasser in den 1930ern, als der Großteil des Inwood Hill Park entstand, tiefer: Der Schlamm besteht teils aus Ablagerungen, die sich über die Jahrzehnte hier angesammelt haben. Vogelbeobachter kommen gerne hierher: man sieht Fischreiher, Kanadareiher, Regenpfeifer, Gänse, Enten. Von Zeit zu Zeit erklingt der einzelne Schrei einer Gans. Dann fliegt die gesamte Gänseschar plötzlich mit auf das Wasser klatschenden Flügeln davon. Sie lassen eine Taube, die sich unter sie gemischt hat (das Schild sagt: TAUBEN FÜTTERN VERBOTEN), zurück, die allein zwischen den Ufersteinen herumpickt und sich sowohl in der herrlichen geretteten Natur wie im Rinnstein zu Hause fühlt.

DIE INDIANERHÖHLEN
VON INWOOD HILL

Ein Unterschlupf in Manhattan's letztem großen Wald

Inwood Hill Park – Zwischen Dyckman Street, Hudson River, und Harlem Ship Canal
nycgovparks.org
Linie A /Dyckman St oder Inwood - 207th St; Linie 1 / 207th oder 215th St

Abgesehen von den Mastodon-Herden (siehe Seite 254) ist nichts schwieriger mit dem aktuellen Manhattan in Einklang zu bringen, als die Indianerstämme, die hier jagten (Bären, Rotwild, Truthähne) und fischten (vor allem Austern) und sogar, wie einige Historiker meinen, mit ihren Kanus über miteinander verbunden Flüsse quer über die Insel paddelten. Doch das war damals. Die urbane Entwicklung Manhattans war wie ein Flächenbrand, der 1620 in der Battery anfing und sich langsam seinen Weg nach Norden bahnte, bevor er kurz vor der nordwestlichsten Inselspitze zum Stillstand kam. Dort liegt Inwood Hill, Manhattans letzter großer Wald und der einzige Ort, an dem man begreift, wie sich die Insel den allererstcn New Yorkern, den Lenape, präsentierte.

Die größte Attraktion des Inwood Hill Park als Manhattan der Vorzeit sind die Indianerhöhlen. Natürliche Überhänge in den Felsen, die sich bis zum Flussufer ziehen, boten kampierenden Lenape vorübergehend Schutz und an einer Stelle bilden die Höhlen, die früher tiefer waren als heute, zwischen massiven Felsblöcken einen Durchbruch. Die ersten archäologischen Arbeiten in diesem Gebiet führten im späten 19. Jhdt. zwei engagierte Amateure durch (die einzige Art von Archäologen, die es damals gab), William Calver und Reginald Bolton, die im nördlichen Manhattan nach Fundstücken suchten. Calver schrieb später, dass die Fischerei- und Jagdmöglichkeiten sowie der natürliche Schutz der Felsen Nordmanhattan „zum idealen Siedlungsgebiet primitiven Lebens machten" - ein Urteil, das bis heute unbestritten ist.

Es ist beachtlich, dass die wild um sich greifende Stadtentwicklung nicht nur ein Stück Geschichte der amerikanischen Ureinwohner, sondern auch die ursprüngliche Landschaft verschont hat. Erstaunlich hohe Tulpenbäume, bewaldete Hügel voller Vögel (Tangaren, Rotkardinäle, Falken und im Winter sogar Weißkopfseeadler) und entlang der verschlungenen Pfade, kein Hinweis auf die moderne Welt, abgesehen vom leisen Brummen eines Passagierflugzeugs hoch oben.

Die Bedeutung des Wortes „Manhattan", das aus der Sprache der Lenape kommt, ist unklar. „Manna-Hata" wurde von Hudsons 1. Offizier, Robert Juet, 1609 notiert und ein Jahr später erschien der Name zum ersten Mal auf einer Landkarte. Zu den möglichen Übersetzungen gehören „Insel" (Lenape: *Menatay*), „Ort zum Sammeln von Holz für Bögen" (*Manahatouh*) und das weit hergeholte „Ort allgemeinen Rausches" (*Manahactanienk*).

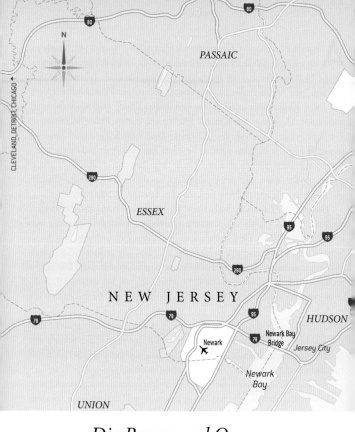

Die Bronx und Queens

DER CROTON-TRAIL

New York, eine verlorene Zivilisation

Der Trailabschnitt der Bronx beginnt am höchsten Punkt des Van Cortlandt Parks, wo die Hancock Avenue auf die Forest Avenue (Yonkers) trifft und führt hinunter zur High Bridge am Harlem River (auf Höhe der 170th Street)

In den späten 1830ern nahm New York sein größtes öffentliches Bauprojekt in Angriff: die Anbindung Manhattans, das unter Wassermangel und allem, was damit verbunden war litt (Krankheiten, Brände, Trunkenheit) an den weitläufigen Croton River 65 Kilometer weiter nördlich. Der Verlauf des ursprünglichen Croton Aquädukts ist von Relikten gesäumt: Torhäusern, Wegen, Türmen und Gothams ältester Brücke. Auf den Spuren dieser Überreste kommen sie alten Ruinen so nahe, wie es in dieser Stadt nur möglich ist.

Der seltsamste Teil der Aquädukt-Infrastruktur ist auch der entlegenste: das steinerne Wehr im Van Cortlandt Park in der Bronx. Das Wehr ist ein Bauwerk, das den Wasserfluss regelt: hier konnte das Wasser überlaufen, frische Luft eingelassen und unterirdische Tunnel betreten werden. Dieses hier ist besonders, weil man mitten auf einem Naturpfad darauf stößt, wie auf einen Sonnenkult-Tempel, der plötzlich im Dschungel auftaucht. Das Mauerwerk ist so alt, dass es an einigen Stellen abbröckelt. Eine Ulme wächst aus seinem Dach und sogar die Graffitis sehen aus wie ein vergessenes Alphabet. Wer eine rege Phantasie hat, sieht die Geister der Geschichte umherwandern; wer nicht, kann auf jede Menge Bäume und Vögel zurückgreifen. Erklärte Aquädukt-Fans werden natürlich ins Schwärmen geraten.

Auf der Van Cortlandt Park Website wird man darauf hingewiesen, das der Croton-Trail „vom Major Deegan Freeway unterbrochen wird." Das ist, als ob man sagen würde, dass der Weg nach England vom Atlantik unterbrochen wird. Tatsächlich sind die tosenden Verkehrsrampen das Hauptärgernis, wenn man dieses Gebiet erkunden möchte.

Am besten steigt man auf der Aqueduct Avenue wieder in den Trail ein, die bei der Kingsbridge Road beginnt und auf direktem Weg (das Gartenbauamt nennt es „Aqueduct Walk") zur East Burnside Avenue führt, wo ein markantes Torhaus aus Stein steht. Der Trailabschnitt der Bronx endet am Harlem River an der Ecke Sedgwick Avenue und 170th Street: wenn Sie dort sind, wird Ihnen klar, warum. Hier steht die älteste Brücke der Stadt, die High Bridge, die speziell für dieses Großprojekt, das Trinkwasser vom Festland in ein ausgedörrtes Manhattan bringen sollte, gebaut wurde.

WEST 230TH STREET

Treppe in die Vorstadt

Linie 1 /225th St - Marble Hill oder 231st St

Die West 230th Street in der Bronx schlängelt sich auf Höhe des Broadway's unter dem Geratter der Hochbahn durch, schmiegt sich an den Nordrand von Marble Hill und mündet nach einer kurzen Betonwüste in eine Treppe, die geradewegs zu den Bäumen hochklettert.

Treppenstraßen sehen auf der Karte aus wie Straßen und sind oft mit Verkehrszeichen ausgeschildert, doch sie sind Treppen: nur für Fußgänger. In der West Bronx gibt es ein paar davon. Die 230th ist die längste. Die Treppe beginnt in der Irwin Avenue und kreuzt, auf einem Plateau, zwei weitere Avenues bevor sie in der Netherland Avenue gipfelt. Dort geht sie wieder in eine gewöhnliche Straße über.

Im Grünen zu verschwinden, ist nicht das einzige Kunststück der 230th Street. Die Treppe lehrt uns etwas über die Vielfalt der Bronx, vor allem jene, für die der Bezirk als zugemülltes und gefährliches Drogenareal gilt. Kennt man nur die laute Ecke rund um die U-Bahn, dann ist das bloß eine Seite der 230th Street. Auf der anderen sitzt ganz oben die Gemeinde Riverdale. Sie bietet vorstädtische Postkartenidylle: Privathäuser, schmucke Vorgärten, SUVs. Die Straße bahnt sich einen Weg vom Chaos zum Luxus.

Los geht's unten in der Irwin Avenue, wo man von zwei Tankstellen, den zischenden Schläuchen einer Autowerkstatt, einem einzelnen Skateboarder („Ich war noch nie dort oben," sagt er) und jeder Menge Asphalt umgeben ist. Zwei Backsteinhäuser flankieren den Treppenaufgang. Eine Ebene weiter oben, auf der Johnson Avenue, lässt man die letzte Feuerleiter hinter sich. Geht man weiter zur Edgehill Avenue, stehen dort die ersten privaten Garagen. Auf dem letzten Abschnitt Richtung Netherland Avenue beginnen die Vorgärten, Backstein- und Fachwerkhäuser sowie Schieferdächer. Ganz oben steht man schließlich vor rustikalen Steinmauern, Kirschbäumen, die ihre Blüten auf dem Rasen verteilen, Vätern, die ihre Kinder dazu anhalten ins Auto zu steigen und glücklichen Hunden.

Diese 150 Meter, die man hier zurückgelegt hat, könnten genauso gut Kilometer sein. Eine Frau, die ganz oben wohnt, räumt ein, dass Riverdale „das teuerste Viertel der Bronx ist," beschwert sich aber, dass „sie" manchmal die Treppe heraufkommen. Eine andere Frau mit einer Einkaufstasche stapft seit 22 Jahren täglich über diese Stufen. Fragt man sie, wann man am besten hierherkommt, sagt sie, „Eigentlich immer. Außer spätnachts." Warum, zu gefährlich? „Na ja," sagt sie, „ich habe zwar noch nie etwas gehört, aber ich möchte nicht die Erste sein."

MARBLE HILL

Ein Stück Manhattan nördlich des Flusses

Linie 1 / Marble Hill - 225th St

Fragt man die Leute in der kleinen Gemeinde Marble Hill, ob sie Bewohner Manhattans oder der Bronx sind, bekommt man

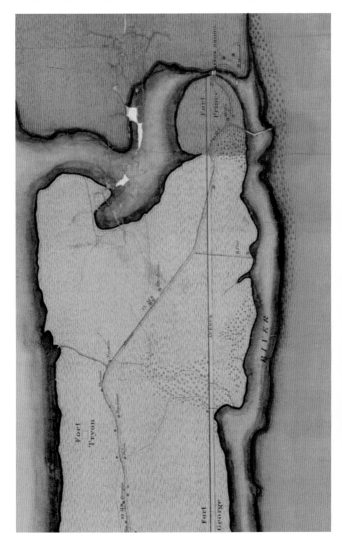

unterschiedliche Antworten. „Was?" sagt ein Mann, der sein Auto auf dem Fort Charles Place wäscht. „Das ist die Bronx. Wer hat Ihnen was Anderes erzählt?" Eine Frau, die auf der West 225th ihren Hund spazieren führt, fühlt sich „eigentlich in Manhattan," erzählt ihren Freunden aber, sie lebt in der Bronx. Zwei von drei Teenager-Jungs vor einem Backsteinbau rufen „Bronx!" - der dritte, der nur Spanisch spricht, lächelt zweideutig. „Ich nenne es nur Avalon," sagt ein reifer Herr mit Sonnenbrille, die mit einer Büroklammer fixiert ist. „Es ist, was immer man möchte."

Der umstrittene Status von Marble Hill reicht über 100 Jahre zurück. Auf der Karte sieht man, dass das Viertel eine Kurve macht: Terrace View krümmt sich in die West 228th, die wieder Richtung Süden in den Broadway biegt. Diese Straßen markieren den ursprünglichen Lauf des Spuyten Duyvil Creek: Marble Hill war früher eine Erhebung an der Nordspitze Manhattans. 1895 grub man den Harlem River Ship Canal mitten durch diesen Hügel und machte Marble Hill zu einer Insel. Der alte Spuyten Duyvil wurde später zugeschüttet und das Viertel physisch an die Bronx und an das Festland angegliedert.

Nicht alle hier wissen das. Und die Verwirrung ist amtlich. Marble Hill ist politisch ein Teil von New York, und nicht Bronx County, doch die Einwohner wählen bei Wahlen in Manhattan in Wahllokalen nördlich des Flusses.

Die Postleitzahl ist 718 (Bronx), aber die Telefonnummern scheinen im Telefonbuch sowohl unter Manhattan- als auch der Bronx auf.

Auf dem Spielplatz am Nordende des Viertels liegt ein Stein mit einer Inschrift im Asphalt: ein Manhattan-Bronx-Grenzstein. Ein alter Mann an einem Schachtisch kennt sich aus. „Das ist Manhattan," sagt er bestimmt. „Wenn Sie dich in der Bronx als Geschworenen vorladen, gehen sie nach der Postleitzahl. Dann schickt man es einfach zurück." Auf die Frage, wie lange eine korrekte Vorladung dauert, richtet er seine Baseball-Kappe und grummelt:"Ewig."

Der Name Marble Hill kommt vom Inwood-Marmor, der oben im Norden Manhattans vorkommt. Dort, wo das Viertel auf den Fluss trifft, sieht man ihn in den Felsen. Auch die hier ansässigen Indianer ließen sich vom Marmor inspirieren: sie nannten den Ort Saperewack, „den schimmernden Ort."

DAS SUPERMAN-PORTRÄT AM LEHMAN-COLLEGE

Ein Nationalschatz, der fünzig Jahre verschwunden war

Lief Library, Lehman College, Bronx
250 Bedford Park Boulevard West
718-960-7766 - Öffnungszeiten telefonisch erfragen
Linie 4 /Bedford Park Blvd - Lehman College

In der Bibliothek des Lehmann College hängt am hinteren Ende des Lesesaals ein großes Superman-Porträt. Er nimmt die klassische Pose ein, die man „Mann aus Stahl im Ruhezustand" nennen könnte: Füße weit auseinander, Fäuste an den Hüften, wehender Umhang und ein Lächeln, das ihn als guten Kerl ausweist. Ein guter Kerl, der aber nicht davor zurückschreckt, dem fiesen Typen eine reinzuhauen. Lassen wir die Frage, warum das Porträt in einem College der Bronx hängt, mal beiseite („Was hat er mit Bildung zu tun", meint ein Bibliothekar) und konzentrieren uns auf die Tatsache, dass das Bild das erste Ganzkörperporträt von Superman ist. Der Künstler kopierte diese klassische Pose nicht: er erfand sie.

Der ursprüngliche Verleger der DC Comics, Harry Donenfeld, gab das Gemälde 1940 in Auftrag, zwei Jahre nachdem Superman zum ersten Mal in Action Comics #1 auftauchte. Ursprünglich als Hintergrund für Fan-Fotos für die Radio-Show *The Adventures of Superman* gedacht, hing das Gemälde später hinter Donenfelds Tisch. Als der Verleger 1957 in Rente ging, nahm er es still und heimlich mit und 50 Jahre lang wusste niemand bei DC Comics, wo Superman war.

2009 versuchte der Künstler und Schriftsteller David Saunders das Porträt zu finden. Er interessierte sich weniger für den Superhelden als den Maler dahinter: H.J. Ward. Saunders arbeitete an einem Buch über Ward und je tiefer er vordrang, desto mehr war er von der Einzigartigkeit des Bildes überzeugt. „Mir wurde klar: das war das wichtigste Gemälde, das der Mann je gemalt hat," sagt Saunders. „Wie konnte ich ein Buch schreiben und darauf verzichten?" Nach Monaten hartnäckiger Detektivarbeit und Briefen an alle in den USA, die mit Nachnamen Donenfeld hießen, erhielt Saunders schließlich einen Tipp: ein Mitglied der Donenfeld-Familie erinnerte sich, dass das Gemälde in einem New Yorker College gelandet war. „David wusste nicht genau, in welchem," sagt Janet Munch, Leiterin der Sondersammlungen in der Lehman-Bibliothek. „Deshalb schrieb er uns alle an. Und ich ließ ihn wissen, dass das Gemälde bei uns ist." Jahrelang hing es in einem der Prorektor-Büros, ein Geschenk von Donenfelds Witwe. Als es seinen Weg in die Bibliothek fand, wusste nieman hier, dass das Bild ein Nationalschatz war.

Saunders Buch, *H.J. Ward*, kam in den späten 2010ern heraus. Bei Midtown Comics am Times Square, sagt Raphael Soohoo (der Superman-Experte hier): „Ich habe erst letztes Jahr von dem Bild gehört. Wir glauben alle, wir sind unglaubliche Fans, bis wir etwas Neues finden, das alles verändert."

DAS STRAUS-GRAB

Wir haben so viele Jahre miteinander verbracht, dann sterben wir auch zusammen

Woodlawn Cemetery
Zwischen der Jerome, der Bainbridge und der Webster Avenue und der East 233rd Street, Bronx
thewoodlawncemetery.org - 718-920-0500
Täglich geöffnet: 8:30-16:30
Linie 4 /Woodlawn; Linien 2 und 5 /233rd St

Die Geschichte des Titanic-Unglücks wurde ein Jahrhundert lang gewinnbringend ausgebeutet. Dieses Grab auf dem Woodlawn Cemetery steht für einen Moment der Würde in all dem Wahnsinn. Ida Straus, die Frau des Mitbesitzers von Macy's, Isidor Straus, wollte lieber gemeinsam mit ihrem Mann sterben, als sich in Sicherheit bringen zu lassen. Die beiden waren 41 Jahre verheiratet. Isidors Leiche wurde später von einem Frachtschiff geborgen und er liegt hier. Ida wurde nie gefunden, doch der Grabstein ist auch ihr Ehrendenkmal. Ein Gesteinsblock in Form einer Galeere erinnert an die Straus-Geschichte. Auf einer Seite ist eine Zeile aus *dem Lied der Lieder* eingraviert: *Mächtige Wasser können die Liebe nicht löschen, auch Ströme schwemmen sie nicht hinweg.*"

Vieles, was wir über die letzten Momente von Ida und Isidor wissen, verdanken wir einem Zufall: John Badenboch, Einkäufer bei Macy's, war zufällig auf der *Carpathia*, dem Schiff, das der *Titanic* zu Hilfe eilte. Der Kaufmann sprach mit Überlebenden und schickte einen vollständigen Bericht an Percy Straus, den Sohn des Paares. „Deine Mutter wurde von einem Offizier und deinem Vater gedrängt, in eines der Boote zu steigen," schrieb Badenboch. Sie weigerte sich und bestand darauf, der Zofe ihren Platz zu geben." Diese Zofe, erst kurz im Dienst, lieferte weitere Details, als sie einen Pelzmantel an die älteste Straus-Tochter zurückgeben wollte. Ida hatte der Frau den Mantel gegeben, da sie ihn nicht mehr brauchte. Die Strauses blieben gemeinsam an Bord, während sich die Rettungsboote füllten. Ida war kurz davor, in ein Boot zu steigen, weil sie dachte, Isidor würde ihr folgen. Doch als die Offiziere die Männer davon abhielten, trat sie zurück und sprach die in der *Titanic*-Legende berühmten Worte: „Ich lasse meinen Mann nicht allein. Wir haben so viele Jahre miteinander verbracht, dann sterben wir auch zusammen."

Percy Straus informierte die Familie per Telegramm über das Unglück: „Mutter weigerte sich, Vater allein zu lassen. Gefahr zu spät erkannt. Beide mutig und gefasst bis zum Ende."

Am Broadway Ecke West 106th Street, in einem kleinen, nach den Strauses benannten Park, steht die Bronzestatue einer Frau, die verträumt in das Blumenbeet blickt. Früher gab es dort ein Wasserbecken und die Statue (und ihre beabsichtige Spiegelung) trägt den Namen *Erinnerung.*

Die *Titanic* sollte in New York, am Pier 59 auf dem Hudson River anlegen.

KANUFAHRT
AUF DEM BRONX RIVER

Wasserspaß mitten im Bezirk

Mai bis September - Termine auf der Website: bronxriver.org
Die Bronx River Alliance bietet im Sommer kostenlose Paddelboote sowie
bezahlte und private Touren an

Der Bronx River, schmal, ruhig und nur 38 Kilometer lang, fließt mitten durch den Bezirk. Tritt man aus dem Schatten der donnernden Hochbahn und bringt gut 90 Meter Asphalt und Beton hinter sich, stößt man auf einen traumhafte Flusslandschaft: bewaldete Ufer, an denen Kaninchen entlang hoppeln, Vogelgeflatter und das Wasser, das unter den hängenden Ästen alter Bäume gemächlich nach Süden fließt. Hat man die Szenerie einmal gesehen, ist es nicht leicht, andere New Yorker von ihrer Existenz zu überzeugen. Der Fluss, nach Jonas Bronck benannt, der hier zu Zeiten der ersten holländischen Siedler lebte, verlieh auch dem Bezirk seinen Namen. Der historische Kern der Stadt ist hier sehr präsent und auch wenn ein Spaziergang am Ufer entlang nett ist, sieht man von einem Kanu aus viel mehr.

„Er ist nicht *ganz* wie früher," sagt Linda Cox, Leiterin der Bronx River Alliance, die sich der Aufwertung des Flusses verschrieben hat. „Einige Teile wurden begradigt, vor allem aufgrund der Züge." Wenn das ein Makel ist, dann wurde er schrittweise korrigiert, da Stützmaßnahmen dem Fluss eine „natürliche Krümmung", wie Cox es nennt, verliehen haben. Während man gemütlich unter einem Dach aus Weiden und Eichen dahinpaddelt und im seichten Gewässer Schildkröten sowie herumflitzende Elritzen sieht, fällt nicht auf, dass der Fluss wenig kurvenreich: man ist zu sehr damit beschäftigt eine ganze Metropole neu zu definieren. „Leute, die den Bronx River entdecken, beginnen die Stadt anders zu sehen," meint Cox.

Die Alliance bietet verschiedene Kanutouren an, einige sind gratis und auf eine bestimmte Flussregion beschränkt, andere bringen, gegen eine kleine Gebühr, Ihr Pionierblut in Wallung: lange Abfahrten durch Wälder, Industrieebenen und schließlich hinaus in den Long Island Sound. So wie praktisch jede Organisation, die versucht das Interesse an der Stadtnatur neu zu wecken, hatte auch die Alliance positive Auswirkungen auf die Tierwelt. „Wir sind quasi *die* Musterschüler in diesem Bereich," sagt Cox. Vor einigen Jahren watschelte ein lustiges Tier in diese Gewässer und blieb: ein Biber. Die letzten, die hier im Bronx River lebten, starben vor 200 Jahren, ausgelöscht vom Pelzhandel, der die Basis für die Gründung der Stadt bildete. Auf die Frage, ob es sie mehr befriedigt, dass Leute den Fluss per Kanu entdecken können oder die Natur wieder auflebt, sagt Cox: „Glücklicherweise muss ich mich nicht entscheiden! Hier ist beides möglich."

DER PRIMÄRWALD

Das größte verbliebene Stück Urwald

New York Botanical Garden, Bronx
2900 Southern Boulevard
hispanicsociety.org -718-817-8700
Dienstag-Sonntag 10-18 Uhr
Mittwoch und Samstag 10-11 Uhr freier Eintritt für die Außenanlagen
Metro-North Railroad von der Grand Central Station: Harlem Local/Botanical Garden
Linien B, D und 4 /Bedford Park Blvd

Schon vom Eingang des botanischen Gartens kann man das Kronendach riesiger Bäume sehen. Neben dem Weg in den Wald steht ein Schild für den neugierigen Besucher. „Sie stehen am Rande des größten verbliebenen Stück Urwalds, der einst den Großteil New York Citys bedeckte," steht hier. „Auf diesem Areal spazieren Sie entlang der Jagdpfade amerikanischer Ureinwohner, sehen von Gletschern hinterlassene Spuren und gehen unter Bäumen hindurch, die aus der Zeit der amerikanischen Revolution stammen."

Der „Urwald" ist der älteste Ort der ganzen Stadt. Er befindet sich in der Mitte des 1 km² großen botanischen Gartens und ist von anderen Highlights umgeben („Kirschbaumsammlung", „Narzissenhügel"), die neben der Autorität, die von diesem wilden Herzen ausgeht trivial wirken. Das Merkmal von Primär- oder Urwäldern ist, dass in ihnen nie gefällt oder anderweitig eingegriffen wurde. Daher gibt es hier hohe alte Bäume, die besondere Bedingungen für den Boden schaffen. Beim Wettkampf um das Licht, bilden sich drei verschiedene Zonen: oben, das Kronendach, wo die Blätter der höchsten Bäume sich gleichmäßig ausbreiten und den Großteil des Sonnenlichts blockieren; darunter das Unterholz mit Büschen und kleineren Bäumen, die auf eine Lücke im Blätterdach warten, wenn ein alter Baum stirbt; und der Waldboden, mit Keimlingen, Gras und Wildblumen.

Abgesehen vom spärlichen Sonnenlicht, das durch die Blätter dringt, bestechen Primärwälder durch den natürlichen Verfallsprozess bei dem sie Holz fleißig in Erde verwandeln. „Auf dem Weg gibt es einen riesigen Tulpenbaum, der erst vor ein paar Tagen umgefallen ist," sagt einer der Ranger. „Nach einer Weile sieht man nur mehr einen Erd- und Laubhügel." Er zeigt, wo man entlanggehen muss und nach 400 Metern liegt er da: ein gefallener Riese: in seinem blassen Wurzelsystem, vier Meter im Durchmesser, hängen noch immer Erde und Steine, die er aus dem Boden gerissen hat.

Auch üppige Fauna gibt es im Wald. Etwas, das dem New Yorker auffallen wird: die vielen grauen Eichkätzchen entlang des Weges sind zwar nicht besonders scheu, haben aber nie gelernt zu betteln. Streifenhörnchen stöbern in den toten Blättern und piepsen dabei wie Vögel. Habichte fliegen tief und die Luft bricht hörbar unter ihren Flügelschlägen. Am Anfang des Wanderwegs steht ein Pärchen regungslos und starrt mit offenem Mund auf einen Baum. Darin starrt ein ebenso versteinertes Paar Eulen zurück.

DIE LORILLARD SNUFF MILL

Amerikas erste Tabakfabrik

New York Botanical Garden, Bronx
2900 Southern Boulevard
nybg.org - 718-817-8700
Dienstag-Sonntag 10-16 Uhr
Metro-North Railroad von der Grand Central Station: Harlem Local/Botanical
Garden
Linien B, D und 4 /Bedford Park Blvd

Die vom botanischen Garten zur Verfügung gestellte Karte enthält eine „Steinmühle". Wenn Sie das alte Gebäude ausfindig machen, informiert sie eine Tafel, dass sie 1840 erbaut wurde, „es als eines der malerischsten Bauwerke in New York gilt," und es aus Schiefer aus der Umgebung besteht. Was man nicht erfährt: *wofür* sie gebaut wurde. Die Mühle, die unter Denmalschutz steht, wurde vor kurzem saniert und gleichzeitig bereinigte man unnötigerweise ihre Geschichte. Lange Zeit hieß dieser Ort die Lorillard Snuff Mill. Sie ist die älteste Tabakfabrik im Land.

Schnupftabak, Tabak in Pulverform, wurde im 18. Jhdt. mehr oder weniger zivilisiert von Herren geschnupft und war mehr als nur gemahlener Tabak. Für eine der vom Namensgeber der Mühle, Pierre Lorillard, verkauften Sorten brauchte es Virginia-Blätter ohne Stiel, die in Rum eingeweicht, dann 12 Tage lang bei 40° C aufbewahrt und gemahlen wurden und die man dann für weitere vier Monate atmen ließ, bevor Tamarinde, Vanille, Tonkabohne und Kamille hinzugefügt wurden. Das klingt nach etwas, dass man eher auf Eis streuen als in die Nase stecken würde, doch Lorillard wusste, was er tat: Schnupftabak wurde zum Familiengeschäft und die Tabakfabrik, die er 1760 gründete (die allererste in Amerika) verkauft noch immer Zigaretten. Geschäftsplatz war Manhattan. 1792 kaufte Lorillards Sohn die Tabakmühle und den danebenliegenden Damm, um der steigenden Nachfrage gerecht zu werden (das heutige Bauwerk ersetzte die ursprüngliche Mühle am selben Standort).

Man darf nicht vergessen, dass der Tabakhandel das frühe Amerika geformt hat. Die Holländer bauten ihn in Manhattan an und die Indianer wahrscheinlich auch. Während der Bronx River friedlich vorbeifließt, nähert sich langsam einer der Gartenzüge und bleibt auf der Brücke der Stone Mill Road stehen, um den Passagieren einen guten Blick auf dieses gefährdete, historische Bauwerk zu gewähren. „Sie haben den Namen geändert," sagt der Fahrer im Vertrauen, „wegen des Tabaks, verstehen Sie..." und beschwört die Gespenster von Krebs und Herzerkrankungen herauf. „Aber ich bin mit der Snuff Mill aufgewachsen, und für mich wird sie immer so heißen."

Das Wort „Tabak" fand im späten 16. Jhdt. Eingang in die englische Sprache über die Arawak Indianer, die von Kolumbus und seiner Crew entdeckt wurden. Die Details sind umstritten, doch der Ursprung ist wahrscheinlich eine gabelförmige Pfeife, die die Indianer nutzen, um Rauch in die Nase zu ziehen. Sie hieß *Tobago*.

DAS AFFENHAUS IM BRONX ZOO

Bestialische Größe

2300 Southern Boulevard, Bronx
bronxzoo.com
Montag-Freitag 10-17 Uhr; Wochenenden und Feiertage 10-17:30 Uhr
Bus: BxM11 von der Madison Avenue direkt zum Zooeingang; U-Bahn: Linien
2 und 5 tr/West Farms Sq - East Tremont Av

In der Mitte des Astor Court, im alten Herzen des Bronx Zoo, findet man eine Bronzetafel mit ein paar Zeilen von Lord Byron: „O welche Lust im Wald, pfadlos, verschlungen! O welch Entzücken am entlegenen Strand! Dort ist Gesellschaft, die nicht aufgedrungen. Am Meer, in dessen Sturm Musik ich fand! Den Menschen lieb ich, doch noch mehr verstand ich die Natur." Das muss die verhöhnenste Tafel New Yorks sein. Es gibt keine pfadlosen Wälder im Zoo. Hier hat es viele Störfaktoren und das Meer wird durch ein Becken mit bettelnden Robben ersetzt. Nach allen Seiten ist die Natur zum Vergnügen des Menschen künstlich eingeschränkt. Wenn die in ihren Käfigen schlummernden Tiere sich jemals gegen uns erheben, muss die Tafel hoffentlich als Erstes daran glauben. Der ideale Ort für den Beginn einer Revolte wäre das Affenhaus: es ist der einzige Ort im Zoo, an dem alles richtig gemacht wird.

Komischerweise war die Angst vor gewaltsamen Aufständen beim Bau des Zoos Thema. Die Tierhäuser im Stil griechischer Tempel von Heins & LaFarge sind wunderbare Beispiele der City Beautiful-Bewegung Anfang des 20. Jhdt. die hoffte, die wachsende Anzahl an armen Slum-Bewohnern durch den Kontakt mit klassischen Idealen zu moralisch besseren Menschen zu machen. Zumindest so weit, dass sie bei Unruhen die Stadt nicht in Brand setzten. Diese Strategie ist verwerflich, doch was heute um seiner selbst willen als schön gilt, zielte im frühen 20. Jhdt auf soziale Kontrolle ab.

Das Affenhaus scheint zu all dem eine schlaue Erklärung abzugeben. Dekorative Primaten tummeln sich auf dem Terrakotta-Gesims, von Ast zu Ast schwingend und Pflanzen fressend. Doch an den beiden Eingängen ergeben sie ein edles Relief: Orangutans verschiedensten Alters füllen den Giebel. In der Mitte hält der älteste und weiseste einen Bambusstock in die Höhe, wie ein Gesetzgeber, der seine Autorität zur Schau stellt. Auf dem Dach sitzen erhaben Paviane. Da sie uns so ähnlich sind, strahlt alles, was Affen tun, eine gewisse Ironie aus. Doch das Affenhaus erhebt die Tiere auf eine ausgesprochen menschliche Ebene, in einem architektonischen Stil, der unserer Vorstellung von uns selbst schmeichelt, während sich im Haus neurotische Makaken gegenseitig mit den Pfoten schlagen und mit Kacke bewerfen.

Bildhauer Alexander Proctor verwendete zwei lebendige Mantelpaviane als Modelle für seine stolzen Dachschmuck. Durch eine traurige Wendung, wurden die Modelle später zu Gefangenen: als er fertig war, schenkte Proctor sie dem Zoo.

DAS POE-COTTAGE

Ein letztes Zuhause für den armen Edgar Allan Poe

2460 Grand Concourse, Bronx
bronxhistoricalsociety.org/poecottage
718-881-8900
Donnerstag und Freitag 10-15 Uhr, Samstag 10-16 Uhr, Sonntag 13-17 Uhr
Linien B und D /Fordham Rd oder Kingsbridge Rd

Edgar Allan Poe hinterließ in der ganzen Stadt seine Spuren und die Stadt durchdrang im Gegenzug seine Arbeiten. Der Schriftsteller, eher mit Baltimore assoziiert, wo er Familie hatte und auch starb, ließ sich zum ersten Mal mit 22 in New York nieder und kehrte immer wieder hierher zurück, bis er sich ein kleines Land-Cottage in der Bronx kaufte. Das Poe-Cottage ist jetzt ein Museum in einer Umgebung, die in den letzten 150 Jahren in Beton und Asphalt gegossen wurde. Auf den angrenzenden Straßen gibt es einen Halal Metzger, einen Thai-Supermarkt und eine *Farmacia*. Der Poe Square, wo das Cottage steht, ist dort, wo die Bronx, wie man sie kennt, auf die Bronx trifft, die Poe kannte.

Das Haus überlebte nur aufgrund der Berühmtheit des Schriftstellers. Ein seltenes Glück. „Das Haus ist einzigartig in New York," sagt der Guide. „Es ist das einzige, in dem man sehen kann, wie eine relativ einkommensschwache Familie Mitte des 19. Jhdt. wirklich gelebt hat. Poe kam arm an und suchte nach etwas Frieden fernab der Stadt für seine Frau Virginia, die Tuberkulose hatte (sie starb in dem Haus). Er blieb arm bis zum Schluss, als er im Fieberwahn in den Straßen von Baltimore herumstolpernd gefunden wurde, wohin er einen Ausflug gemacht hatte. Die Liste der möglichen Todesursachen ist an sich eine Art Biografie: Herzinfarkt, Meningitis, Cholera, Tollwut, Syphilis, Epilepsie.

Das Cottage war sein letztes Zuhause auf Erden. Eine Bronzebüste, die lange in der Mitte des Platzes stand, ist jetzt in einer Ecke des winzigen Wohnzimmers aufgestellt (wo ein Tisch, Bücher und ein Tintenfass eine Literatenatmosphäre kreieren sollen). Sie trägt den Ausdruck, den man auf Fotos von Poe sieht: etwas zwischen Besorgnis und Bedauern. Er ging gerne auf den Mauern des alten Croton Aquädukts spazieren („besonders schön") und sagte den Wandel der Stadt voraus, als der Straßenraster nördlich der 14th Street noch lange kein Thema war. „In etwa 30 Jahren," schrieb er, „wird jeder edle Felsen hier ein Kai sein und der Großteil der Insel wird durch Ziegelgebäude entweiht werden.

Das Geheimnis der Marie Rogêt

Eine von Poes bekanntesten Geschichten, *Das Geheimnis der Marie Rogêt*, gilt als erste Kriminalliteratur, die auf wahren Begebnissen basierte. Darin wird die Leiche der jungen Pariserin Maire Rogêt in der Seine treibend gefunden. Rogêt basiert auf Mary Rogers, der beliebten Verkäuferin eines Tabakladens auf dem Broadway, die als „schönes Zigarrenmädchen" bekannt war. Sie wurde 1841 tot im Hudson gefunden, vermutlich starb sie an einer verpfuschten Abtreibung.

DIE HALL OF FAME

Die Originalsammlung großer Amerikaner

Bronx Community College
2155 University Avenue, Bronx
bcc.cuny.edu/halloffame
718-289-5170
Linie 4 /Burnside Av oder 183rd St; Linien B und D /Tremont Av oder
183rd

Der Begriff der „Ruhmeshalle" ist so sehr Teil der amerikanischen Kultur, das er keinen Ursprung zu haben scheint. Doch der liegt hier, auf dem Campus des Bronx Community College. Die Idee eines Schreins für Koryphäen ist nichts Neues, doch als man ihn 1901 als Teil der damaligen New York University einweihte, wurde die Hall of Fame of Great Americans zum nationalen Vorbild.

Die „Halle" ist eigentlich ein von Stanford White (selbst berühmt) entworfener überdachter Säulengang, der die drei neoklassischen Gebäude, ebenfalls von White, im Westen des Campus in einem Bogen flankiert. Auf dem 190 Meter langen Weg passiert man die bronzenen Blicke von 99 bemerkenswerten Amerikanern. Eine Kerngruppe von 30 wurde 1901 aufgestellt, mit dem Plan alle fünf Jahre weitere Büsten hinzuzufügen.

Berühmtheit ist eine logische Folge von Größe. Während sich die Anwesenheit von Thomas Jefferson oder George Washington von selbst versteht, wundert man sich vielleicht über den Zahnarzt William Thomas Green Morton (der erste, der Äther als Narkosemittel einsetzte). Die Büsten sind themenweise angeordnet: Führungspersönlichkeiten, Wisschenschaftler, Lehrer und Autoren. Hier füllt die Hall of Fame die Lücke des seltsamen „Literaturwegs" im Central Park (Kolumbus, Shakespeare, zwei Schotten und der nicht sehr feierliche Fitz-Greene Halleck): Mark Twain, Edgar Allan Poe, Walt Whitman und Nathaniel Hawthorne werden hier gewürdigt.

Die Büsten gelten als die erlesenste Sammlung in Amerika. Einige stechen heraus. Da ist der erstaunte Gesichtsausdruck von Daniel Webster, ein berührend trauriger Lincoln, der zu Boden blickt und Susan B. Anthony, deren Gesicht ungewöhnliche Entschlossenheit ausdrückt. Wenn die leeren, grünen Blicke sie ermüden, suchen Sie nach William Tecumseh Sherman. Sein Porträt des großen Augustus Saint-Gaudens (selbst mit einer Büste im Künstler-Abschnitt verewigt) ist fast lebendig. Herrlich schlampig sieht Sherman aus, als wäre er gerade aus einem Heuhaufen gestiegen. Saint Gaudens fertigte die Büste 1888 an, als Studie für sein Reiterdenkmal auf dem Grand Army Plaza. Der Künstler bat den Bürgerkriegsgeneral, seinen Kragen zuzuknöpfen und die Schleife zu binden. Sherman knurrte: „Der General der Armee der Vereinigten Staaten trägt seine Uniform, wie immer es ihm gefällt."

WILDHÜHNER IN DER BRONX ⑫

Die natürliche Umgebung

Corner of Edward L. Grant Highway and 169th Street, Bronx
Linie 4 /167 St oder 179 St; Linien B und D /167 St oder 170 St

Ein Stück ungewöhnlicher Landidylle findet man bei der Parkgarage der Bronx an der Ecke 196th und Edward L. Grant Higway. Seit Jahren leben hier Wildhühner in einer alten Birke, die den Gehweg überdacht. Die Hühner sind nicht wild. Sie sind Haustiere, die man auf einem Areal aus Asphalt und Glasscherben, das auf einer Seite von einer stark befahrenen Straße und auf der anderen vom Rattern des Hochzugs flankiert wird, sich selbst überlassen hat. Am Leben gehalten werden sie von jedem (vielleicht Ihnen) mit einem weichen Herzen und einer Handvoll Reis.

"*Por la mañana*," sagt die Frau des Obstverkäufers: morgens ist die beste Zeit, sie zu sehen. Dann stolzieren sie auf dem Gehweg herum. „Und abends," sagt Alfredo, ein Dominikaner aus dem Viertel, der in einem Strandsessel auf dem Parkplatz sitzt, „gegen sechs, sechsdreißig" - er erhebt seine flatternden Finger über den Kopf - „fliegen sie in den Baum hinauf!"

In dieses Viertel kommen nicht viele Fremde, also akzeptieren die Passanten die Hühner großteils als Teil der natürlichen Umgebung. Viele der Kinder hier glauben zweifellos, dass bei jeder Parkgarage New Yorks scharrende Hühner herumglucksen, die von einem hübschen blonden Hahn beaufsichtigt werden. „Sie gehören zu unserem Alltag," sagt Eddie Guerrero, ein Garagenwart. „Wir beachten sie nicht übermäßig, aber sie verschönern den Tag."

Eddie hat einen stylischen Bart, langes Haar, das er mit Pomade nach hinten gekämmt hat und trägt einen karierten Pullunder und eine Schleife. Er strahlt eine Ruhe und Direktheit aus, die nahelegen, dass man auf den Guru des Viertels gestoßen ist. „Sie leben dort oben in der schönen Birke, die hier seit vielen Jahrzehnten steht," sagt er. „Dort schlafen sie jeden Tag, kommen dann aus dem Baum, picken ihren Reis auf, essen, kommen zusammen, trinken, putzen ihr Gefieder. Es ist gut, dass diese Tiere unter uns leben. Sie sind schön und ein Stück Natur."

Die Huhner suchen sich im alten Baum einen Schlafplatz, nicht weil sie einen Sinn für urbane Poesie oder irgendetwas Urbanes haben: sie wollen nur auf gute altmodische Art überleben. „Sie müssen sich vor Waschbären und Ratten schützen," sagt Eddie. Waschbären fressen Hühner? „Oh," seine Augen werden groß, „ein Waschbär reißt ein Huhn in Stücke." Jetzt wissen Sie es.

DER LORELEI-BRUNNEN

Von Düsseldorf in die ... südliche Bronx?

Joyce Kilmer Park
Zwischen Walton Avenue und Grand Concourse, 161st bis 164th Street, Bronx
nycparks.org/parks/joyce-kilmer-park
Linien B und D /161st St - Yankee Stadium

Die 161st Street klettert östlich des langen Korridors für die Hochbahnschienen hinauf zum Bronx Supreme Court. Gleich gegenüber des Gerichtsgebäudes steht eine weiße Marmorstatue, die so wenig beachtet wird, dass es fast unmöglich ist, jemanden zu finden, der etwas über sie erzählen kann. Die Statue zeigt Lorelei, eine Frau von legendärer Schönheit. Doch die Legende ist deutsch und dass die Statue so wenig beachtet wird, liegt auch daran, dass sie in Amerika eigentlich nichts verloren hat, und schon gar nicht in der südlichen Bronx.

Lorelei ist eigentlich der Name eines Felsens auf einem Abschnitt des Rheins, an dem die Strömung tödlich ist. Der Name wurde auf eine mythische Verführerin übertragen, die dort saß und sang, während sie ihr goldenes Haar kämmte und abgelenkte Seemänner - unwissentlich aber ungerechterweise - in den Tod lockte. Der Mythos wurde von Heinrich Heine in Verse gefasst. Sein Porträt ist auf der Marmorstatue in der Bronx zu sehen: eigentlich heißt er Heinrich Heine-Brunnen. Die zentrale Figur ist umgeben von Meerjungfrauen. Eine davon sitzt auf einem Schädel. Sie merken, das hat noch immer nichts mit New York zu tun.

Heine kam aus Düsseldorf. Der Brunnen wurde 1888 durch öffentliche Zeichnung finanziert, doch die Stadt Düsseldorf lehnte ihn mit der Begründung ab, dass Heine Jude war. „Abneigung gegenüber Juden," titelte ein *Times*-Artikel, „wird bei einigen Deutschen zur Manie." Weitere Faktoren waren Heines beißende Satiren über deutsche Beamten und seine Liebe zu Frankreich (er bezeichnete sich selbst als „deutsche Nachtigal, die in Voltaires Perücke nistet"). Ein anderer *Times*-Journalist meinte, dass die Skulptur einfach nicht schön genug sei, und die Düsseldorfer, die Esel seien, weil sie eine Statue ablehnten, die einen Juden zeigt, wären doppelt dumm, diesen Grund auch noch öffentlich anzugeben.

Jahrelang wollte niemand den Marmorbrunnen haben. Dann 1893 wurde er von der Arion Society, einer lokalen deutsch-amerikanischen Gruppe, gekauft. Der Presse gelang es, der Hässlichkeit des Brunnens eine nationale Tugend zu verleihen. „Der Brunnen ist tatsächlich kein großes Kunstwerk," merkt die *Times* nach dem Kauf an, „doch als Symbol dafür, dass Amerika die Rassenvorurteile der alten Welt nicht akzeptieren wird, hat er seinen eigenen Wert" - und einen eigenen, wenn auch seltsamen, Platz in New York.

DER NEW FULTON FISH MARKET

Der größte Fischmarkt des Landes

800 Food Center Drive
newfultonfishmarket.com
718.378.2356
Montag-Freitag 1-7 Uhr
Bus Bx6 /Food Center & National Food

Der alte Fulton Fischmarkt befand sich am Ufer des East River, gleich südlich der Brooklyn Bridge und verlieh New York ein gutes Jahrhundert lang mit dem Geschrei der Fischhändler, dem Meeresgeruch und der Mafiawürze. Er war der letzte große Outdoor-Markt in Manhattan und besucht wurde er, aufgrund seiner Öffnungszeiten, vor allem von Nachtschwärmern mit einer Schwäche für Hektik. Der neue Fulton Fischmarkt, der 2005 gebaut wurde, ist noch größer, doch man muss sich gut überlegen, ob der Besuch die mühevolle Anreise lohnt. Die Industrieareale der südlichen Bronx sind tagsüber schon rau und um vier Uhr morgens regelrecht bedrohlich. Doch das ist die Zeit, zu der es im New Fulton hoch hergeht. Die New Yorker Restaurants und Einzelhändler schicken ganze Armeen hierher, um Fleisch und Gemüse zu kaufen, während die Stadt schläft.

Der Markt ist in einem riesigen Hangar untergebracht: der größte Fischgroßhandel der Nation. Er könnte auch als größter Kühlschrank durchgehen. Hier ist es immer kalt. Die Jungs tragen Hüftstiefel, Wollmützen und Handschuhe und hantieren mit Kisten voller Eis und Seelachs oder zerren gekühlten Schwertfisch auf die Tische. Die Arbeiter strahlen Stolz aus - die meisten balancieren einen fiesen Angelhacken aus Stahl auf ihrer Schulter - der unter den endlosen Reihen von Leuchtstofflampen fehl am Platz wirkt, da er eigentlich hinaus aufs Meer gehört. Das Fischgeschäft bleibt rau: die Lieferkette ist, im Gegensatz zu jener einer Ranch oder Farm, unergründbar. „Es war an der gesamten Küste windig," sagt der Verkäufer Bobby Weiss, der an diesem frühen Freitagmorgen einen mageren Fang registriert. „Der Wind spielt eine viel größere Rolle als das Wetter - es kommt vor allem auf die Windrichtung an.

Der Hai kostet Eins fünfundsiebzig," erklärt er einem Käufer (alle Unterhaltungen hier sind freundlich- und kurz).

Ein Spaziergang die lange Halle hinunter ist ein Hindernislauf zwischen Kisten, Paletten, aufgeweichten Kartons, Körben und kleinen Haufen von zerstoßenem Eis. Ständig wenden und quietschen leuchtend bunte Gabelstapler, befördern Kisten mit Meeresfrüchten oder fahren zum Abladen Richtung LKW-Rampe. Thunfisch aus Zentralamerika. Makrelen aus dem Golf. Austern aus Neuseeland. Eine Maschinerie aus Millionen von Rädchen. Die gesamte Welt führt hierher. Und dass dieser Ort so weitläufig und gleichzeitig so vor der restlichen Metropole verborgen ist, macht ihn ein wenig interessanter.

NORTH BROTHER ISLAND UND DIE AUDUBON ECOCRUISE

Von der Natur zurückerobert

nycaudubon.org/events-a-adventures
212.691.7483
Rundfahrten von Juni bis September, andere Rundfahrten sind das ganz Jahr
über möglich
Ablegestelle am Pier 17: Linien 2 und 3/ Fulton St oder Wall St

North Brother ist eine kleine Insel unterhalb der Bronx in der oberen Mündung des East River. Einst Standort des Krankenhauses für Quarantäne-Patienten und unheilbar Kranke, wurde es vor einem halben Jahrhundert der Natur zurückgegeben, die es im Handumdrehen eroberte. Heute ist North Brother, ohne Besucher und menschliche Eingriffe, von wilden Bäumen überwuchert. Die Ruinen verleihen dem Ort einen verlassenen Eindruck - doch nur von einem engen, menschlichen Blickwinkel aus. Für die Kormorane, die hier nisten, ist es ein Zuhause. Man kann diesem mysteriösen Ort auf drei Arten näherkommen. Erstens, man ist ein Kormoran. Zweitens, man betritt die Insel unerlaubt und stört einen Kormoran. Und drittens, man macht mit einem der Wassertaxis eine herrliche, von den cleveren Leuten der Audubon Society geführte EcoCruise.

Von den New Yorker Wassertaxis, die für Besucher oder Einheimische nie das Transportmittel erster Wahl sind, hat man nicht nur einen tollen Blick auf die Stadt, sondern kann auch die Natur in den Mündungsgebieten erkunden, die zufälligerweise recht zahlreich sind. „Mündungsgebiete sind die zweitfruchtbarsten Ökosysteme auf dem Planeten," sagt der Guide durch ein Mikrofon auf dem Oberdeck, während das Boot sich gegen den Wind den Fluss hinauf kämpft. (An erster Stelle: tropische Regenwälder). Die Taxis sind Katamarane und verdrängen kaum Wasser. Deshalb kann der Steuermann fast so nah wie ein Kajak an die kleinste Insel der Stadt heranfahren. Diese bewaldeten Hügel erheben sich wie vergessene Welten und es tut gut den einheimischen Vögeln bei ihren zeitlosen Tätigkeiten wie dem Fischen oder Füttern ihrer Jungen zuzusehen, unentdeckt von den Schwärmen an New Yorkern, die an beiden Ufern *ihr* Ding in Lauben aus Beton und Glas machen.

Der Guide weiß viele bemerkenswerte Fakten. Kormorane tauchen auf der Suche nach Fisch bis zu 30 Meter und können so die schwärzesten Tiefen des East River mit Leichtigkeit erkunden. Jenseits von Mill Island entdecken wir das Wappentier der Audubon Society: den Silberreiher, ein schöner Vogel, der vor allem aufgrund der Hutmacher fast ausgestorben wäre: die dekorativen Federn waren einst mehr wert als Gold. Als das Taxi sich North Brother nähert, wird der Wind plötzlich stärker, da der Fluß sich zum Long Island Sound hin öffnet. „So sehen 60 Jahre ungestörte Natur aus," sagt der Guide. Die Fotos von North Brother aus der Zeit, als es noch von Menschen bewohnt war, zeigen ein ebenes, gut gepflegtes Rasenstück mit Wegen. Diese Zivilisation könnte genauso gut 1.000 Jahre zurückliegen: Der Dschungel hat auf der Insel wieder seine Rechte erlangt.

HELL GATE

Indianische Legenden und Schatzschiffe

Am besten zu sehen vom Wards Island Park oder Astoria Park
Linien 4, 5 und 6 /125th St, dann mit dem Bus M-35 /Charles Gay Center
(Wards Island Park); Linien N und Q /Astoria Blvd (Astoria Park)

An der Nordspitze Manhattans wird es teuflisch. Auf der einen Seite liegt die Spuyten Duyvil, die Meerenge zwischen Manhattan und der Bronx, deren holländischer Name entweder „Strudel des Teufels", oder „dem Teufel trotzen" bedeutet - eine Anspielung auf einen Folklorehelden, der die Enge während eines schrecklichen Sturms durchschwamm und vom Teufel selbst am Bein gezogen wurde. Auf der anderen Seite befindet sich die Durchfahrt mit dem furchteinflößenden Namen Hell Gate zwischen Ward Island und Astoria in Queens. Der Ursprung der Bezeichnung Hell Gate ist ebenfalls umstritten. Vom holländischen *Hellegat* kommend, könnte es „helle Durchfahrt", „Höllenkanal" oder sogar „Höllenloch" heißen. Letztere haben sich die Holländer vielleicht von den hier ansässigen Indianern geliehen, die laut Legende vom Gewässer des Hell Gate so beeindruckt waren, dass sie glaubten, es sei der Eingang in die Unterwelt. Doch vielleicht haben auch die Holländer selbst den Begriff geprägt: dieses Gewässer ist das gefährlichste in ganz New York.

Während der Besatzungszeit, nannte es ein britischer Major „einen schrecklichen Strudel", dessen Wirbel Pot genannt wird und der alles an sich zieht und verschluckt, was sich ihm nähert." 1780 sank die britsche Fegatte HMS *Hussar* im Kanal und die Millionen an Gold und Silber, die das Schiff geladen hatte, glänzen noch heute in den Tagträumen von Schatztauchern (das Wrack wurde nie gefunden). Bis 1850 liefen, Schätzungen zufolge, jedes Jahr etwa 1000 Schiffe in Hell Gate auf Grund und viele davon sanken. Das U.S. Army Corps of Engineers begann die Meerenge mithilfe von Sprengungen von gefährlichen Felsen zu befreien, ein Prozess, der sich bis weit ins 20. Jhdt. zog.

Doch die wahre Kraft hinter der Gefahr von Hell Gate sind nicht verborgene Felsen: es sind die mächtigen Wirbelstrudel der Gezeiten. Wenn man wissen möchte, was einen Lenape Indianer dazu bringen könnte, das lodernde Tor zur Unterwelt in diesem Kanal zu vermuten, hilft es, die Meinung von jemandem wie Antonio Burr zu kennen, dem Flottenkapitän des Inwood Kanuclubs, dem ältesten Kayak- und Kanuclub in Manhattan. „Ich sage Ihnen, was hier passiert," meint Burr, der schon oft hier Paddeln war. „Der Long Island Sound befindet sich auf einer anderen Höhe als die anderen Wasserwege und die Gezeiten zwischen dem East River, dem Sound und dem Harlem River stimmen nicht überein. Diese Gewässer drehen sich in einer Spirale. Wenn du im Hell Gate aus dem Kayak gespült wirst, hast du ein Problem."

DIE TROMA-ZENTRALE

Vierzig Jahre Schlock

36–40 11th Street, Long Island City, Queens
troma.com - 718-391-0110
Kostenlose Führungen an Werktagen 12-18 Uhr; genaue Zeiten unter
tours@troma.com erfragen
Linie F /21st - Queensbridge

Troma Entertainment bezeichnet sich selbst als „das vielleicht älteste Independent-Filmstudio der amerikanischen Geschichte." Seit 40 Jahren produziert und vertreibt die Firma, gegündet von den Yale-Studienkollegen Lloyd Kaufman und Michael Herz, eine erschreckende Menge an Schlock. Die ersten Erfolge waren platte Sexkomödien (*Squeeze Play*, *Waitress* – jetzt gemeinsam als die "Sexy Box" vermarktet), doch den Durchbruch schaffte Troma mit Toxic Avenger (1984), etwas wie der *Citizen Kane* unter den auf Special Effects basierenden Low-Budget Mutanten-Horrorfilmen. Es ist die Geschichte eines tolpatschigen Putzgehilfen, der in ein Fass mit radioaktivem Müll fällt und mit übermenschlichen Kräften und sich schälender Haut wieder herauskommt. Die Rache folgt.

Man kann bei Troma eine Führung durch die Zentrale auf Long Island buchen. Das Rollgitter am Eingang zeigt ein großes Bild des Mutanten aus *Avenger* („Toxie"); darüber hat jemand „Willkommen in Tromaville" geschrieben, den Namen der fiktiven Stadt, in der viele der Filme spielen. Oben befindet sich die Produktion, unten der Vertrieb. Die Titel der DVD-Boxen liefern einen Crash-Kurs für Ästhetik à la Troma: *Poultrygeist. Fat Guy Goes Nutzoid. Klown Kamp Massacre.* „Das hier war früher das Lagerhaus eines chinesischen Restaurant-Lieferanten," erklärt der Guide, Kyle Corwin. Er lächelt vage in Richtung der Spüle in der Ecke, wo, aus keinem offensichtlichen Grund, ein Haken, eine Knochensäge und ein Paar Handschellen liegen. Dann führt er die Besucher durch eine automatische Gefrierhallentür zu den Filmrollen und Kassettenstapeln: Hunderte von Filmen. Die Botschaft scheint zu sein: Mach etwas. Nicht unbedingt *Jenseits von Afrika*. Aber irgendetwas. „Unsere Zielgruppe ist etwa 13 Jahre alt," sagt Corwin. „Und älter." Wenn Corwin gerade keine Besucher herumführt, ist er Redakteur. Eines der ungeschriebenen Produktionsgesetze ist eine Nacktszene in den ersten 10 Minuten, sagt er. Blut und Verstümmelungen sind ein Plus.

Es klingt, als ob Troma sich selbst zum Gefangenen eines Konzepts gemacht hat. Ein Konzept, in das ein Undercover-Polizist, dessen geheime Kraft das japanische Theater ist (*Sgt. Kabukiman, N.Y.P.D*), ein schwules Schneemonster (*Yeti: A Love Story*) und von was auch immer Bloodspit handelt, passen. Im Grunde spezialisiert sich Troma seit vierzig Jahren darauf, zu machen, was auch immer sie wollen. „Es gibt uns seit 1974," sagt Corwin. „Troma wird noch immer von denselben Leuten geleitet, hat noch nie die Besitzer gewechselt, wurde nie verkauft."

DIE BROOKLYN GRANGE

(18)

Die gute Erde, über unseren Köpfen

37–18 Northern Boulevard, Queens
brooklyngrangefarm.com
Die Farm ist an Samstagen 10-15 Uhr (Frühling bis Herbst) für Besucher geöffnet
Linien E und M / 36 St

Die Brooklyn Grange ist eine Farm auf einem Dach. Die meisten Besucher erreichen sie über ein Café, das sein Obst und Gemüse (wohl einmalig in der Stadt) von oben geliefert bekommt. Als der Kellner einen gemischten Salat vorbeiträgt, sagt der Besitzer, „Yep", und zeigt zur Decke. „Alles auf diesem Teller kommt von oben."

Das alte sechsstöckige Gebäude, das früher eine Fabrik war, ist quadratisch und solide und hat eine Grundfläche von fast exakt einem Acre, als ob der Architekt die landwirtschaftliche Zukunft vorhergesehen hätte. Ein paar ähnliche Gebäude gibt es auch auf dem Northern Boulevard, ein Relikt aus der Hochzeit der Autoindustrie. Doch nur dieses hier hat über 450 Tonnen Erde auf dem Dach. Es gibt auch einen Hühnerstall, Bienenstöcke, Wildblumen und einen kleinen Stand, an dem man die Hofprodukte kaufen kann: Tomaten, Salat, Grünkohl, Paprikas, Physalis, Knoblauch. Das ist keine Liebhaberei: dieses luftige Feld, das es seit 2010 gibt, ist nachhaltig und sogar profitabel. Rooftop-Farms funktionieren.

„Wir verwenden eine Mischung, die Rooflite heißt," sagt Bradley, der Manager der Farm und nimmt etwas Erde in die Hand die mit Kieselsteinen versetzt ist. „Es ist ein gutes Nährsubstrat, weil es diese porösen Steine enthält." Obwohl das Gewicht kein Problem darstellt: das Industriedach, das mit absorbierenden Filzschichten und einem Drainagesystem ausgestattet wurde, könnte viermal so viel aushalten. Die Erde wird mit Kompost angereichert, den die Farm selbst mit einem solarbetriebenen System erzeugt. Wie das funktioniert, kann man sich während der Anbausaison (Frühling bis Herbst) jeden Samstag ansehen. Und neben dem Charme mit einem Lift zu einem bestellten Feld zu fahren, lohnt sich auch die Aussicht. Die Skyline von Manhattan dominiert den Horizont. Das Straßennetz und die ordentlichen Gemüsereihen ergänzen sich auf natürliche Weise. Die Grange hat ein Partnerprojekt im Brooklyn Navy Yard und gemeinsam sind sie die größten Rooftop-Farms der Welt. Beim Unkraut jäten oder Rüben ernten vergisst man schon einmal, dass man 30 Meter über dem Boden ist. „Manchmal sehe ich das hier den ganzen Tag nicht," Bradley zeigt auf eine glitzernde Stadtlandschaft „Aber ich liebe es, wenn alle am Ende des Tages nach Hause gehen und ich hier Zeit für mich habe und die Aussicht genieße, wenn die Sonne untergeht.

DAS PANORAMA

Eine gigantische Miniatur

Queens Museum of Art
New York City Building, Flushing Meadows, Queens
queensmuseum.org
718-592-9700
Mittwoch-Sonntag 11-17 Uhr
Linie 7 /111th St

Es ist unfair, das Panorama als „Modell" zu bezeichnen. Sogar „größtes architektonisches Modell der Welt" - ein Titel, den es ein halbes Jahrhundert führte - scheint dürftig. Die Metropole im Miniformat nimmt eine Fläche von mehr als zwei Basketballfeldern ein und umfasst alles in allem 895.000 Gebäude. Das Projekt ist so gewaltig, dass eine Aura herrlichen Wahnsinns darüber schwebt.

Jetzt eine Attraktion im Queens Museum of Art, ist das Panorama ein Relikt der Weltausstellung von 1964-65. 1964 war der Wettlauf ins All voll im Gange, was sich in den Straßennamen von Flushing Meadows widerspiegelt: Court of the Astronauts, Promenade of Infinity, Lunar Fountain. Die Zukunftsvision der Messe war mit amüsanten Blindgängern gespickt: ein Pavillon präsentierte ein unterirdisches „ultramodernes" Zuhause in Originalgröße. „Zu den begehrten Merkmalen," steht in der Broschüre, „zählt die absolute Privatsphäre." Das Panorama war ein Hit: tausende Besucher zahlten 10 Cents, um in einem simulierten Hubschrauberflug über dem gigantischen Modell zu schweben.

Doch anstelle dieses akribischen Modells erwartet man vielleicht ein flottes New York von morgen, mit Hovercraft-Anlegestellen und hydraulisch betriebenen Zügen, die unter einer Glaskuppel glänzen. Aber das passte nicht in die Pläne - oder zur Persönlichkeit - des Messedirektors Robert Moses. „Es war definitiv ein Robert Moses-Projekt," sagt David Strasss, Leiter des Queens Museums. „Es war seine Art der Welt zu zeigen, was er zum Inbegriff einer modernen Metropole beigetragen hatte."

Moses, der brillanteste, produktivste und verhassteste Stadtplaner New Yorks, war ein Modellfreund, kein Menschenfreund. Er betrachtete New York als kompliziertes Spielzeug und die New Yorker als Hindernisse für seine wahre Liebe, das Automobil. In das Modell für seinen berüchtigten Schnellstraßenentwurf arbeitete Moses ein Greenwich Village-Viertel mit Griffen ein, um es wieder problemlos aus dem Stadtmodell entfernen zu können. Mithilfe des Panoramas konnte er ein New York erschaffen, das überschaubar, klar und präzise war, und vollkommen menschenleer.

Doch ohne den Griesgram Moses, würde es das Panorama nicht geben. 100 Handwerker brauchten drei Jahre, um es fertigzustellen und es ist so exakt (Moses forderte eine Fehlertoleranz unter 1%), dass Stadtplaner bis weit in die 1970er nach Queens pilgerten, um Projekte anhand dieser perfekten Replik zu vermessen. Heute ist das Panorama Grund genug für einen Besuch im Queens Museum of Art und es bleibt eines der wahren Wunder New Yorks.

DIE STEINWAY KLAVIERMANUFAKTUR

Lebendige Maschinen

1 Steinway Place, Long Island City, Queens
steinway.com/about/factory-tour
Führungen Anmeldung telefonisch unter: 718-721-2600
Linien N und Q /Astoria - Ditmars Blvd; die Manufaktur ist in 10 Gehminuten
über die 38th Street Richtung Norden erreichbar

© Courtesy of Steinway & Sons

Steinway & Söhne, Hersteller edler Konzertflügel, ist vielleicht das älteste Produktionsunternehmen New Yorks. Auf dem Manufakturgelände gibt es sogar noch Anhängevorrichtungen für Pferde. Die Bauweise der Steinway-Klaviere hat sich im Laufe der Jahre kaum verändert und viele der bahnbrechenden Firmenpatente sind ausgelaufen, weil sie über ein Jahrhundert im Einsatz waren. „Man beginnt mich erst jetzt zum Stammpersonal zu zählen," sagt der Guide Bob Bernhardt. Er ist ein pensionierter Chefingenieur, der 33 Jahre für die Firma gearbeitet hat.

Die Steinway-Führung ist sehr umfassend: sie behandelt jeden Aspekt des Klavierbaus und am Ende hat man einige Kilometer zurückgelegt. Die Manufaktur besitzt eine besondere Schönheit. Es ist eine raue, laute Produktionsstätte, doch das Produkt ist so sensibel, dass es fast lebendig scheint. Es ist ein Prozess von sehr laut zu sehr leise: vom Heulen der Sägen und Klopfen der Hämmer über das Brummen der Schleifer und das Wischen des per Hand aufgetragenen Lacks, bis in eine schallisolierte Kammer, wo sich ein Klavierstimmer über das fertige Instrument beugt und auf feinste Vibrationen reagiert, die Normalsterbliche nicht einmal hören.

„Die Klavierstimmer sind unsere Primadonnen," sagt Bernhardt. Für ihn ist die Qualität der Steinways etwas so Selbstverständliches, dass er eine ganze Reihe erstaunlicher Details im immer gleichen Tonfall aufzählen kann. Die Brücke wird per Hand zugeschnitten, da die Maschinen nicht fein genug arbeiten. Hier geht es um tausendstel Zentimeter. Im Furnierraum liegen zu jeder Zeit hochwertige Hölzer im Wert von 3 Millionen Dollar: das Rohholz eines Steinway-Klaviers hat oft einen höheren Wert als der Verkaufspreis eines Konkurrenzinstruments. Der Korpus wird nach dem Pressen speziell getrocknet, um einen bestimmten Feuchtigkeitsgehalt zu erreichen – „außer das Klavier geht in eine tropische Region," merkt Bernhardt an, „dann wird es auf die Feuchtigkeit eingestellt." Sogar die maschinengesägten Teile werden per Hand fertiggestellt, da Holz nicht tot ist: es verändert sich mit der Temperatur und dem Wetter.

Geheime Zeichen

Es gibt ganze Dynastien von Klavierbauern im Unternehmen. Familien hinterlassen geheime Zeichen im Instrument, damit man sie erkennt, sollten sie jemals zur Wartung zurückgebracht werden - nach 50, 80, 100 Jahren.

DER MARINE AIR TERMINAL

Fliegende Boote und verlorene Kunst

LaGuardia Airport, Queens
airport-laguardia.com/terminals.php
718-533-3400
Mehrere Möglichkeiten; nutzen Sie den MTA Trip Planner: tripplanner.mta.info

Auf dem Gelände des LaGuardia Airports, etwa einen Kilometer vom eigentlichen Flughafen entfernt, steht ein niedriges, bescheidenes Gebäude, das in den 1940ern erstarrt zu sein scheint. Der Marine Air Terminal ist ein Relikt aus den Anfängen der Passagierluftfahrt, als Fliegen noch ein Novum und etwas Elegantes und Romantisches war. „Marine" und „Air" scheinen sich zu widersprechen, doch der Name bezieht sich auf die Hybridflugzeuge, die diesen Terminal ansteuerten: große „fliegende Boote" mit Propellerturbinen, die auf dem Wasser landeten und an Stegen anlegten, die vom Ufer ins Wasser ragten.

Jedes Detail hier lädt zu bitteren Vergleichen mit der modernen Flughafenwelt ein - teils Einkaufszentrum, teils Gulag - die Fliegen mit Mühsal gleichsetzt. Der Terminal ist klein und hell. Die Türen zieren Erdkugeln mit Flügeln aus Chrom, eine Hommage an Pan Am, das Unternehmen, das das Zeitalter des internationalen Flugverkehrs einläutete. Die Wartehalle ist kreisrund, mit einer großen Lichtkuppel, die Tageslicht hereinlässt. Man spürt das Meer und den Himmel.

Zwei kanadische Berufspiloten stehen in der Mitte des polierten Bodens neben ihrem Gepäck und sehen nach oben. „Piloten haben eine Schwäche für fliegende Boote," sagt einer. „Man liest all diese Geschichten über die Kerle, die für Pan Am geflogen sind - es ist unglaublich, was sie geleistet haben." Zum Beispiel Reparaturen mitten auf dem Ozean oder das Navigieren nach den Sternen. „Es war abenteuerlich."

Der Terminal ist auch aufgrund seiner Kunst sehenswert: ein 4 Meter hohes Wandbild zieht sich rund um die gesamte Wartehalle. Über 70 Meter lang ist Flight von James Brooks das größte Gemälde, das unter der Work Projects Administration (WPA), Roosevelts Behörde für öffentliche Projekte, erschaffen wurde. Das Wandbild, das den Traum vom Fliegen über die gesamte Menschheitsgeschichte darstellt, von Ikarus bis zu den Brüdern Wright und Boing, hat eine eigentümliche Geschichte. Die Beamten der Hafenbehörde, vom Antikommunismus-Fieber der 1950er angesteckt, entdeckten darin eine progressive Note und ließen das Bild übermalen. *Flight* kam erst 1980 im Rahmen einer Restaurierung wieder zum Vorschein.

Der Marine Air Terminal ist der einzige Flughafen aus den Anfängen der amerikanischen Luftfahrt, der noch in Betrieb ist.

DAS HAUS
VON LOUIS ARMSTRONG

㉒

Eine bescheidene Adresse für einen Jazz-Gott

34–56 107th Street, Queens
louisarmstronghouse.org - 718-478-8274
Dienstag-Freitag 10-17 Uhr; Wochenenden 12-17 Uhr
Linie 7 /103rd St - Corona Plaza

Hört man Louis Armstrong singen oder Trompete spielen, fällt es einem nicht schwer ihn sich als einen guten Mann vorzustellen. Nach einem Besuch im Louis Armstrong House Museum in Queens, ist man überzeugt davon, dass er großartig war.

„Armstrong ist der King," sagt Al Pomerantz, der Guide. „Er ist der erste amerikanische Superstar." Pomerantz ist groß und lächelt ständig. Bei der Führung durch die Räume zappelt er vor unbändigem Enthusiasmus. Das ist ein Museum, das Fans zum Schwärmen bringt. Das Backsteinhaus mit den niedrigen Decken ist nicht nur das einzige, das Armstrong je besessen hat, er lebte hier fast dreißig Jahre lang und starb im Schlaf in seinem Schlafzimmer im Obergeschoß. Auf der Couch sitzen, auf dem Esstisch Truthahn aufschneiden, Fernsehen... Was auch immer Jazz-Legenden zu Hause machen, Armstrong tat es hier.

Während der 40-minütigen Tour, überwiegen zwei Themen. Zuerst ein fast unheimlicher Erfolg. Während seiner 50 Jahre im Musikgeschäft, dominierte Armstrong die Musik: Aufnahmen, Radio, Konzerte, Film, Fernsehen - sie wollten Pops überall haben. Dann ist da noch das Talent Armstrongs, das Superstar-Dasein gelassen zu nehmen. Im ärmsten Viertel von New Orleans geboren, wuchs Armstrong in dem Glauben auf, dass er nie ein eigenes Haus besitzen würde: seine Frau Lucille kaufte dieses hier, während er auf Tour war. Als der Musiker an dieser Adresse hielt, bat er den Taxifahrer den Motor laufen zu lassen, falls das alles nur ein Traum sei. Damals war er bereits Millionär.

„Pops hätte überall wohnen können," sagt Pomerantz, „doch er entschied sich für ein Arbeiterviertel." Ein Juwel des Museums ist ein lebhafter Brief des Musikers, in dem er beschreibt, wie schön es ist, durch die Straßen zu wandern, Nachbarn zu grüßen, beim Friseur stehen zu bleiben. Im Arbeitszimmer hängen zwei Fotos: eines von Armstrongs triumphalem Empfang in Paris und das andere, das Pops beim Herumalbern mit den Nachbarskindern auf der Veranda zeigt. Das fasst seine gesamte Person zusammen. „Ich bin hier bei den schwarzen Leuten," sagte er, „ bei den Puertoricanern, den Italienern, den hebräischen Katzen und es gibt Essen im Frigidaire. Was soll ich mir mehr wünschen?"

DAS BETHAUS DER QUÄKER

New Yorks ältestes Gotteshaus

137–16 Northern Boulevard, Queens
nyym.org/flushing; check for service/tour schedule
718-358-9636
Linie 7 /Flushing - Main St

Auf einer geschäftigen Straße in Flushing, Queens, steht ein stilles Beispiel für die Architektur der ersten Siedler. Das Quaker Meeting House wurde 1694 aus Holz erbaut, damit Freunde (wie die Quäker sich selbst nennen) sich ungestört versammeln konnten und dass noch immer diesen Zweck erfüllt. Es ist das älteste Gotteshaus New Yorks.

Führungen finden sonntags gleich nach der Messe statt, doch auch der Gottesdienst ist eine lohnende Erfahrung. Die Quäker heißen Sie willkommen. Auf der Rückseite der Tür hängt ein altes Poster: FÜR JENE, DIE ZUM ERSTEN MAL BEI UNS SIND mit einem Vorschlag: „Fürchten Sie sich nicht vor ablenkenden Gedanken, sondern reisen Sie durch sie hindurch ins stille Zentrum."

Die Reise ist kurios. Die Gemeindemitglieder - etwa ein Dutzend - sitzen in einer Art Trance mit erhobenen Köpfen und geschlossenen Augen auf Bänken. Das Bethaus nennt diesen Zustand „erwartungsvolles Warten." Es wird nicht gesprochen, abgesehen von seltenen Momenten, wenn ein Freund aufsteht und eine kurze, persönliche Botschaft abgibt. Der Fokus liegt auf dem Individuum: es gibt keinen Prediger, alle sind Prediger. Diese Einfachheit spiegelt sich in einer ausgesprochen schlichten Einrichtung wider. Die Wände des kleinen Betraums sind aus weißem Gips und vollkommen kahl, bis auf Kerzenhalter aus Metall. Die Holzbänke sind nicht lackiert und stammen aus der Zeit der Revolution (die Briten verbrannten die Originale). Vor dem offenen Fenster wachsen Gras und Hortensien und die leisen Geräusche der Straße - Motorrad, Flugzeug, Hupe - sind nicht die, die ein Quäker 300 Jahre zuvor erkennen würde, doch sie verstärken die Stille im Raum noch eher , als von ihr abzulenken. Als die Stunde um ist, erheben sich die Freunde, geben einander die Hände, auch den Besuchern und wünschen fröhlich einen „Guten Morgen!"Kein Rezitieren der Heiligen Schrift, keine schaurigen Prophezeihungen, kein Fokus auf Hölle oder Sünde. Hier wird die Göttlichkeit Christi diskutiert und der Ort wird nicht einmal Kirche genannt.

„Es geht hier sehr demokratisch zu," sagt einer der Freunde bei Kaffee und Kuchen nach dem Gottesdienst.

Eine der neuen Besucherinnen, eine junge Frau aus Thailand fühlt sich an eine buddhistische Meditation erinnert.

„Ja, das kann ich verstehen," nickt der Freund und greift nach einem weiteren Ingwerplätzchen.

DER GEORGE FOX-STEIN UND DIE BESCHWERDE VON FLUSHING

Ein Denkmal für zwei Bäume

Gehsteig auf Höhe 36–40 Bowne Street, Queens
bownehouse.org
Linie 7 /Flushing - Main St

Der kantige Granitblock, der sich wie ein Zahn auf dem Gehsteig der Bowne Street erhebt ist ein einzigartiges Denkmal: es erinnert an zwei Bäume. „Zwei mächtige Eichen," laut Katharine Nicholson's *Historic American Trees*, „in deren Schatten George Fox, Gründer der Gesellschaft der Freunde (Society of Friends), 1672 vor den Indianern predigte."

Die Freunde, allgemein Quäker genannt, entstanden um 1650 in England. Jene, die nach Amerika aufbrachen, wurden grob behandelt. In Boston hängte man sie in den Straßen, in New Netherland wurde der erste Quäker-Prediger verprügelt, eingesperrt und die Gläubigen durften nicht zusammenkommen. Trotzdem fasste die Bewegung in Flushing Fuß. 1657 schrieben die über die Schikanen empörten Einwohner einen Beschwerdebrief, der als die Flushing Remonstrance in die Geschichte einging. Darin sprach man sich für religiöse Akzeptanz und gegenseitigen Respekt aus, „das wahre Gesetz, das sowohl für Kirche als auch Staat gilt." Dieses edle Dokument, das als Vorläufer der Bill of Rights gilt, beeindruckte den Generaldirektor von New Netherland, Peter Stuyvesant, aber nicht: er setzte die Verwaltung von Flushing ab und sperrte den Mann ein, in dessen Haus sich die Quäker zu versammeln pflegten.

Der Hausbesitzer, John Bowne, war damals noch kein Quäker. Sein Haus befindet sich noch immer auf der anderen Seite der Bowne Street. Die Eichen standen in seinem Garten. Hört man, dass George Fox „vor den Indianern predige", entsteht der Eindruck, dass er den taufeuchten Wald mit der Bibel und einem Lächeln durchstreifte. Doch obwohl er Indianer mochte („höflich und liebenswert") und während seiner zwei Jahre in Amerika sogar bei ihnen lebte, fand die berühmte Predigt unter den Eichen draußen statt, da das Bowne Haus zu klein für die Hunderten Flushing-Einwohner war, die kamen, um zuzuhören.

Die Eichen lebten, bis ein Sturm sie 1863 umwarf. Sie waren ein halbes Jahrtausend alt. Der Granitblock kennzeichnet diesen Ort seit 1907.

IN DER UMGEBUNG

Hinter dem Bowne-Haus, auf der 37th Avenue, steht die Kingsland Homestead, die Zentrale der Queens Historical Society. Daneben befindet sich der Standort der ersten Hängebuche Amerikas, die als Setzling aus Belgien hierher kam. Der riesige zerzauste Baum, der heute dort steht, wuchs aus einem Ableger des Originals: mit seinen fühlerähnlichen Ästen und den hängenden Blättern sieht er einem Meeresmonster zumindest genauso ähnlich wie einem Baum. Wenn Sie ihm einen Besuch abstatten, verpassen Sie dem passiv-aggressivsten Schild New Yorks gerne einen Tritt: „Dieser Ort wird videoüberwacht. Bitte lächeln!"

DER GANESH-TEMPEL

Die Gottheiten bitte nicht berühren

Hindu Temple Society of North America
45–57 Bowne Street
nyganeshtemple.org
718-460-8484
Montag-Freitag 8-21 Uhr; öffnet an Wochenenden um 7:30 Uhr
Linie 7 /Flushing - Main St; dann mit Bus Q45 Richtung Jamaica an der Ecke
Main St und Roosevelt Av; Aussteigen an der Ecke 45th Av und Bowne St

Man weiß, dass man in einem New Yorker Gotteshaus eine einzigartige Erfahrung erwarten darf, wenn man auf dem Gelände ein Becken mit der Aufschrift ZUM AUFBRECHEN DER KOKOSNÜSSE sieht. Gopal, der aus Madras stammt, aber jetzt in Queens wohnt, ist mit seiner Frau zum Ganesh-Tempel gekommen und nimmt sich die Zeit für eine Erklärung. „Das ist für das Pooja. Die Art, wie man zu dem Gott betet. Pooja ist, wenn man vor ihm steht, ihn preist und ihm Blumen, Obst u.s.w. darbringt." Auf die Frage, ob der Tempel nur für die Anhänger von Ganesh bestimmt ist, den elefantenköpfigen Gott der großen und komplexen Götterwelt der Hindus, schüttelt Gopal den Kopf. „Man kann eigentlich zu jedem Hindu-Tempel gehen. Dieser ist Ganesh geweiht, doch Gott hat eigentlich keine Form." Faszinierend, was dieser Mann, der eine tropfende Kokosnuss hält, da erzählt.

Der Ganesh-Tempel erhebt sich plötzlich wie ein gemeißelter Berg in den endlosen Wohnstraßen von Flushing. Angelehnt an die Architektur in Maharashtra, Indien, steht hinter den angenehmen Proportionen und den fein gemeißelten Skulpturen eine strenge Logik, die seit Jahrhunderten gleichgeblieben ist. Ganesh ist der erste Hindu-Tempel in den USA, der beim Bau diesen alten Regeln folgt. Hunderte Handwerker arbeiteten an dem Gebäude und fast das gesamte Material, so auch der schwarze Granit des Hauptschreins kommt aus Indien.

Respektvolle Besucher sind willkommen. Für Westler ist es eine Art exotisches Fest. Priester gehen schweigend und barfuß vorbei oder bringen Glocken zum Klingen, oder chanten oder unterhalten sich in einer der vier Hauptsprachen - Tamil, Teluga, Malayalam und Kannada. In der Mitte des großen Raums breitet sich der Hauptschrein wie der Fuß eines Hügels aus und erhebt sich geradewegs durch die Decke. Seine sonnenbeschienene Spitze ist durch Lichtkuppeln zu sehen. Die Wände sind von Absperrketten gesäumt. Dahinter sind kleinere Schreine. In jedem Schrein befindet sich ein Gott. Reich verzierte Skulpturen, nicht größer als 30 cm, sind mit bunten Farben und Girlanden bedeckt. Einige halten gefaltete Dollar-Noten in ihren Händen. Auf dem Schild steht: „Bitte die Absperrung nicht übertreten und/oder die Gottheiten nicht berühren." Achtung: nich das Abbild der Gottheit, sondern die Gottheit selbst. Der Hindu-Tempel ist ein fließendes Areal, wo die Grenzen zwischen dem Menschlichen und Göttlichem verschwimmen - sogar in Queens.

DER GRABSTEIN
DER MATINECOC INDIANER

Ein verlorenes Volk auf dem Northern Boulevard

Zion Episcopal Church
243–01 Northern Boulevard, Queens
zionepiscopal.org - 718-225-0466
Montag-Mittwoch und Freitag 9-12 Uhr, Sonntagsgottesdienste um 8 und um 10 Uhr
Linie 7 /Flushing - Main St; dann den Bus Q12 Richtung Little Neck, Aussteigen an der Ecke Northern Blvd und 243rd St

Auf dem Friedhof der Zion Episcopal Church in Douglaston, Queens, steht ein großer Granitblock, der, wie es scheint, von einem wachsenden Eichenbaum gespalten wurde. Der Block ist eigentlich ein Grabstein: darunter liegen viele Leichname. Bei genauem Hinsehen, kann man diese in den Stein gemeißelten Worte lesen: HIER RUHT DER LETZTE DER MATINECOC.

Die Matinecoc waren ein Indianerstamm und von allen Vierteln in Queens verdient Douglaston wohl am meisten einen besonders blutigen indianischen Fluch. Das Städtchen ist ruhig und hübsch (es beantragte einst eine Art allgemeinen Denkmalschutz) und scheint gegen Sorgen gefeit zu sein. Die Zion Episcopal Church ist ein kleiner, weißer Schindelbau, mit einem Kirchturm, der die allgemeine Vorstellung von einer „Kirche" perfekt abrundet. „Sie finden ihn auf der rechten Seite, wenn Sie Richtung Feuerwehr gehen," weist die junge Frau den Weg und die Worte lassen Manhattan wie eine laute Traumwelt erscheinen. Hier ist es: ein Grabstein für ein verlorenes Volk.

Der Ort sieht nicht verflucht aus, er wirkt nur etwas deprimierend. Heute kennt kaum jemand mehr die Matinecoc, doch sie waren die ersten Bewohner Long Islands, gemeinsam mit vielen anderen, die - als blasse Geister - ihre Namen in der Geschichte hinterlassen haben: die Canarsie, die Manhasset, die Montauk, die Massapequa, die Rockaway. Frühe europäische Siedler assoziierten die verschiedenen Gruppen („Stamm" ist oft zu weit gefasst) mit dem Land, auf dem sie lebten. Die Matinecoc besiedelten die verschiedenen Buchten im Nordwesten von Long Island, darunter auch das Areal der Little Neck Bay, wo sich heute Douglaston befindet.

Wie es dazu kam, dass die Kirche einen Grabstein für eine gesamten Gruppe von amerikanischen Ureinwohnern besitzt, hat wie Vieles mit der Stadterneuerung zu tun, mit einem Unterschied: was zerstört und zubetoniert wurde, waren die letzten Spuren von New Yorkern mit einer Jahrtausende- und nicht Jahrzehnte alten Geschichte. 1931, erweiterte die Stadt den Northern Boulevard und zerstörte dabei einen Friedhof der amerikanischen Ureinwohner. 30 Leichname wurden auf dem Friedhof unter dem Felsen und der Eiche neu begraben: dem Grabstein der Matinecoc.

DER ALLEY POND RIESE

Das älteste Lebewesen New Yorks

East Hampton Boulevard: der Weg beginnt auf der linken Seite kurz bevor man den Long Island Expressway (Richtung Süden) überquert
Bus Q30 /Horace Harding Exp/E Hampton Blvd

Das älteste bekannte Lebewesen in New York ist auch das größte: ein Tulpenbaum im Osten von Queens. Der Weg dorthin erfordert ein wenig Mut und wie so manch faszinierendes Stück Natur, scheint der Baum in Vergessenheit geraten zu sein. Er wächst neben einem Gewirr von Schnellstraßen in einer Ecke des Alley Pond Parks und wenn man eine Weile in seinem gesprenkelten Schatten sitzt, hört man, durch den Vogelgesang, ein konstantes Verkehrsrauschen. Doch der Besuch lohnt sich.

Diesen Teil von Queens werden die meisten nich als Teil Gothams erkennen. Es ist eine Welt aus einstöckigen Backsteinhäusern, die alle gleich aussehen und deshalb durch irgendeinen eleganten Zusatz hervorstechen möchten: ein Plastikreh, ein Chromgeländer, Betonlöwen. Wo der East Hampton Boulevard den Long Island Expressway kreuzt, befinden sich auf der einen Seite hohe Verkehrsschilder und Stützmauern sowie eine eingezäunte Überführung. Sie wollen auf die andere Seite: ein zu einem Weg mit Disteln, Schilf und Schmetterlingen. Zuerst denkt man, dass man hier einer Naturkopie auf den Leim gegangen ist: der Weg ist aus Asphalt und das gesamte Grün befindet sich auf jenseits eines schwarzen Maschendrahtzauns. Doch nach ein paar Schritten endet der Zaun. Links von Ihnen liegt ein tiefer Wald, in dem es Bäume gibt, die sich an Indianer erinnern.

Der Alley Pond Riese steht nur etwa 45 Meter vom Weg entfernt. An einem umgestürzten Felsen vorbei, gelangt man in Gelände, das es eilig hat zu verwildern. Der Boden ist weich von Blättern und Tulpenblüten. Seltene Farne sprießen sich kringelnd aus dem Boden und die feuchte Rinde gleitet von abgebrochenen Ästen, wenn man auf sie tritt. Es gibt einige sehr große Bäume hier, doch den größten von ihnen erkennt man sofort. Der Alley Pond Riese ist eingezäunt. Neben dem hohlen Stamm steht ein von Spinnweben und Käfern überzogenes Schild: „Dieser Tulpenbaum

(Liriodendron tulipifera) ist mit 40,8 Metern der höchste, sorgfältig vermessene Baum New Yorks. Er ist mit geschätzten 400 Jahren oder mehr wohl das älteste Lebewesen der Stadt. Dieser Baum ist vielleicht der einzige Zeuge der gesamten Stadtgeschichte von der kleinen holländischen Siedlung bis zu einer der größten Metropolen der Welt. Wenn wir ihn nicht stören, lebt er vielleicht noch weitere 100 Jahre."

DAS LIVING MUSEUM

Die erlesenste Kunstsammlung New Yorks

Creedmoor Psychiatric Center - 7925 Winchester Boulevard, Queens
omh.ny.gov/omhweb/facilities/crpc/facility.htm
Führungen telefonisch vereinbaren: 718-264-3490
Linie F /Jamaica - 179th St; dann weiter mit dem Bus Q43 Richtung Floral
Park an der Ecke Hillside Av und 179th, Aussteigen an der Ecke Hillside Av
und Winchester Blvd

Creedmoor ist seit 1912 eine psychiatrische Einrichtung. Generationen von Eltern im Osten von Queens haben ihren ungezogenen Kindern gedroht, dass sie dort landen würden, wenn sie nicht brav sind. Das Hauptgebäude ist das höchste hier: ein Monolith aus gelbem Ziegel, dass die Schwere eines dunklen Schlosses ausstrahlt. Doch auf der anderen Seite des Union Turnpike gibt es einen schönen grünen Campus, wo man das Living Museum findet, das erste amerikanische Museum für die Kunst geistig kranker Menschen. Es wurde 1980 nach dem Prinzip gegründet, dass es Patienten, die auch etwas anderes als Patienten sein dürfen - nämlich Künstler – besser geht. Laut Mitbegründer Janos Marton, ist es ganz natürlich. „Es gibt keinen Unterschied," sagt er, „zwischen Kreativität und Geisteskrankheit." Marton sieht fast wie ein Patient aus, der sich zu sehr bemüht, einen glauben zu lassen, er sei der echte Dr. Marton: er hat langes weißes Haar, einen scharfen Blick und einen österreichischen Akzent. Als eine Tigerkatze auf seinen offenen Terminkalender springt, lehnt er sich seufzend zurück: er verscheucht sie nicht, streichelt sie aber auch nicht. Sein Tisch ist ein administratives Chaos mitten in einem künstlerischen Wirrwarr und ständig kommen und gehen Patienten - mit Problemen, mit Ideen, mit Stille. Zuerst zögert der Arzt, etwas über das Living Museum zu erzählen, hauptsächlich, wie sich herausstellt, um nicht dumme Verallgemeinerungen über Geisteskrankheit zu bestätigen. Seine Meinung, einmal zum Ausdruck gebracht, ist Gesetz. „Das ist die erlesenste Kunstsammlung New Yorks," sagt er mit ruhigem Nachdruck. „Die Künstler hier sind authentisch. Das ist es, was alle zu sein versuchen." Und anstatt Zeit bei den Werken zu verbringen - zwei Stockwerke, an jeder Wand Gemälde, in jeder Ecke eine Installation oder Skulptur, Tabletts mit Tonfiguren und Fundobjekten – wäre es vielleicht besser, Zeit mit den Künstlern zu verbringen. Einige sind kontaktfreudig, einige bleiben lieber für sich. Manche sind spürbar weggetreten, andere einfach exzentrisch. Das Lehrreichste sind die anderen Besucher, die zum ersten Mal hier sind und in einem selbst nur ein weiteres verrücktes Gesicht sehen. Dabei setzen Sie ein gewolltes, herablassend normales Lächeln auf, von dem man hofft, es nicht selbst noch vor kurzem genauso gemacht zu haben.

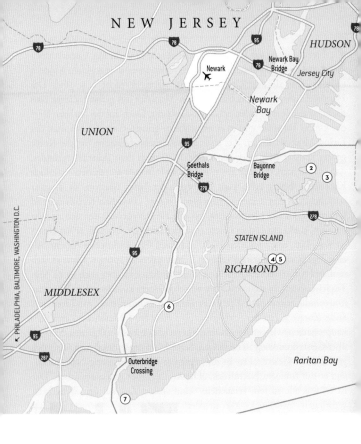

Staten Island

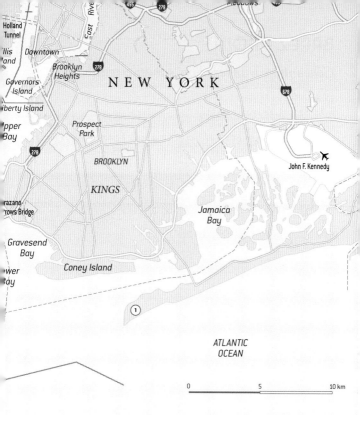

BREEZY POINT

Geheimtipp, wunderschön, schwer erreichbar

Queens
nyharborparks.org/visit/brpo.html
Linie 2 /Flatbush Av, weiter mit dem Bus Q-35/Fort Tilden; Linie A /Rockaway
Beach, weiter mit dem Bus Q-22 /Fort Tilden; Auto: kostenpflichtiger Parkplatz
auf der 222nd Street Ferry; Fähre: NY Water Taxi/Riis Landing

Auf der Karte ist Breezy Point unscheinbar: es liegt auf der äußersten Spitze der Queens-Halbinsel die sich unterhalb von Brooklyn entlangzieht und die Jamaica Bay einschließt. Die Anreise ist nicht ganz einfach. „Es ist das best - behütetste Geheimnis in dieser Gegend," sagt ein Mann in einer Bar am Rockaway Beach. „Deshalb sind die Leute dort etwas...kühl."

Die kühlen Leute befürchten eine Invasion. Doch dieser Ort wird wohl kaum jemals von New Yorkern überrannt werden: die schlechte Erreichbarkeit ist wie eine natürliche Schranke. Die Halbinsel ist Teil der Gateway National Recreation Area und somit Staatseigentum. Die Straßen sowie der Strand dorthin sind öffentlich. Doch der Rest gehört einer großen privaten Kooperative. Das bedeutet, Nicht-Mitglieder können den Ort nur auf drei Arten erreichen: 1) von einem östlicheren Punkt aus, den Strand entlang - zu Fuß oder per Rad; 2) über das Wasser; 3) durch Austricksen der Bewohner.

Ist man einmal dort, wird man reich belohnt. Segel - und Motorboote fahren auf dem offenen Atlantik vorbei. Breezy Point ist die eine Hälfte der New Yorker Hafeneinfahrt. Die andere, Sandy Hook, liegt gegenüber.

Alles nördlich davon ist die Lower Bay und hier an der Spitze, überlagern sich die dunstigen Ansichten von Staten Island, dem südlichen Brooklyn, Jersey City und Manhatten auf überraschende Weise. Wenn man Glück hat, kann man vom Meer aus die Wahrzeichen von Coney Island sehen - der Fallschirmturm Parachute Drop, das Riesenrad Wonder Wheel, und die Achterbahn Cyclone. Das weit entfernte Manhattan erhebt sich hinter gelbgrünen Dünengräsern, ist jedoch so klein, dass die kantige Skyline in der Ferne verblüffend weich und pastellig wirkt.

Die Spitze der Halbinsel markiert eine Anlegestelle aus Granitblöcken. Die einzige Person dort ist heute ein Russe mit breiter Brust in einem Neoprenanzug, der stirnrunzelnd auf einen weißen Fisch blickt. Der Fisch hat ein Loch, aus dem Blut fließt. „Das ist eine Flunder," sagt der Mann. „Das ist das Problem beim Speerfischen: zu groß, zu klein, die Fische sterben auf jeden Fall. Das ist nicht fair." (Per Gesetz müssen Flundern zumindest 50 cm groß sein, andernfalls gehen sie zurück ins Wasser.)

Die Stadtgeräusche, die bis hierher dringen, werden vom permanenten Rauschen der Brandung übertönt: die Flugzeuge, von JFK kommend, scheinen lautlos am Himmel vorüberzuziehen. Große Schwärme von Seeschwalben und Regenpfeifern versuchen den heranrollenden Wellen auszuweichen. Die Vögel, die zu den vier geschützten lokalen Vogelarten gehören, nisten in den grasbewachsenen Dünen und ihre Anwesenheit ist Beweis genug dafür, dass Menschen Breezy Point großteils in Ruhe lassen.

DER CHINESE SCHOLAR'S GARDEN

Staten Island: der beste Ort in New York, um China zu erleben

1000 Richmond Terrace, Staten Island
snug-harbor.org - 718-448-2500
Dienstag-Sonntag 10-17 Uhr
Staten Island Fähr-Terminal, Bus S-40 (Gate D)/Snug Harbor

Der beste Ort in New York, um China zu erleben, ist nicht Chinatown, sondern liegt auf Staten Island. Der Chinese Scholar's Garden in Snug Harbor - ein halber Hektar voller Gewässer, Steine und Bäume, die einen direkt nach Asien versetzen. Sogar der von den nach oben gewölbten Dachvorsprüngen eingerahmte Himmel sieht fremd aus.

Die Wirkung des Ortes wird durch den ungewöhnlichen Zugang noch verstärkt: man kauft seine Eintrittskarte in einem kleinen Souvenirladen im botanischen Garten, den man über den Hintereingang verlässt und plötzlich auf einem Weg inmitten rauschender Bambuspflanzen steht. Konfuzianische Gelehrtengärten waren im südlichen China des 15. Jhdt. eine feste Größe. Dieser hier wurde in den späten 1990ern von vierzig Fachleuten aus der Provinz Suzhou angelegt. Jedes Detail hier ist konzipiert, um betrachtet zu werden. Alles trägt eine Botschaft in sich. Die Pflaumenbäume blühen im späten Winter und erinnern an die Loyalität in schweren Zeiten. Das Wasser und die Steine bilden einen Kontrast: Yin und Yang, horizontal und vertikal, weich und hart. Eine kleine Fußbrücke spannt sich über einen Wasserfall und bildet darunter eine Grotte. In der chinesischen Poesie soll diese Anordnung ein Tor in mystische Gefilde eröffnen. Unten in der Gischt, steht ein fotogener Kranich auf einem Stein: still, geduldig.

„Der Kranich steht für ein langes Leben," sagt ein taiwanesischer Tourist mittleren Alters, der sich als William vorstellt. „Wenn man einen sieht, bringt das Glück." William kennt das chinesische Festland und die Provinz Suzhou gut. Er scheint hier zu sein, um eine Art Qualitätskontrolle durchzuführen. Insgesamt ist er beeindruckt.

„Er ist sehr, sehr gut," nickt er. „Fast perfekt." Vor einem Pavillon ist ein grobes Steinmosaik in den Weg eingelassen: Kraniche und Kiefern, eine Kombination, die anhaltendes Glück verheißt. „Die Kiefer," erklärt er, „ist immer grün - ob warmes oder kaltes Wetter." An den Rändern sind Kreise, die die Form alter chinesischer Münzen nachahmen. „Gesund zu sein ist gut," sagt William. „Geld zu haben auch..." endet er mit einem Lächeln: man muss hier nichts interpretieren. Der konfuzianische Gelehrtengarten ist in den USA einzigartig.

Die Planung dauerte 14 Jahre und die chinesischen Fachkräfte, die den Garden anlegten, wohnten ein halbes Jahr vor Ort.

*Wo die Europäer New York zum ersten Mal zu
Gesicht bekamen*

*Tompkinsville Park, Staten Island - nycgovparks.org/parks/tompkinsvillepark
Staten Island Fähr-Terminal, auf dem Bay St bis zum Tompkinsville Square
nach Süden gehen (10 Minuten)*

Im Jahr 1525 spielte sich folgendes unweit von Staten Island ab: „Sie kamen freundlich auf uns zu, mit lauten Rufen der Bewunderung und zeigten uns, wo wir mit unserem Boot anlegen konnten. Wir fuhren den besagten Fluss etwa eine halbe Meile hinauf, wo er in einen schönen See mündete..."

Der schöne See war die Upper Bay von New York. Das freundliche Begrüßungskomitee waren die Lenape Indianer. Der Chronist ist Giovanni da Verrazzano, der Europäer, der das Land, das später New York sein würde, als erster zu Gesicht bekam. Da er nicht wusste, wie sicher der Kanal war, ankerte er mit seinem Schiff in den Narrows, der Meerenge zwischen Brooklyn und Staten Island, über die sich jetzt die Verrazano-Narrows Bridge spannt. Etwas weiter landeinwärts gab es eine natürliche Quelle. Wenn er Wasser aufnahm, dann wahrscheinlich hier.

Heute ist der „Watering Place" durch einen Stein und eine Tafel gekennzeichnet. Verrazzano war wahrscheinlich hier und die Holländer ganz sicher. Die ersten Beschreibungen des Gebiets waren wie die des Italieners voller Bewunderung: ständige Verweise auf Sicherheit und Fruchtbarkeit, Vielfalt, Schönheit und Farben. Die ersten Berichte über New York laden zu einem Vergleich mit der aktuellen Version ein. Auf der einen Seite des Watering Place genießt man die Aussicht auf die glänzende Upper Bay, die Verrazzano so zögerlich befuhr (und die jetzt täglich 50- Mal von der Staten Island-Fähre gekreuzt wird), auf der anderen gibt es zahlreiche Fastfood-Läden.

Der Park dahinter zieht eine komische Mischung aus Pennern und Kindern an. Zwei Männer, die aus Bierdosen in Papiertüten trinken, sind überrascht, von dem Stein zu hören, der nur ein paar Schritte entfernt steht und beginnen darüber zu diskutieren, wo die ursprüngliche Quelle gewesen sein könnte. Dann setzt einer sich stirnrunzelnd auf.

„Warum fragen Sie uns das überhaupt? Hier weiß niemand über solche Dinge Bescheid. Sie müssen in eine *Bibliothek gehen*."

Der andere rülpst. „Ich brauche keine Bibliothek," murmelt er, zu niemand bestimmten.

„Ich habe, verdammt noch mal, ein fotografisches Gedächtnis."

Bei der Verrazano-Narrows Bridge fehlt ein z in Verrazzanos Namen, angeblich aufgrund eines Schreibfehlers.

MOSES MOUNTAIN

Eine einzigartige Aussicht und ein Schlag ins Gesicht

Greenbelt Park
nycgovparks.org/park-features/virtual-tours/greenbelt/moses-mountain
718.667.2165
Ausgangspunkt für Wanderwege, Karten und Parkplätze im High Rock Park
am Ende der Nevada Avenue, Staten Island

Wie auf der nächsten Seite beschrieben, ist der Greenbell Park, der mitten durch Staten Island veläuft, eines der großen, heimlichen Wunder der Stadt. Die Schönheit der Natur ist dort so beeindruckend, dass sie vom größten und schlechtesten Stadtplaner in der Geschichte New Yorks, Robert Moses, der Zerstörung preisgegeben wurde. Moses war so zielstrebig wie ein böser Roboter und seine Antwort auf stadtplanerische Probleme: rausreißen und Asphalt darüberlegen. Fast hätte er es geschafft, den Greenbelt zu zerstören und der höchste Punkt im Park, Moses Mountain, ist sowohl ein Andenken als auch eine zweifelhafte Hommage daran. Dieser Hügel besteht zur Gänze aus dem Schutt, der von Moses abgebrochenem Autobahnprojekt quer durch Staten Island übrig blieb.

Es war das einzige seiner Projekte, das Einwohner vereiteln konnten, die sich eine Zukunft in einem Schnellstraßenchaos nicht vorstellen wollten. Das Vorhaben des Stadtplaners einen Parkplatz am Central Park zu erweitern und einen unterirdischen Boulevard unter dem Washington Square und dem West Village durchzuführen wurde abgelehnt. Als der Greenbelt-Abschnitt der Schnellstraße in den späten 60ern aufgegeben wurde, waren bereits Felsen gesprengt, Straßen aufgegraben und Häuser abgerissen worden. Die Erde und der Schutt, die hier landeten und schließlich eine Höhe von 80 Metern erreichten, fühlen sich noch immer unfertig an, obwohl das ganze Chaos nach und nach zu einem grünen Dschungel wurde. Beim Hinaufsteigen sieht man alte Asphalttrümmer aus der Erde ragen und die Betonrohre ausgegrabener Kanalanlagen.

Doch das wahre Wunder des Moses Mountain ist die Aussicht, die einen auf dem Gipfel erwartet. Hier spürt man die Ironie des Beinamens, den die Leute diesem Ort gegeben haben, am stärksten. Anstelle einer endlosen Autoschlange, die sich durch den Wald wälzt, kreisen Möwen gelassen über einer lückenlosen Landschaft aus wogendem Smaragdgrün. Es ist die Art von Aussicht, die nichts vermissen lässt, aber wo sich hier und da der lange, geschwungene Hals eines grasenden Dinosauriers gut machen würde. Hier ist der einzige Ort in New York, wo man auf einem Hügel steht und der Horizont nur aus Bäumen besteht.

NEW YORKS
UNBERÜHRTESTER ORT

Irgendwie faszinierend

sigreenbelt.org - 718.667.2165
*Ausgangspunkt für Wanderwege, Karten und Parkplätze im High Rock Park
am Ende der Nevada Avenue, Staten Island*

In der geschäftigen Metropole gibt es auch unberührte Flecken: große Parks, Strände und einsames urbanes Ödland wie aufgelassene Flugfelder. Doch es muss einen Ort geben, der vom Treiben der Menschen weiter entfernt ist als jeder andere - der unberührteste Ort New Yorks. Laut Autor Bruce Kershner liegt er auf Staten Island. Dort, inmitten eines wirklich großartigen Parks, dem Greenbelt, gibt es eine Stelle, die 453,5 Meter von der nächsten öffentlichen Straße oder dem nächsten Haus entfernt ist. Ist das ein Rekord? Wenn man es als Ziel eines Tagesausflugs gewählt hat, ist das egal. Im Greenbelt verschwindet man.

Logisch, dass der unberührteste Ort auf Staten Island liegt: das Areal wurde nur teilweise gezähmt. Gehwege scheinen sich im Inneren zu verlieren und es gibt genau drei Arten von Bodendeckern: Beifuß, giftigen Efeu und eine weitere giftige Efeu Art, die Sie bis jetzt nicht kannten. Der „verlassene Bezirk" besteht aus einem Drittel Parkgelände, dessen Krönung der Greenbelt ist. „Das ist New Yorks letztes selbsttragendes Ökosystem," sagt Pete Ziegeler, der das grüne Outfit des National Park Service trägt. Er stapft den klitschnassen Teichrand entlang und duckt sich unter Büschen hindurch, um freie Sicht auf das andere Ufer zu haben, das an diesem sonnigen Nachmittag wie von einem rührseligen Landschaftsmaler gemalt aussieht. Ziegeler arbeitet im nahegelegenen Great Kills Park, doch wenn er dort Feierabend hat, kommt er hierher. An einem anderen Teich, wo die Sumpfbäume aus dem seichten Wasser ragen, das von Wasserläufern übersät ist, macht ein geduldiger Forscher Fotos. „Die sind für eine Studie über Libellen," sagt der Mann. „Bis jetzt sind hier über 27 verschiedene Arten gefunden worden. Plus minus."

Für einen an das Straßennetz gewöhnten New Yorker, könnte das hier auch die russische Taiga sein.

Majestätische Bäume - Eichen, Amberbäume, Hickory, Buchen - durchdringen eine seltsame Landschaft, die sogenannten Toteiskessel und Toteismoore, ein Erbe aus der letzten Eiszeit. Man kann sie öffentlich erreichen: die Anfahrt mit U-Bahn, Fähre und Bus kostet 2,50 USD. Das ist ein Schnäppchen für eine Tour, die bei einer lauten Kreuzung beginnt und ein paar Stunden später an einem umgefallenen Baum, der über einem Moor voller Kröten liegt endet. Der unberührteste Ort liegt am östlichsten Ufer des Hourglass Pond. Man findet ihn wahrscheinlich, wenn man sich an den Wanderwegführer hält und den Markierungen an den Bäumen folgt. Können Sie ihn nicht finden, haben Sie immerhin etwas sehr Außergewöhnliches unternommen.

DER KNOCHENFRIEDHOF VON ARTHUR KILL

Wo New Yorks tote Schiffe landen

Arthur Kill zwischen Rossville Avenue und Bloomingdale Road, Staten Island
Bus S74 / Arthur Kill Rd

Auf der Arthur Kill Road gibt es einen Uferabschnitt, der inoffiziell Knochenfriedhof heißt. „Man kann dort hinuntergehen," sagt ein Teenager, der an einer Tankstelle arbeitet, „wenn man die richtige Kleidung hat." Die richtige Kleidung ist alles, was den stinkenden Schlamm, das Meerwasser, sowie unsichtbare Bakterien abwehrt. Die Meerenge dümpelt seit 1947 im Windschatten eines Müllberges vor sich hin, der Fresh Kills Landfill.

Der Knochenfriedhof ist ebenfalls voller Müll, doch malerischem Müll: hier werden ausrangierte Schiffe hergebracht.

Seit 1940 landen die Boote hier, als die Witte Marine Equipment Company begann, geborgene Schiffe in die Untiefen von Arthur Kill zu schieben und sie scheinbar auf immer und ewig im Schlamm stecken ließ. Es ist eine Parade des maritimen New York, die 80 Jahre umfasst und ein rostiges Gemälde ergibt: umgekippte Steuerhäuser und Fährdecks, Kurbeln und Kräne sowie rätselhafte Maschinen und wie Schüsseln gestapelte Rettungsboote.

Wahrscheinlich ist der einzig legale Weg die Schiffe zu sehen vom kleinen Rossville Friedhof aus (Arthur Kill Road – bei der Telephone Co Bushaltestelle). Dort hat der Anblick von rostendem Eisen als Hintergrund für Grabsteine einen offenen Reiz. Man kann ihn aber auch etwa einen Kilometer die Straße runter vom Donjon Schrottplatz aussehen, doch das KEINE FOTOS-Schild wird von Männern mit Gabelstaplern umgesetzt. Wirklich der beste Weg, um die malerischen Wracks aus der Nähe zu betrachten, ist ein Schwätzchen mit der alten Frau, die mit ihrem Mann in dem Holzhaus an der Ecke Rossville Avenue wohnt. Der Knochenfriedhof ist ihr Hinterhof. Auf die Frage, wie es sich denn neben 100 halb im Schlamm versunkenen Schiffen lebt, sagt sie: „Als wir Kinder waren, gingen wir dort schwimmen und Krabben fischen. An den Freitagabenden sagte meine Mutter immer - wir waren katholisch – wir haben nichts zu essen, geht und holt ein paar Krabben. Wir kamen immer mit Jersey Blues nach Hause, die sooo groß waren."

Die Fresh Kills Landfill war einst die größte Müllhalde der Welt. Ein erschreckender Vergleich: der Müllberg war höher als die Freiheitsstatue. Jetzt ist geplant, die Deponie zu begrünen und darauf einen Park anzulegen. Dort soll es auf einem Areal, das fast dreimal größer als der Central Park ist, Wälder und Feuchtgebiete sowie Wiesen, Wege und Spielplätze geben.

DAS CONFERENCE HOUSE ⑦

König oder Vaterland?

298 Satterlee Street, Staten Island
conferencehouse.org
718.984.6046
Das Haus kann von April bis Dezember besichtigt werden, die Nachstellung
findet jedes Jahr am 11. September statt
Bus S59 oder S78 /Hylan Blvd - Craig Av; Mit der Staten Island Railway /
Tottenville (letzte Station)

Auf einem Hügel, von dem man die Südspitze von Staten Island überblickt, steht das älteste Herrenhaus der Stadt, das Conference House, das Schauplatz eines kuriosen Rituals ist. Jedes Jahr, Mitte September versammeln sich Darsteller in Schnallenschuhen und Hauben, um eine Episode aus der lokalen Geschichte nachzustellen, als das Schicksal Amerikas während eines einzigen Mittagessens besiegelt wurde.

Es ist September 1776. Unter den schattigen Bäumen steht ein eleganter Tisch: der britische Kommandeur Howe, bzw. der Schauspieler, der seine Perücke und Kniehosen trägt, hat Benjamin Franklin, John Adams und Edward Rutledge vom Kontinentalkongress geladen, um über ein Ende des Unabhängigkeitskrieges zu verhandeln. Das Schauspiel ist faszinierend. „Bereit," fragt ein Mann in Militärmontur, „für König und Vaterland zu kämpfen?" Er hat ein zeitgemäßes Glitzern in den Augen, doch andere Darsteller bleiben absolut ernst: „Ich bin ein armer Bauer," sagt ein alter Mann im grünen Rock eines Königstreuen. Er habe sich auf die Seite der Briten gestellt, da er, nach der Schlacht um Brooklyn zwei Wochen zuvor, den Gedanken an noch mehr Gewalt nicht ertragen könne. Fragt man ihn, wie das historische Treffen seiner Meinung nach ausgeht, blinzelt er. „Ich traue mich nicht zu raten," sagt er und knabbert an einem Zwieback aus einem Plastikbeutel.

Reenactments (Nachstellungen) gehen öfter daneben als sie gelingen. Das Conference House macht es richtig. Lächelnde Frauen rühren über rauchenden Flammen in Töpfen mit Äpfeln und Speck und wischen ihre tränenden Augen mit dem Saum ihrer Schürzen ab. Es gibt Butterstampfer und Quilt-Macher sowie Männer, die mit Musketen in den Himmel feuern. Die Luft ist erfüllt von Dulcimer-Klängen und dem Geruch nach verbranntem Holz.

Zur abgemachten Zeit hört man vom Strand her eine Flöte und eine Trommel: die Yankees sind, wie jedes Jahr, in einem Ruderboot aus New Jersey angekommen. Die stolzen Rebellen kommen über den Steg den Hügel herauf und setzen sich verlegen um den Tisch („Das Menü," liest eine junge Dame über den Lautsprecher vor, „umfasste guten Rotwein, Zunge, Schinken und Lamm"). Kommandeur Howe will zivilisiert und herablassend einen Kompromiss schließen, den der schlaue Ben Franklin aus Prinzip ablehnt, während John Adams aussieht, als würde er gegen Übelkeit ankämpfen. „Und so widerstanden die Amerikaner der Versuchung, ihre Freiheitsideale über Bord zu werfen," verkündet die junge Dame. Die Trommel rasselt, die Flöte zwitschert und die Gesandten kehren zum Ruderboot zurück, gefolgt von johlenden Kindern

REGISTER

NOTIZEN

....
....
....
....
....
....
....
....
....
....
....
....
....
....
....
....
....
....
....
....
....
....
....
....
....
....
....
....
....

Thomas Jonglez

Im September 1995 hielt sich Thomas Jonglez in der Stadt Peshawar auf. Sie liegt im Norden Pakistans, zwanzig Kilometer von der Stammeszone entfernt, die er ein paar Tage später besuchen wollte. Dort kam ihm der Gedanke, alle verborgenen Winkel seiner Heimatstadt Paris, die er wie seine Westentasche kannte, schriftlich festzuhalten. Auf seiner Heimreise von Beijing, die 7 Monate dauerte, durchquerte er Tibet (wo er heimlich, unter Decken in einem Nachtbus versteckt, einreiste), Iran und Kurdistan. Er reiste dabei nie im Flugzeug, sondern per Boot, Zug oder Bus, per Anhalter, mit dem Rad, dem Pferd oder zu Fuß und erreichte Paris gerade rechtzeitig, um mit seiner Familie Weihnachten feiern zu können. Nach seiner Rückkehr verbrachte er zwei großartige Jahre damit, durch die Straßen von Paris zu streifen, um gemeinsam mit einem Freund seinen ersten Reiseführer über die verborgenen Orte seiner Stadt zu schreiben. Während der nächsten sieben Jahre arbeitete er im Stahlsektor, bis ihn seine Entdeckerleidenschaft wieder überfiel. 2003 gründete er den Jonglez Verlag und zog drei Jahre später nach Venedig. 2013 verließ er mit seiner Familie Venedig auf der Suche nach neuen Abenteuern und unternahm eine sechsmonatige Reise nach Brasilien mit Zwischenstopps in Nordkorea, Mikronesien, auf den Salomon-Inseln, der Osterinsel, in Peru und Bolivien. Nach sieben Jahren in Rio de Janeiro lebt er heute mit seiner Frau und seinen drei Kindern in Berlin.

Der Jonglez Verlag publiziert Titel in neun Sprachen und 40 Ländern.